可以拆下使用 附錄❶

哈日情報誌
MAPPLE 沖繩
Best Spot

なは
こくさいどおり
那霸&
國際通
BOOK

ALL ABOUT

U0076915

美食！伴手禮！

人氣區域的最夯情報就在

CONTENTS

國際通大特寫！

詳細MAP 附錄① P.26-28

高3.4m的西沙獅突然現身在眼前！

蔡溫橋　安里三差路

步行即到

國際通的**東側入口**在這裡

地標

飯店和餐廳聚集的便利地點

SAION SQUARE

那霸機場出發的**路線地圖**

詳細MAP 附錄② P.14-15

搭單軌電車！租車自駕！

那霸＆國際通NAVI

沖繩首屈一指的購物＆美食大城——那霸。尤其「好吃」又「好買」的國際通，更是旅程中非去不可的景點。接下來，就先大致掌握一下該區域的基本資訊吧。

搭乘單軌電車 (Yui-Rail)

那霸機場站	→	縣廳前站	→	步行3分	→	國際通

13分／260日圓

那霸機場站	→	牧志站	→	步行即到	→	國際通

16分／300日圓

租車自駕　5km／約15分

那霸機場 → 231 → 安次嶺交叉路口左轉 → 331 → 58 →

久茂地交叉路口右轉 → 42 → 縣廳北口交叉路口左轉 → 國際通

遇到問題時的求助站

那霸市觀光服務處

●なはしかんこうあんないじょ

可索取觀光、住宿、交通資訊，大件行李寄放一天500日圓。

Mapple Code 4701-0477　MAP 附錄① 27D-3

☎098-868-4887　⏰9:00～20:00　休無休　🏠那霸市牧志3-2-10 TENBUSU NAHA 1F　🚃單軌電車牧志站步行5分　🅿無

國際通 **5** 大基本資訊

3 店家營業至 22時

多數伴手禮店都營業至22時左右，用完餐後仍然能享受購物樂趣。夏天時比起炎熱的白天，涼爽的夜晚更適合外出逛街。

4 請留意 單行道 和 塞車

國際通雙向各只有一線道。平日早晚的單邊為巴士專用道，租車自駕的遊客請特別留意。此外經常會塞車，因此建議將車停在周邊停車場再徒步遊逛。

詳細附錄① P.26-28

5 週日為 行人優先

每週日的中午到18時會變成行人優先的大眾運輸專區，禁止一般車輛通行。附近有時也會舉辦Eisa太鼓舞之類的表演活動。

1 約1.6km 的購物天堂

橫亙於那霸市中心約1.6km的主要大街，兩旁伴手禮店櫛比鱗次，從早到晚觀光客熙來攘往、熱鬧非常，餐飲店也很多。

2 縣廳前站 和 牧志站 為起點

最近的車站是縣廳前站和牧志站（如右圖）。推薦搭到縣廳前站下車，從大街的西側入口往牧志站方向遊逛，或是相反方向的路線也行。

附錄① **2**

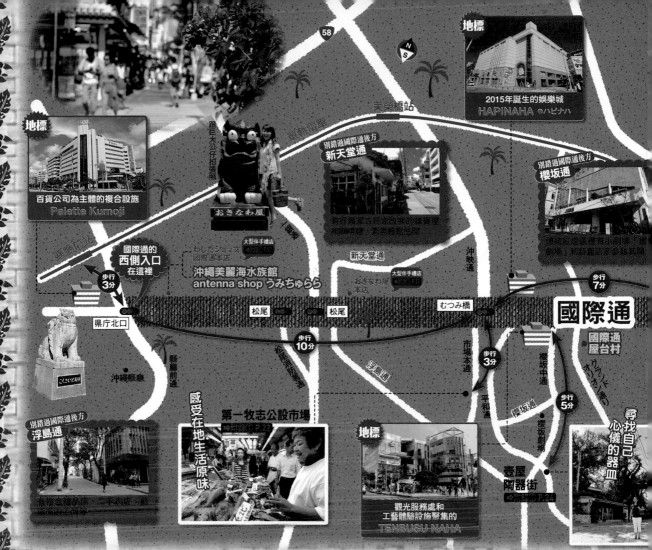

地標
2015年誕生的娛樂城
HAPINAHA @ハピナハ

58

別錯過國際通後方
新天堂通
有好幾家由古民宅改裝的特色屋
和咖啡廳，氛氣輕鬆愜意

別錯過國際通後方
櫻坂通
櫻坂紅燈區裡有沖繩傳統
劇場」和新舊店家參雜其間

美榮橋站

單軌電車

地標
百貨公司為主體的複合設施
Palette Kumoji

跟臣大公仔拍張照

おきなわ屋

國際通的
西側入口
在這裡
步行
3分

わしたショップ
國際通本店
大型伴手禮店

沖繩美麗海水族館
antenna shop うみちゅらら

新天堂通

沖映通

おきなわ屋
本店
大型伴手禮店

むつみ橋

步行
7分

國際通
國際通
屋台村

縣庁北口

縣廳前通

沖繩縣廳

步行
10分

松尾

松尾

市場本通

步行
3分

櫻坂中通

步行
5分

尋找
自己
心儀的器皿

平和通

櫻坂劇場

櫻坂通

別錯過國際通後方
浮島通
滿載古樸氛圍，二手衣物、雜貨

感受在地生活原味
第一牧志公設市場
→別錄① P.22

地標
觀光服務處和
工藝體驗設施聚集的
TENBUSU NAHA

壺屋陶器街
→別錄① P.24

介紹國際道一帶
最新的熱門景點

絕不容錯過的 沖繩美食

超好吃「美食」任務發布！

與日本本土飲食文化差異甚大的沖繩，有許多極具特色的地方佳餚。逐一挑戰『MAPPLE』所列出的美食任務，為旅程增添美味的回憶吧。

發表 非吃不可排行榜

將沖繩特色美食中必吃的10道餐點以排行榜形式呈現，沒全部吃過一輪不能回家喔!?

1 沖繩麵

沖繩當地特有的麵食

眾所皆知的沖繩平民美食。與烏龍麵一樣以麵粉製成的麵條，搭配如拉麵般的鰹魚＆豬骨高湯，成就出獨一無二的好味道。

想品嚐時 ➡附錄①P.5

淡水麵（大）
700日圓
琉球茶房すーる ➡附錄①P.5

2 沖繩炒什錦

最經典的家常菜！

Chanpuru（炒什錦）是沖繩方言中有「混合」之意的快炒料理，並依苦瓜、豆腐、麵麩、素麵等主要食材分別以什錦炒○○來稱呼。

想品嚐時 ➡附錄①P.7-8

什錦炒苦瓜
650日圓
ゆうなんぎい ➡附錄①P.9

6 酥炸烏尾鮗

讓當地人大快朵頤

烏尾鮗是深受當地人喜愛的沖繩縣魚。下油鍋酥炸後，從頭到尾都能咬碎吞下肚。

想品嚐時 ➡附錄①P.9

酥炸烏尾鮗 648日圓～
なかむら家 本店 ➡附錄①P.9

5 海葡萄

在口中一粒粒迸開

外觀彷彿葡萄串的顆粒狀海藻，在嘴裡迸裂開來的口感和微微的鹹味一吃就上癮。

想品嚐時 ➡附錄①P.8

海葡萄 440日圓
ゆうなんぎい ➡附錄①P.9

4 花生豆腐

讓人回味再三的黏糊感

原料並非黃豆而是以花生和地瓜粉製成，入喉時有種黏潤的獨特口感。

想品嚐時 ➡附錄①P.8

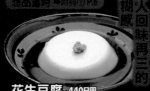

花生豆腐 440日圓
ゆうなんぎい ➡附錄①P.9

3 沖繩東坡肉

好吃入味的東坡肉

將三層肉（豬五花肉）以泡盛燉煮至軟嫩的料理，又分為醬油和味噌兩種調味。

想品嚐時 ➡附錄①P.8

沖繩東坡肉 750日圓
ゆうなんぎい ➡附錄①P.9

10 泡盛酒

小酌一杯吧

亦即沖繩的地方酒。以泰國米和黑麴菌為原料製成的蒸餾酒，酒精濃度很高。

想品嚐時 ➡附錄①P.8

琉球
（30度／杯）
600日圓
カラカラとちぶぐゎー ➡附錄①P.8

9 漢堡

美式的超大份量

自美軍統治時期引進後，在全沖繩流行開來，完全複製美式風格的大尺寸和重口味。

想品嚐時 ➡附錄①P.10

The★A&W漢堡
650日圓
A&W 國際通牧志店 ➡附錄①P.10

8 墨西哥塔可＆塔可飯

在沖繩品嚐異國風味

墨西哥料理的塔可以及沖繩自創、將塔可內餡放在白飯上的塔可飯，兩者都很受歡迎。

想品嚐時 ➡附錄①P.10

墨西哥塔可（3個）
650日圓
チャーリー多幸壽 國際通店 ➡附錄①P.11

7 芒果甜點

沁涼×甘甜的幸福滋味

南國的代表性水果──芒果，保有馥郁果香的冰涼甜點更是不能錯過的好滋味。

想品嚐時 ➡附錄①P.17

芒果刨冰
（4～10月限定）
580日圓
一龍堂 わしたショップ店 ➡附錄①P.12

沖繩麵

受到沖繩縣民愛戴的地方麵食，種類相當豐富。除了基本款的三層肉麵和排骨麵外，「行家必點」的口味也一定要試試。

美食任務 開始挑戰 從兩大基本款

基本款 排骨麵

排骨指的是帶骨豬肋排，用來取代三層肉的角色

清雅的湯頭讓人忍不住想喝光光

琉球茶房すーる的
排骨麵 （大）800日圓
鰹魚風味的香醇高湯與有嚼勁的細麵相當對味

基本款 三層肉麵

所謂的三層肉就是豬五花肉，燉煮成甜甜鹹鹹的味道，是整碗麵最主要的配料

濃縮當地食材精華的三碗

元祖大東島ソバ的
大東麵 （大）600日圓
使用南大東島的天然鹽和海洋深層水，為美味的關鍵所在

行家必點 香煎排骨麵

讓排骨的美味更上三層樓

いしぐふー新都心公園内店的
炙燒排骨麵 700日圓
煎得焦香的排骨會另外盛盤，再放入麵碗中享用

行家必點 艾草麵

てぃあんだー的
艾草麵 （中）670日圓
揉入艾草的麵條帶有一股清爽的香味

加了艾草麵條呈現綠色

行家必點 艾草麵

行家必點 豬軟骨麵

份量令人咋舌

麵上滿滿的肉

龜かめそば的
豬軟骨麵 550日圓
以慢火燉煮至連骨頭都能吃下肚的豬軟骨為配料

那霸
てぃあんだー
花兩天熟成的自家製麵條極具咬勁，可選擇細麵或粗麵。也備有涼麵。

Mapple Code 4701-1298
MAP 附錄① 29C-1
☎098-861-1152
🕚11:00～賣完即打烊
休週一 址那霸市天久1-6-10
🚃單軌電車歌町站步行20分
Ｐ免費

那霸
いしぐふー新都心公園内店
●いしぐふーしんとしんこうえんないてん
追求沖繩麵的傳統，以阿古品牌豬熬煮的湯頭和鋪上一層薄薄的煎蛋為特色。

Mapple Code 4701-3131
MAP 附錄① 29D-1
☎098-868-5170
🕚11:00～17:00 休週一（逢假日則翌日休）
址那霸市おもろまち3-2-1 🚃單軌電車歌町站步行10分 Ｐ免費

那霸
龜かめそば
●かめかめそば
以豬骨為主的湯頭味道鮮明，餐桌上放置的艾草可自由取用。

Mapple Code 4701-1531
MAP 附錄① 30B-2
☎098-869-5253
🕚10:30～賣完即打烊
休週一
址那霸市若狹1-3-6
🚃單軌電車縣廳前站步行15分
Ｐ免費

國際通周邊
琉球茶房すーる
●りゅうきゅうさぼうすーる
由古民家改裝而成的店面。除了清淡的沖繩麵外，沖繩紅豆腐湯圓冰和豆腐花也都廣受好評。

Mapple Code 4701-1190
MAP 附錄① 28B-1
☎098-861-5155
🕚11:30～16:00（賣完即打烊）
休週日、舊曆盂蘭盆節
址那霸市久茂地3-25-7
🚃單軌電車縣廳前站步行5分
Ｐ有特約停車場

國際通周邊
元祖大東ソバ
●がんそだいとうソバ
老闆為南大東島人，以木灰和海洋深層水揉製出嚼勁十足的極粗麵條。另有大東壽司550日圓。

Mapple Code 4701-0452
MAP 附錄① 27C-2
☎098-867-3889
🕚11:00～17:30
休無休
址那霸市牧志1-4-59
🚃單軌電車美榮橋站步行7分
Ｐ無

食堂 在地食堂

好吃！開心！美食的天堂

沖繩的食堂有幾個不可思議的"常識"。
一面接觸越瞭解就越覺得有趣的飲食文化，
一面盡情享受家常菜的好滋味吧。

美食任務
在地食堂的常識及必吃佳餚

常識 1 平價

牆上貼著密密麻麻的菜單。不僅種類繁多，價格還便宜得讓人吃驚，甚至還有500日圓以下的餐點。

菜色竟多達80種，而且沖繩麵才300日圓（高良食堂）

常識 2 非同小可的份量

不論什麼餐點都很大盤。有的店還多到讓人誤以為是兩人份，若吃不完也可裝盒外帶。

配料堆得像小山的蔬菜豬肉麵750日圓（波布食堂）

常識 3 附白飯&湯

即便菜單上只列出配菜名，但基本上是附白飯和湯的定食式吃法。請注意不要另外再加點了。

味噌炒絲瓜650日圓（家庭料理の店 まんじゅまい）

常識 4 茶可以隨意續杯

這裡的茶是指加了砂糖的紅茶。將茶取代白開水裝在水壺內，置於桌上供客人取用。喝完可自由續杯，相當划算。

水壺內裝著冰紅茶（輕食の店 ルビー）

常識 6 琳瑯滿目的"當地特有"菜色

有許多只看菜單會摸不著頭緒的料理，以下精選出8道第一次上食堂用餐時強力推薦的沖繩佳餚。

豬肉煎蛋

在沖繩若提到pork指的就是午餐肉。豬肉煎蛋即將煎過的午餐肉和滑嫩煎蛋的搭配組合，為沖繩最常見的早餐菜色。

波布食堂的
豬肉煎蛋 650日圓（附飯·湯）

C餐

依炸豬排、豬肉煎蛋等配菜的數量和種類分成A、B、C三種。C餐是價位最低者，深受年輕人喜愛。

輕食の店 ルビー的
C餐 570日圓

常識 5 有和式座位

似乎理所當然地會設有和式座位，邊閒聊邊悠閒用餐正是沖繩當地的風格。

有桌椅席也有和式座位（やんばる食堂）

國際通周邊
お食事処 三笠
●おしょくじどころみかさ

24小時全天候營業，是當地人填飽肚子的好地方。餐點價位大多落在500～600日圓之間，很受歡迎。

Mapple Code 4701-1860　MAP 附錄① 28B-1
☎098-868-7469
🕐24小時　休舊曆盂蘭盆節期間的兩天　地那霸市松山1-3-17　單軌電車縣廳前站步行7分　P免費
🍴44席／無和式座位

豬肉煎蛋 550日圓
壽喜燒650日圓

國際通周邊
花笠食堂
●はながさしょくどう

位於市區的大眾食堂。定食中的飯提供紅豆飯等3種、湯類有沖繩麵等5種，可自由選擇。

Mapple Code 4701-1544　MAP 附錄① 27D-3
☎098-866-6085
🕐11:00～20:00　休舊曆盂蘭盆節　地那霸市牧志3-2-48　單軌電車牧志站步行7分　P無
🍴56席／有和式座位

紅燒定食850日圓
花笠定食850日圓

國際通周邊
家庭料理の店 まんじゅまい
●かていりょうりのみせまんじゅまい

使用島蔬菜和島豆腐的料理種類豐富。17:00以後則改為居酒屋營業，需支付小菜費300日圓。

Mapple Code 4701-1192　MAP 附錄① 28A-2
☎098-867-2771
🕐11:00～21:30 週日為17:00～　休不定休　地那霸市久茂地3-9-23　單軌電車縣廳站步行3分　P無
🍴54席／有和式座位

自家製豆腐花定食650日圓
炒青木瓜定食850日圓

使用絞肉的特色是三笠的

安里節子和大鈍內和子

お食事処三笠的員工

お食事処 三笠的
強棒飯（附湯）
550日圓

強棒飯

やんばる食堂的
絲瓜配菜
550日圓

配菜

壽喜燒

やんばる食堂的
壽喜燒 650日圓

家庭料理の店
まんじゅまい的
什錦炒豆腐
（附飯、湯）
650日圓

沖繩炒什錦

品嘗道地的好滋味

肚子餓扁的人會超開心的大份量

豬腳

高良食堂的
豬腳味噌湯
650日圓

花笠食堂的
什錦炒苦瓜
800日圓
（附飯、湯）

黃咖哩

軽食の店 ルビー的
咖哩飯
450日圓

波布食堂的
味噌湯
650日圓

味噌湯

那霸
波布食堂
●はぶしょくどう
那霸數一數二的大份量食堂。除了高達30cm的蔬菜豬肉麵外，其他餐點也都是超大尺寸。
Mapple Code 4701-1534 **MAP** 附錄① 30A-4
℡098-861-8343
⏰11:00~17:30 休週日一、假日
🏠那霸市通堂町4-22 🚃單軌電車旭橋站步行10分 🅿免費
🪑50席／有和式座位

炒麵650日圓
什錦炒苦瓜750日圓

那霸
軽食の店 ルビー
●けいしょくのみせルビー
店內餐點絕非「輕食」，份量大到能吃撐肚皮的程度，ABC餐中的豬排也都滿出盤外了。
Mapple Code 4701-0712 **MAP** 附錄① 29C-1
℡098-868-1721
⏰10:00~24:00 休舊曆盂蘭盆節的最後一天
🏠那霸市泊3-4-15 🚃單軌電車美榮橋站步行15分 🅿免費
🪑62席／有和式座位

炒烏龍麵500日圓
A餐800日圓

那霸
高良食堂
●たからしょくどう
廣受當地居民喜愛的店家。料理大多只賣500日圓、份量又大，超高的CP值是一大亮點。
Mapple Code 4701-1861 **MAP** 附錄① 30A-2
℡098-868-6532
⏰10:00~21:00 休不定休
🏠那霸市若狹1-7-10 🚃單軌電車縣廳前站步行15分 🅿免費
🪑35席／有和式座位

沖繩麵300日圓
味噌湯500日圓

那霸
やんばる食堂
●やんばるしょくどう
位於學區24小時營業的食堂，不時可聽到阿姨們充滿活力的招呼聲。單品類皆附白飯和湯，定食類則另附生魚片。
Mapple Code 4701-1533 **MAP** 附錄② 14D-3
℡098-854-3781
⏰24小時（週二為~23:30、週三為9:00~）休舊曆盂蘭盆節
🏠那霸市長田2-5-24 🚃單軌電車安里站搭乘計程車5分 🅿免費
🪑49席／有和式座位

豬肉煎蛋530日圓
招牌沖繩麵定食760日圓

歡度沖繩夜晚時光的 **3** 大派別

南國居酒屋

期待已久的晚餐時刻終於來臨。那霸市的選項多元反而讓人舉棋不定,可先從「泡盛」、「餐點」、「現場表演」中找出自己的優先順位再來挑選店家。

泡盛 優先派

目的地是泡盛酒款豐富的居酒屋。會有精通泡盛酒的店員提供飲用建議,完全不需擔心。

美食任務

決定好目標再出擊!

泡盛？餐點？現場表演？

Check
泡盛是什麼樣的酒

- 出自46家酒廠製造的沖繩特有蒸餾酒,擁有獨特的風味。
- 酒精濃度多在30度,當地人飲用新酒的方式是兌水喝。
- 經過3年以上熟成者稱為古酒(Kusu),可直接飲用。

國際通周邊
うりずん

1972年創業的名店。由古民家改建的店內擺滿各家泡盛酒廠的多款銘酒,以及陳放多年的店家原創古酒,鄉土料理的菜色也很豐富。

到泡盛迷聚集的熱鬧名店喝一杯!

Mapple Code 4700-0759　MAP 附錄① 26F-1
098-885-2178　17:30～23:30
休無休　那霸市安里388-5
單軌電車安里站步行即到　P無

席數 90席／無包廂
沖繩料理 約70道菜
泡盛酒 約100款

沖繩東坡肉 864日圓
豬五花肉以泡盛燉煮,並以味噌來調味

花生豆腐 540日圓
花生風味與軟Q的口感堪稱絕配

必點

炸芋泥肉餅 648日圓
將炸芋頭加點巧思變化而成的當店招牌菜

うりずん特製古酒 12年
(30度/180ml)
1458日圓
圓潤

開店後沒多久就會客滿,最好事先預約

順口
まさひろ
(30度/180ml)
864日圓

清爽
瑞穂
(30度/180ml)
864日圓

Q 適合入門者的泡盛酒

A 新酒的話推薦風味較順口、較清爽的酒款。圓酒滑順的古酒也很好入喉嚨。

うりずん的店長 下地信幸

神村酒造的守禮熟成5年古酒(44度/180ml)
1400日圓
散發出古酒的甘甜風味,口感濃烈醇厚

島豬肉鐵板燒 800日圓
感受阿古品牌豬特有的鮮甜滋味在口中化開

由泡盛品酒師協助挑選酒款

國際通周邊
カラカラとちぶぐゎ～

網羅縣內所有酒廠近100款的泡盛,新酒一小杯300日圓～。泡盛品酒師還會親切地為客人介紹適宜搭配的酒款和料理。

Mapple Code 4701-1193
MAP 附錄① 28B-2
098-861-1194
休週日、舊曆盂蘭盆節
18:00～23:00
那霸市久茂地3-15-15
單軌電車縣廳前站步行5分　P無

老闆兼泡盛品酒師的長嶺哲成(右)

安里手作豆腐乳 500日圓
以豆腐為原料發酵製成的美味,是古酒的最佳良伴

必點

海葡萄海鮮沙拉 800日圓
羅勒風味的沙拉,搭配海葡萄和生魚片享用

席數 34席／有包廂
沖繩料理 約30道菜
泡盛酒 約100款

想吃遍所有沖繩名菜！有這樣想法的人就到鄉土料理的名店；若愛吃魚貝類，就選擇以海鮮料理見長的居酒屋。

餐點優先派

鹽水煮石斑魚
1200日圓～
沖繩常見的鹽水煮魚

生魚片拼盤
（3人份）2500日圓
當天有石斑魚和硨磲貝等

必點

あぐん茶
那霸
●あぐんちゃ

老闆本身就是漁夫，因此海鮮的新鮮度絕對掛保證。以早上捕獲的石斑魚、卵頭鸚哥魚等烹調出本地食材的特色，成為該店的最大賣點。

Mapple Code 4701-1996
MAP 附錄① 29C-2
☎098-861-5915
⏰17:00～23:00
休不定休（逢假日則營業）
📍那霸市前島2-13-2
🚃單軌電車美榮橋站步行7分
P無

店內瀰漫著木質調的溫暖氛圍

席數 45席／有包廂　沖繩料理 約30道菜　包含酒 約20款

必點

A定食
3150日圓
內含8道菜的套餐，可兩人分食

小菜

島蕗蕎
440日圓
帶辣味的淺漬沖繩蕗蕎

なかむら家 久茂地店
國際通周邊
●なかむらやくもじてん

羅列在吧台上的是由料理長精挑細選而來的鮮魚。生魚片、燒烤、炸物之類的簡單料理，道道都讓當地客和觀光客趨之若鶩。

Mapple Code 4701-1520
MAP 附錄① 28B-2
☎098-861-8751
⏰17:00～23:00
休週日、假日、舊曆盂蘭盆節
📍那霸市久茂地3-15-2
🚃單軌電車縣廳前站步行5分
P無

席數 58席／無包廂　沖繩料理 約100道菜
包含酒 約30款

與常客門排排坐大啖鮮魚料理

酥炸烏尾鮗
648日圓～
擠點檸檬汁，連同酥脆的魚骨也全吃進肚吧

墨魚湯
（小）540日圓
與外觀截然不同，味道清淡優雅

なかむら揚げ 540日圓
人氣歷久不衰的炸魚餅

ゆうなんぎい
國際通周邊

1970年創業、實力與人氣兼具的鄉土料理店，擁有極高的知名度。能盡情享用道地沖繩的媽媽味。

每天都大排長龍的店

Mapple Code 4700-1597　MAP 附錄① 28B-2
☎098-367-3765　⏰12:00～15:00、17:30～22:30　休週日、假日、舊曆盂蘭盆節　📍那霸市久茂地3-3-3　🚃單軌電車縣廳前站步行5分　P無

席數 38席／無包廂　沖繩料理 約50道菜　包含酒 約20款

表演優先派

前往用餐同時享受沖繩民謠現場表演的民謠酒場，演出的尾聲都會邀請所有人一起跳Kachashi（琉球手舞）。

穿上鮮豔琉裝登台演出的NENES

現場表演DATA
演出時間 19:00～、20:30～、22:00～／每回約40分
預約 可
入場費 2160日圓

請事先確認演出的節目表

大家一起跳Kachashi炒熱現場氣氛

現場表演DATA
演出時間 19:00～、20:00～、21:00～／每回約30分
預約 可
入場費 500日圓

ライブハウス島唄
國際通
●ライブハウスしまうた

會邀請當地歌手現場表演，掀起島唄風潮的沖繩民謠團體NENES每週演出3～5天。可淺酌泡盛酒，輕鬆自在聆聽悠揚的歌聲。

Mapple Code 4701-1697　MAP 附錄① 27C-2
☎098-863-6040　⏰18:00～23:00　休不定休　📍那霸市牧志1-2-31 おきなわ屋本社ビル3F　🚃單軌電車縣廳前站步行10分　P有特約停車場

席數 120席／無包廂　沖繩料理 約30道菜　泡盛酒 約10款

とぅばらーま
國際通

店內營造出古老沖繩村落的懷舊氛圍。可邊用餐邊近距離聆聽樂曲，從傳統的沖繩民謠到流行曲風的島唄都有，大約會演奏6首。

某場的表演者是八重山民謠的權威宮良康正（左）

Mapple Code 4701-1538　MAP 附錄① 26E-3
☎098-862-3124　⏰11:00～23:30（餐點～23:00）　休無休　📍那霸市牧志2-7-25　🚃單軌電車牧志站步行即到　P無

席數 238席／有包廂　沖繩料理 約70道菜　泡盛酒 約40款

身在沖繩卻瀰漫著美國氛圍

美式餐點

戰後曾歷經美軍統治，塑造出濃濃美國味的沖繩飲食文化。在風味和份量都很美式的店家，招牌餐點當然是第一首選。

招牌餐點
莫札瑞拉起司堡
490日圓

撒滿芝麻的香軟麵包

濃郁的莫札瑞拉起司醬

新鮮蔬菜層層堆疊，番茄有2片

沒吃過A&W就等於沒吃過沖繩漢堡!?

國際通
A&W 國際通牧志店
エイアンドダブリューこくさいどおりまきしてん

1963年美國連鎖店A&W進軍沖繩，受到當地人喜愛並暱稱為『エンダー（Enda）』。漢堡口味約有10種。

Mapple (Code) 4701-3043　MAP 附錄① 27D-3

☎098-943-2106　⏰9:00～22:00
休無休　址那霸市牧志2-1-21　單軌電車牧志站步行7分　P無

↑坐落於國際通的中段位置

薯圈圈
(R)350日圓
捲成一圓圈的辣味薯條

麥根沙士
(R)220日圓
加了香草的碳酸飲料，可免費續杯

美食任務
招牌餐點
盡情地大吃特吃

無敵美味的酪梨醬

漢堡

從正統美國口味的漢堡到融合本地食材的沖繩風漢堡應有盡有，每家都各有特色。

酥脆有嚼勁的麵包

吃得到滿滿的綿密酪梨醬

夾入鮮嫩多汁的肉醬

國際通周邊
Zooton's
●ズートンズ

麵包、漢堡肉、酸黃瓜、調味醬皆為手工製作的漢堡餐廳。大份量漢堡有8種口味，均提供外帶服務。

Mapple (Code) 4701-2122　MAP 附錄① 28B-2

☎098-861-0231　⏰11:00～20:30(週二、日為～16:30)　休無休　址那霸市久茂地3-4-9　單軌電車縣廳前站步行7分　P無

招牌餐點
酪梨起司堡
780日圓

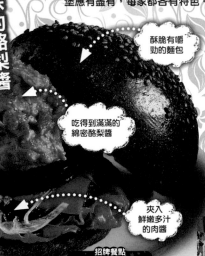
↑營造出美式普普風的氛圍

Nuyaru Baga
方言「這是什麼啊？」的本地漢堡

招牌餐點
Nuyaru Burger
378日圓

美乃滋和起司為主要風味

歐姆蛋內混入了微苦的苦瓜

煎得焦香的午餐肉

國際通周邊
Jef
サンライズなは店
●ジェフサンライズなはてん

源自於沖繩的速食店。研發出使用苦瓜、午餐肉等極具在地特色的漢堡口味，取名也很獨樹一格。

Mapple (Code) 4701-0736　MAP 附錄① 27D-4

☎098-867-4941　⏰9:00～18:00
休無休　址那霸市壺屋1-1-5　單軌電車牧志站步行15分　P無

←位於サンライズなは商店街內

苦瓜圈
(7個裝)270日圓
裹著酥香麵衣的苦瓜版洋蔥圈

美式餐點

國際通周邊

Tacos-ya ●タコスヤ

墨西哥塔可＆塔可飯專賣店。墨西哥塔可1個180日圓，價格實惠。將薄餅煎過後再油炸的調理方式為該店特色。

↗能輕鬆入內的休閒風店面

Mapple Code 4701-0455 MAP 附錄① 27C-2

☎098-862-6080 ⏰11:00～21:30 休無休 址那霸市牧志1-1-42 ➡單軌電車縣廳前站步行10分 P無

薄餅口感酥脆的墨西哥塔可

附洋蔥圈和薯條

塔可飯上也有能促進食慾的莎莎醬

在一盤內同時享用墨西哥塔可和塔可飯

招牌餐點 650日圓

軟Q彈牙的薄餅、餡料、醬汁交織而成的美味

美味的軟皮薄餅

最後再依喜好加入莎莎醬一起吃

雞肉墨西哥塔可（上）、鮪魚墨西哥塔可（下）各250日圓

招牌餐點 牛肉塔可 250日圓

夾入肉醬、萵苣、起司、番茄

國際通

チャーリー多辛寿 國際通店
●チャーリーたこすこくさいどおりてん

沖繩首家墨西哥塔可專賣店的2號店。辣肉醬的材料有牛肉、雞肉、鮪魚3種，可自行搭配辣味莎莎醬享用。

↗位於購物途中可順道前往的國際通上

Mapple Code 4701-2262 MAP 附錄① 28B-3

☎098-861-9995 ⏰11:00～21:00 休無休 址那霸市松尾1-3-4 琉球MARKET 2F ➡單軌電車縣廳前站步行5分 P無

墨西哥塔可&塔可飯

墨西哥塔可又分為脆皮和軟皮兩種。將墨西哥塔可的餡料放在飯上就成了塔可飯。

牛排

沖繩當地以便宜、份量十足的美式牛排為主流，各家店的調味醬則是襯托味道的重要關鍵。

國際通

STEAK HOUSE 88國際通店
●ステーキハウスはちはちこくさいどおりてん

提供約20種的牛排，從價格低廉的牛肉到高級的石垣牛都有。調味醬則備有沖繩常見的「A1」牛排醬及店家特製醬。

Mapple Code 4701-1195 MAP 附錄① 27D-3

☎098-866-3760 ⏰11:00～22:00 休無休 址那霸市牧志3-1-6 勉強堂大樓2F ➡單軌電車牧志站步行7分 P有特約停車場

↗位於大樓的2樓，可俯視國際通的街景

套餐均附湯、沙拉、麵包或飯

軟嫩的紅肉，最推薦吃三分熟

讓肉食主義者大呼過癮的份量

招牌餐點 菲力牛排 （M、200g）2500日圓

加點鹽巴或胡椒吃，或是淋上醬汁享用

店家特製醬 和風味道的蒜蓉醬油

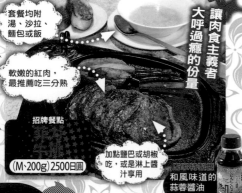

在充滿復古氣息的店內大啖厚片牛排

附湯、沙拉、麵包或飯

招牌餐點 菲力牛排 （L、250g）2500日圓

味道比想像中來得清淡的菲力牛排（里脊肉）

放在熱騰騰鐵板上的三分熟牛排，請依個人喜好的生熟度享用

店家特製醬 帶適度酸味的No.1牛排醬

即可確認有無空位

從入口處的號誌

那霸

JACK'S STEAK HOUSE

1953年開張的沖繩第一家牛排館，美軍統治時代的氛圍和味道如今依舊。不接受預約，要有排隊候位的心理準備。

Mapple Code 4700-0777 MAP 附錄① 30A-4

☎098-868-2408 ⏰11:00～翌1:00 休舊曆盂蘭盆節 址那霸市西1-7-3 ➡單軌電車旭橋站步行5分 P免費

JACK'S STEAK HOUSE的 這點很美國

牆面上的菜單同時列出了英語和日語片假名，別有一番味道。

菜單以英語和日語詳細顯示

A字標誌
代表美軍掛保證的印記，是以前針對食物風味、衛生條件等皆通過嚴格標準的店家才會頒發的證書。

1. TENDER LOIN STEAK	テンダーロインステーキ
2. NEWYORK STEAK	ニューヨーク ステーキ
3. HAMBURGER STEAK	ハンバーガー ステーキ
4. CHOPPED STEAK	チョップ ステーキ（粗挽き）
PORK CHOPS	ポーク チョップ
PORK CUTLET	ポーク カツレツ

復古的餐廳擺設
店面起初落腳於嘉手納町，直到第二次搬遷才搬至現在的場所。一整排卡式座位的美國餐廳風格，相當有氣氛。

南國水果美味大變身
冰涼甜點

在炎熱沖繩不可或缺的沁涼甜點。於南國燦爛陽光沐浴下
生長的水果品質優良，其中又以芒果最讓人讚不絕口。

美食任務 非點不可 芒果甜點

滿滿的熱透芒果肉

CHECK 變身甜點前的沖繩食材

- 顏色鮮豔，蒸熟後口感鬆軟
  ※禁止帶出沖繩
- 島蔬菜之王，帶有獨特的苦味
- 南國水果的代名詞，擁有醇厚的風味與香氣
- 比木棉豆腐硬，黃豆味道濃郁
- 口感清爽，帶些微甜味
- 以甘蔗為原料製成，散發出樸實的甜味
- 沖繩出產的甜度讓人驚豔，汁多味美
- 富含沖繩大海的礦物質
- 酸度較高的柑橘，香氣清爽

芒果紅豆湯圓冰
（4～10月限定）**580日圓**

將大塊芒果肉鋪在沖繩紅豆冰
（→附錄①P.13）的上方

這裡提供外帶 琉堂 わしたショップ店

口感滑順的義式冰淇淋 吃了絕對會上癮

一次吃到3種沖繩口味

冰淇淋＆霜淇淋／
甘蔗＋芒果＆紅芋
510日圓

芒果霜淇淋的味道清淡，冰淇淋則帶有黑糖的溫和甜味

這裡提供內用‧外帶
Blue Seal Parlor大灣店

喝一杯就很有飽足感的興昔

熱帶芒果
680日圓

沖繩產芒果和鳳梨口味的果昔，份量很紮實

這裡提供內用‧外帶
Vita Smoothies

South & North OKINAWA

水果50義日式冰淇淋 水果50芒果等圓當令配淋

雙球義式冰淇淋／
芒果＆島豆腐
（杯裝）**420日圓**

首選推薦的芒果和島豆腐，口感柔滑細緻

這裡提供內用‧外帶 South & North ＋

South & North ＋

BLUE SEAL

國際通
ーラーわくた
」擠出的新鮮優質牛乳為原料製
」手工冰淇淋，也有刨冰和霜淇

ale Code 4701-1198 **MAP** 附錄① 28A-3

98-988-1918（美南島市場）
:00～21:00 休不定休 址那霸市
1-1-1 單軌電車縣廳前站步行3
P無

國際通
琉堂 わしたショップ店
●りゅうどうわしたショップてん
開設在わしたショップ國際通本店前
的咖啡廳，夏季期間會推出6款芒
果甜點。

Mapple Code 4701-2177 **MAP** 附錄① 28B-2
☎無
□10:00～22:00 休無休 址那霸市
久茂地3-2-22 わしたショップ
國際通本店1F
單軌電車縣廳
前站步行3分
P無

國際通
塩屋 國際通松尾店
●まーすやーこくさいどおりまつおてん
販售宮古島特產的「雪鹽」，以
及其他與鹽有關的商品。霜淇淋
可依個人喜好撒上鹽巴享用。

Mapple Code 4701-3134 **MAP** 附錄① 27C-3
☎098-917-4140
□10:00～22:00 休無休 址那霸市
松尾2-1-3
單軌電車縣廳前站步行
10分 P無

國際通
Blue Seal Parlor
大灣店
●ブルーシールパーラーおおわんてん
源起於美國但在沖繩發展茁壯的
Blue Seal Ice Cream旗下的冰淇淋
店，店內常備30幾種口味。

Mapple Code 4701-3133 **MAP** 附錄① 27C-3
☎098-864-0105
□10:30～21:30 休無休 址那霸市
牧志1-3-63 單軌電車牧志站步行7
分 P無

國際通
Fontana Gelato
●フォンタナジェラート
2015年開幕。店陳列著散發出
濃郁食材風味的自家製義式冰淇
淋，約有16種口味。

Mapple Code 4701-3132 **MAP** 附錄① 26E-3
☎098-866-7819
□10:00～21:30 休無休 址那霸市
牧志2-5-36 單軌電車牧志站步行
5分 P無

發揮食材自然美味的義式冰淇淋

雙球義式冰淇淋／紅芋&鳳梨

430日圓

風味濃郁，能嘗到食材的原味。紅芋的口感溫潤

這裡提供外帶 Fontana Gelato

Fontana Gelato

視覺和味覺上都很清爽的蘇打冰淇淋

雙球冰淇淋／藍色波浪（5～10月限定）&香檬

（甜筒裝）550日圓

藍色波浪是由鳳梨冰淇淋和蘇打雪酪混合而成

這裡提供內用·外帶

Blue Seal Parlor 大灣店

火龍果380日圓義式冰淇淋，還能吃得到種籽的顆粒

品嘗冰涼甜點讓身體降溫消暑

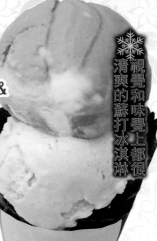

雪鹽霜淇淋

（中杯）380日圓

在鹽味霜淇淋上撒些扶桑花鹽，還附雪鹽金楚糕

這裡提供外帶

塩屋 國際通松尾店

怕喝到奶嘴的鹹味讓人一吃就愛上

這個也很吸引人！

傳統古早味的 沖繩紅豆冰

有別於日本本土，沖繩的「ぜんざい」是紅豆湯圓冰，而且一整年都吃得到。

能保持美味到最後

沖繩版的善哉並非熱食甜點，而是冰品

富士家紅豆冰

320日圓

關鍵在於利用熬煮金時大紅豆的湯汁製作刨冰，即便融化味道也不會改變

這裡提供內用·外帶

ぜんざいの富士家 泊本店

黑糖黃豆金時

500日圓

沖繩紅豆冰加黑糖蜜和黃豆粉，再淋上滿滿的煉乳。甜味高雅

這裡提供外帶

琉球茶房すーる →附錄① P.5

以金時大紅豆和黑糖的搭配組合最為常見

讓甜食愛好麗不能的特製紅豆冰

草莓牛奶金時

500日圓

高度竟然有20cm！鬆軟的刨冰上還加了草莓糖漿和煉乳

這裡提供內用·外帶

刨冰底下是甘甜的金時大紅豆

千日

堆得像小山般的刨冰

從紅芋獲取滿滿的元氣

彩色紅芋香蕉

600日圓

以紅芋風味為主軸的綿密果昔，能幫助身體恢復元氣

這裡提供內用·外帶 Vita Smoothies

驚嚇度破表的龜殼花萃取液的霜淇淋

金波布霜淇淋

（中）390日圓

摻入龜殼花萃取液和香檬果汁的新口味霜淇淋

這裡提供外帶

アントンアイス

苦瓜冰淇淋

雙球熱帶冰淇淋／火龍果&苦瓜

500日圓

帶點苦瓜的苦味，火龍果則清新爽口

這裡提供外帶

パーラーわくた

那霸

ぜんざいの富士家 泊本店

●ぜんざいのふじやとまりほんてん

除了基本款的沖繩紅豆冰外，還有抹茶和黑糖口味，並附贈邊仙。

Mapple Code 4700-0787　MAP 附錄① 29C-2

☎098-869-4657

🕐11:00～21:00　休無休　那霸市泊2-10-9　單軌電車美榮橋站步行10分　P免費

那霸

千日

●せんにち

開業已餘50年的沖繩紅豆冰店。細緻的刨冰配上慢火熬煮的金時大紅豆，深受當地人的喜愛。

Mapple Code 4701-1004　MAP 附錄① 30A-3

☎098-868-5387

🕐11:30～19:00（夏季為～20:00）休週一（逢假日則翌日休）那霸市久米1-7-14　單軌電車旭橋站步行10分　P免費

國際通周邊

Vita Smoothies

●ビタスムージーズ

喝得到以本地水果和蔬菜製作，超過20種口味以上的果昔。自家製的貝果也很受好評。

Mapple Code 4701-1330　MAP 附錄① 27D-1

☎098-863-3929

🕐10:30～19:30　休週二　那霸市牧志2-17-17　單軌電車美榮橋站步行即到　P無

國際通周邊

South & North +

●サウスアンドノースプラス

2015年開業的義式冰淇淋咖啡廳，精選的食材皆來自沖繩縣內各地。

Mapple Code 4701-3135　MAP 附錄① 26E-3

☎070-5417-0723

🕐10:00～23:00　休無休　那霸市牧志3-11-16 國際通台村內　單軌電車牧志站步行5分　P無

國際通

アントンアイス

2015年開張的冰淇淋店。也出苦瓜霜淇淋，人氣與金波淇淋不分上下。

Mapple Code 4701-3136　MAP 附錄① 2

☎098-917-2007

🕐15:00～24:00　休無休　久茂地3-2-1　單軌電車步行3分　P無

美食任務

街頭咖啡廳

國際通及周邊一帶是最熱鬧的購物區。逛街空檔時若想坐下來歇歇腿，則推薦下列5間東西好吃、氣氛又棒的店家。

休息小憩時就選兼具美味與舒適的一流咖啡廳

在懷舊氣氛的店內悠閒品味紅茶

國際通周邊
cafe プラヌラ

營造出復古喫茶店風情的紅茶咖啡廳，供應由斯里蘭卡和印度直接進口的茶葉。添加山原辛香料的奶茶也很受歡迎。

Mapple Code 4701-2394
MAP 附錄① 27D-4
☎098-943-4343
⏰13:00～21:30 休週二、三 地那霸市壺屋1-7-20
🚃單軌電車牧志站步行15分
🅿無

1讓人忍不住想待久一些的沙發座
2生乳蛋糕捲420日圓，山原香料奶茶500日圓

可俯瞰國際通街景的自然風咖啡廳

1沖繩豆腐生乳酪搭配飲料的套餐650日圓
2位於國際通上的大樓2樓

國際通
路の上のカフェ 日日

店內散發著寂靜的氛圍，甚至讓人忘卻正身處於國際通上。使用島豆腐製作的甜點、以大量南國水果打成的飲品，都很受好評。

Mapple Code 4701-3045
MAP 附錄① 26E-3
☎090-1716-0118
⏰12:00～17:30 休週四、五 地那霸市牧志2-7-27名城ビル2F 🚃單軌電車牧志站步行即到 🅿無

現炸的甜甜圈搭配水果一起享用

國際通周邊
BALL DONUT PARK

能吃到點餐後才下鍋油炸的甜甜圈。圓滾滾的甜甜圈外皮酥脆、裡面鬆軟Q彈，口感絕佳。提供10種左右的配料。

Mapple Code 4701-3137 MAP 附錄① 27C-2
☎098-988-9249
⏰11:00～21:00 休無休 地那霸市牧志1-1-39
🚃單軌電車縣廳前站步行10分 🅿無

1放上芒果等配料的「Tropical」（6顆）648日圓
2時髦別緻的甜甜圈咖啡廳

國際通周邊
さんご座キッチン

提供以在地食材製作的餐點和甜點，裝盛的陶器餐具則來自同樣位於櫻坂劇場內的ふくら舍（→附錄①P.19）。

Mapple Code 4701-2172
MAP 附錄① 27D-4
☎098-860-9555
（櫻坂劇場）
⏰9:30～22:00 休無休 地那霸市牧志3-6-10 櫻坂劇場1F 🚃單軌電車牧志站步行10分 🅿無

用陶杯享受咖啡時光

1每日更換口味的蛋糕套餐700日圓。照片中是紅芋栗子蛋糕
2沉穩氛圍的店內還設有小劇場

國際通周邊
[oHacorté]松尾店

以直徑約7cm的水果塔為主力商品的咖啡廳。展示櫃中隨時備有10多種口味，五彩繽紛的時令水果讓當地女孩們愛不釋口。

Mapple Code 4701-2598
MAP 附錄① 28B-3
☎098-866-4454
⏰11:30～20:00 休無休 地那霸市松尾1-9-47 🚃單軌電車縣廳前站步行5分 🅿有特約停車場

一吃就有幸福感覺的水果塔

1咖啡廳空間涵蓋1樓和地下樓
2綜合莓果塔670日圓

早餐

從豪華的藥膳會席到低價位的飯糰應有盡有

絕不容錯過的沖繩美食

享用別具特色的藥膳料理補充身體活力

將早餐視為重要一環的旅遊型態是當前的潮流。享用廣受好評的藥膳料理、沖繩風飯糰、鬆餅，展開活力的一天。

Welcome

屋頂上有迎客的西沙獅

以美味早餐聞名的飯店

曾大量使用紅鳳菜（右圖）、黃鵪菜、日本前胡等藥草和晶蔬菜

依季節還會推出八重山地方的山菜料理「涼拌山蘇」

豆腐花的湯喝起來溫潤順口

負責烹調料理的渡辺克江

藥膳早餐
3240日圓
多達50種食材皆以清淡調味，熱量也只有585kcal

沖繩第一ホテル
→本誌P.99

高雅品味家具環繞的名門飯店，非住宿客也能享用的藥膳早餐相當有人氣。總共約20道菜的會席料理，值得細細品味。

國際通周邊

供應時段
8:00～、9:00～、10:00～
（需於一天前預約）

Mapple Code 4701-0979　MAP 附錄① 27C-2
☎098-867-3116
⏰8:00～12:00　休無休
住那霸市牧志1-1-12
🚃單軌電車縣廳前站步行10分　P免費

C&C BREAKFAST OKINAWA

以「旅途中享用的美味早餐」為主題的咖啡廳。鬆餅、巴西紫莓冰沙、島豆腐和酪梨三明治等，都相當推薦。

國際通周邊

Mapple Code 4701-2931　MAP 附錄① 27D-3
☎098-927-9295
⏰9:00～16:00（週六、日、假日為8:00～）　休週二
住那霸市松山2-9-6
🚃單軌電車牧志站步行10分　P無

加了手作格蘭諾拉燕麥片的巴西紫莓冰沙702日圓

以白色和淡藍色為基調的北歐風店內

供應時段
9:00～16:00（週六、日、假日8:00～）

舒芙蕾鬆餅 ＆特製水果　1512日圓
鬆餅淋上百香果奶油醬，酸味恰到好處。有滿滿的水果

美食任務

吃份熱門早餐讓一早就精神百倍

滿滿的水果喚醒身體

能量的鬆餅

豬肉煎蛋飯糰也很適合趕時間時的早餐

豬肉煎蛋飯糰＆塔塔醬炸蝦　270日圓
內餡為熱膳膳的炸蝦和塔塔醬的黃金組合

供應時段
7:00～18:00

ポークたまごおにぎり本店

國際通周邊

豬肉煎蛋飯糰就是將午餐肉和煎蛋夾在白飯中間的沖繩風輕食，店內還備有其他豐富多樣的內餡可以搭配。

Mapple Code 4701-3138
MAP 附錄① 27D-3
☎098-867-9550
⏰7:00～18:00　休週三
住那霸市松尾2-8-35
🚃單軌電車牧志站步行10分　P無

兩人份超划算的TPO BOX②1180日圓

雖然設有座椅，但還是以外帶為大宗

Let's go! 採買沖繩伴手禮

一定要去逛的店
與不容錯過的東西
完整大公開

沖繩的美味點心和精美工藝品琳瑯滿目。
要到「哪裡」買些「什麼」，就由『MAPPLE』來詳細回答吧。
如此一來，挑選伴手禮時就不會手忙腳亂了！

非買不可排行榜

家人伴手禮

挑選秘訣：第一首選當然就是食品類。可透過閒聊旅途中的見聞，還共享美味的時光。

1 即食食品

能簡單重現當地風味的加工食品，
多買一些回家即可重溫沖繩的氣氛。

想購買時→附錄①P.18

方便快速的沖繩好滋味

TULIP的薄鹽口味午餐肉　(200g)198日圓(未稅)
SAN-A NAHA MAIN PLACE→附錄①P.18

2 沖繩開口笑

當地人最愛吃的沖繩版甜甜圈。除了原味外，
還有黑糖、紅芋等口味。

想購買時→附錄①P.17

最夯的在地零食

さーたーあんたーきーの店安室黑糖沖繩開口笑
(6個裝)648日圓
わしたショップ國際通本店→附錄①P.17

3 Orion啤酒

沖繩最具代表性的啤酒品牌Orion Beer，招牌商品為Orion生啤酒。

想購買時→附錄①P.18

沖繩當地的暢銷品

Orion啤酒的Orion生啤酒
(5%/350ml)240日圓(未稅)
SAN-A NAHA MAIN PLACE→附錄①P.18

個人伴手禮

挑選秘訣：挑房讓人想要長久珍惜使用的手工藝品。若看到喜歡的就下手買回家吧！

1 陶器

やちむん在沖繩方言中為陶器之意。樸實無華的風格，很適合於日常使用。從傳統紋樣到嶄新設計的圖案，形形色色都有。

想購買時→附錄①P.19~21

展現沖繩的自由闊達風格

陶器工房風香原菊唐草紋5寸碗
1620円
ふくら舎→附錄①P.21

2 琉球玻璃

利用戰後美軍基地的廢棄瓶加工製作成玻璃器皿。厚實的玻璃杯身，讓人有種溫暖的感覺。

想購買時→附錄①P.19~21

極具魅力的溫和觸感

奧原硝子製造所的廣口杯
1296日圓
ふくら舎→附錄①P.21

3 西沙獅

沖繩自古以來的守護神，常置於屋簷或門柱上。有陶土或灰泥材質、恐怖或詼諧表情等，種類五花八門。

想購買時→附錄①P.19

恐怖又可愛的守護神

高江洲陶器所的達磨西沙獅
(1對)3240日圓
琉球民芸ギャラリー鎌石久茂地店→附錄①P.19

分送用伴手禮

挑選秘訣：最適合送給朋友或職場同事的就屬糕點類。個別包裝、方便分送的產品更是加分。

1 金楚糕

以麵粉、砂糖、豬油為原料製成的傳統糕點，口感酥脆、容易咬碎。除了基本口味（照片）外，種類多元。

想購買時→附錄①P.17

基本款的傳統點心

新垣菓子店的新垣金楚糕
(2個×6袋裝)324日圓
わしたショップ國際通本店→附錄①P.17

2 紅芋塔

保留紅芋風味的在地甜點。柔滑細緻的紅芋泥搭配紮實口感的塔皮，廣受各年齡層的喜愛。

想購買時→附錄①P.17

任誰收到都會很開心

御菓子御殿的元祖紅芋塔
(6個裝)648日圓
わしたショップ國際通本店→附錄①P.17

3 沖繩美妝品

萃取自南國植物精華的美妝品，大受女生歡迎。平價的入浴劑、小尺寸香皂，都很適合拿來分送。

想購買時→附錄①P.17~20・21

平價的美妝商品

FROMO的洗面皂
各(22g)509日圓
わしたショップ國際通本店→附錄①P.17

Let's go hunting! 名實相符的沖繩代表性美味伴手禮

大型伴手禮店

網羅沖繩所有特產品的大型商店是挑伴手禮時的最佳幫手，不妨就來這兒選購最夯的糕點吧。

南風堂的 雪鹽金楚糕
（2個×12袋裝）594日圓

能更襯托出甜味的宮古島特產「雪鹽」是暢銷商品

金楚糕是朋友同事伴手禮排行榜的No.1

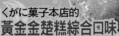

Fashion Candy的 金楚糕巧克力
（5個裝）1/2日圓

外層裹上溫和的牛奶巧克力、濃郁的黑巧克力

くがに菓子本店的 黃金金楚糕綜合回味
（10個裝）540日圓

重現金楚糕原本模樣的圓形造型，甜度適中

這裡全都買得到

國際通
わしたショップ 國際通本店
わしたショップこくさいどおりほんてん

嚴選自沖繩各地的特產品多達3000種。強項是食品類，美妝品的選項也很豐富。

Mapple Code 4700-0731　MAP 附錄① 28B-2
☎098-864-0555　⊙無休　那覇市久茂地3-2-22　單軌電車縣廳前站步行3分　P有特約停車場

御菓子御殿的 元祖紅芋塔
（6個裝）648日圓

100%沖繩產紅芋製成的紅芋泥，從顏色到味道都是純天然

超精采！ 保證零地雷的名品清單

沖繩黑點心

さーたーあんたーぎーの店 安室的 白糖沖繩開口笑
（6個裝）648日圓

使用大量新鮮雞蛋製成的原味開口笑

OKINESIA的 ごまふくろう
（17g）108日圓

烤得酥脆的黑芝麻＋夏威夷豆，黑糖風味

パラダイスプラン的 雪塩ふわわ 3種綜合包
（3袋裝）1080日圓

椰子、黑糖、紅芋口味的蛋白霜餅乾，入口即化

指名購買沖繩限定販售的酒款

限定泡盛

米島酒造的 美ら蛍
（30度・600㎖）2571日圓

以久米島的天然水釀造而成，為口感清爽、容易入喉的古酒

ヘリオス酒造的 くらブラック
（25度・180㎖）565日圓

混合20%的5年古酒製成，有股華麗的橡木桶香氣

まさひろ酒造的 首里城正殿 3年古酒
（30度・720㎖）1620日圓

紅色酒標相當顯眼，口感圓潤

讓料理風味更上一層樓的最佳配角

超實用調味料

勝山シークヮーサー的 香檬 泡盛辣椒
（35g）340日圓

加了香檬的清爽泡盛辣椒

國際通
精選！大型伴手禮店
おきなわ屋 本店
おきなわやほんてん

網羅多達3000款的商品，糕點、沖繩版的角色商品都很豐富。

Mapple Code 4701-0186　MAP 附錄① 27C-2
☎098-860-7848　⊙9:30~22:30(有季節性差異)　那覇市牧志1-2-31　單軌電車縣廳前站步行10分　P有特約停車場

熱賣長銷的 わしたショップ原創商品

わしたショップ的 起司豬肉、辣味豬肉
各（180g）426日圓

以本地豬肉製成的午餐肉，肉汁豐富、口感飽滿

辺銀食堂的 石垣島辣油
（100g）959日圓

以石垣島食材為原料製成的美味辣油，味道醇厚

ぬちまーす的 生命之鹽MY SALT
（30g）463日圓

以特許專利製法生產的粉末鹽，並推出方便攜帶的小瓶裝

每一樣都很吸引人
忍不住就下手大肆採購

Let's go hunting! 當地人喜愛的日常食品

在地超級市場

價格親民的在地味道，種類五花八門。
還設有伴手禮商品專區，對趕時間的人而言十分方便。

副食食品

家人伴手禮
排行榜
的No.1

TULIP的
薄鹽口味午餐肉
（340g）258日圓

沖繩Hormel的
減鹽豬肉罐頭
（340g）328日圓
沖繩餐桌上不可或缺的午餐肉

オキハム的
塔可飯
（2入裝）348日圓
內附肉醬和辣醬的熱門商品

オキハム的
沖繩東坡肉
（165g）258日圓
內含軟嫩的豬五花肉和牛蒡，只需加熱就能食用

マルちゃん的 沖繩麵
（84g）125日圓
鰹魚＆昆布高湯和Q彈的扁平麵相當對味

◎KIKO的
OKIKO RAMEN
（30g×4包）132日圓
雞汁口味的迷你拉麵，包裝復古又可愛

大塚食品的
Bon Curry
甜味
（180g）93日圓
第一代的Bon Curry只有沖繩才買得到，還有中辣、辣等口味

沖繩Hormel的
鹽醃牛肉哈司
（70g）95日圓

オキハム的
迷你鹽醃牛肉哈司
（75g）98日圓
混合鹽醃牛肉和馬鈴薯，也是每個家庭的必備品

這裡全都買得到

那霸
SAN-A NAHA MAIN PLACE
サンエーなはメインプレイス
SAN-A是沖繩縣內最大的超市，NAHA MAIN PLACE店還有提供宅配服務。
まっぷるコード 4701-0653　MAP 附錄① 29D-1
⏰9:00〜24:00　🚫無休　🚗那霸市おもろまち4-4-9　🚉單軌電車歌町站步行7分　🅿免費

當地飲料

軟性飲料和酒精飲料都很有特色

Orion啤酒的
Orion生啤酒
（5度/350ml）240日圓
風味清淡、入喉爽口，最適合沖繩的炎熱天氣

ヘリオス酒造的
Goya Dry
（5度/350ml）284日圓
一開始是啤酒花的苦味，接著才會感受到沖繩苦瓜的風味

マルマサファミリー商事的
Miki／黑糖玄米／薑黃Miki
各（250g）86日圓
質地濃稠，如甜酒般甜味的米製飲料

かねよし的 茉莉花茶
（120g）258日圓
以粉紅色紙包裝的茉莉花茶，香氣清新

零食餅乾

一吃就停不了嘴的酥脆口感

丸吉塩せんべい屋的
天使翅膀
（35g）180日圓
蓬鬆口感與微鹹風味的煎餅薄片，讓人吃了還想再吃

玉木製菓的
龜殼煎餅
（9片裝）115日圓
做成烏龜龜殼形狀的平民零食，鹹味適中

サン食品的
Orion啤酒花生
（5袋）300日圓
內含Orion啤酒的酵母，帶有薑黃等辛香料的味道

常用調味料

方便實用的料理好幫手

雀巢的
Eagle
（385g）305日圓
淋在水果或刨冰上的煉乳，別名鷹牌煉乳

Brand's的A1醬
（240g）278日圓
帶酸味的牛排醬，連當地的餐飲店也愛用

赤マルソウ的
油味噌
（140g）188日圓
摻入豬肉的甘味噌，可放在白飯上或包入飯糰當內餡

※上列商品均為SAN-A NAHA MAIN PLACE的平常價格（未稅）

Let's go hunting! 要尋找充滿歷史韻味的四大工藝品

藝品店

從昔日沖繩的琉球王國時代傳承至今的手工藝品，琳瑯滿目。
位居人氣前4名者如下所列。

再生玻璃特有的溫暖手感

琉球玻璃

glass 32的
波紋杯
（小）2160日圓
強而有力的波紋狀（海浪圖案）讓人印象深刻，杯緣的玻璃內還有氣泡 Ⓐ

奧原硝子製造所的
附蓋糖果罐
（小）3024日圓／前
出自沖繩最古老玻璃工房的作品，點點圖案很受歡迎 Ⓑ

水壺
（小）2160日圓／右後

吹きガラス工房 彩砂的
奶精杯
各849日圓
橄欖色杯是以泡盛酒的廢棄瓶為原料，褐色杯則是利用啤酒的回收瓶製作 Ⓑ

傳統與現代皆具魅力的

陶器
個人伴手禮排行榜的No.1

茂生窯的5寸盤
1080日圓
盤緣是傳統的菊唐草紋，中央處有壓花 Ⓑ

金城有美子的
萬用碗大盤
6480日圓
清新爽朗的粉彩色調展現出陶藝家的個人風格 Ⓒ

2916日圓

工房 綾的
香菇馬克杯
2484日圓
由承襲傳統技法的陶藝家所設計的嶄新造型 Ⓑ

色彩鮮豔的型染令人心情愉悅

紅型

びんがたculook的
紅型鳥胸針
各3800日圓
配色美麗的琉球歌鴝（左）和翠翼鳩 Ⓐ

田中紀子的
口金包
（小）3456日圓
尾巴相連著一起散步的大象，附提手、使用方便 Ⓒ

染織工房バナナメシア的
芭蕉紙 型染卡片
各900日圓
從栽種絲芭蕉到製紙、型染全都一手包辦 Ⓑ

看到喜歡的模樣就帶回家吧

西沙獅

高江洲陶器所的
赤繪達磨西沙獅
（1對）3888日圓
以名為赤繪的傳統技法製成，體型渾圓很討人喜歡 Ⓐ

ゆしびんの的
灰泥西沙獅
1萬日圓
以古民家的紅瓦為材料製作，灰泥材質的粗糙感很有味道 Ⓐ

漆喰シーサー工房ニャン山的
Baby LOVE 西沙獅
（1對）1080日圓
眼睫毛和捲翹的毛髮相當迷人，可愛度破表 Ⓐ

全部都在這3家

國際通周邊

Ⓒ tituti OKINAWAN CRAFT
○ティトゥティオキナワンクラフト
由陶藝、紅型、織品、木工四位不同領域的藝術家共同經營的藝品店，2015年才剛搬遷重新開張。
Mapple Code 4701-2091
MAP 附錄① 27D-1
☎098-862-8184
🕐9:30～17:30 🗓週四
🏠那霸市牧志2-23-6
🚃單軌電車美榮橋站步行5分 Ⓟ無
販售商品 陶器 紅型

國際通周邊

Ⓑ ふくら舍 ●ふくらしゃ
推廣沖繩本地手工藝品的空間。商品形形色色、多種多樣，想尋找傳統陶器的人更是會逛到流連忘返。
Mapple Code 4701-1987
MAP 附錄① 27D-4
（櫻坂劇場）
☎098-860-9555
🕐10:00～20:00
🗓無休 🏠那霸市牧志3-6-10 櫻坂劇場1·2F
🚃單軌電車牧志站步行10分 Ⓟ無
販售商品 陶器 琉球玻璃 西沙獅 紅型

國際通

Ⓐ 琉球民芸ギャラリー鍵石 久茂地店
○りゅうきゅうみんげいギャラリーきーすとんくもじてん
店內的沖繩工藝品琳瑯滿目。風格既有古典又有現代，比較挑選也很有意思。
Mapple Code 4701-0976
MAP 附錄① 28B-2
☎098-863-3184
🕐9:00～22:30 🗓無休
🏠那霸市久茂地3-2-18
🚃單軌電車縣廳前站步行5分
Ⓟ有簽約停車場
販售商品 陶器 琉球玻璃 西沙獅 紅型

Let's go hunting! 南國風情的文創商品
文創品專賣店

沉浸在熱帶風情的MIMURI世界

由創作者親手製作的沖繩風格商品，各式各樣、包羅萬象。若已選定目標就到種類齊全的直營店購買吧。

熱帶風情設計

蔬菜圖案
平面提袋
（迷你）1620日圓
袋子上羅列著滿滿的島蔬菜。以同塊布料製成的鑰匙包1620日圓

庭園圖案
鉛筆袋
1944日圓
鮮豔綻放的南國花卉以及嬉戲的鳥兒

國際通周邊
MIMURI ●ミムリ
織品設計師MIMURI的品牌專門店。描繪上繽紛色彩的沖繩動植物、水果圖案的包包和小東西，相當吸晴。
Mapple Code 4701-2006　MAP 附錄① 27C-3
☎050-1122-4516
⏰11:00〜19:00　休週四　地那霸市松尾2-7-8　🚃單軌電車牧志站步行10分　P無

沖繩T恤

國際通
Habu Box 那霸店
●ハブボックスなはてん
圖案設計極具視覺效果的原創服飾，廣受好評。T恤隨時備有60款樣式、尺寸也很齊全，讓人在旅途中就忍不住想穿上。

百花齊放
（SS）3564日圓
將沖繩夾腳拖比擬成花，表現出"百花齊放"的圖案
讓人開心雀躍的T恤

OKINAWA
Sunny Road
（SS）3564日圓
以普普畫風呈現縱貫沖繩本島南北的國道58號以及各地風土特色

Back Style

Mapple Code 4701-0497　MAP 附錄① 28B-3
☎098-861-7339
⏰11:00〜21:00　休不定休　地那霸市松尾1-2-4　🚃單軌電車縣廳前站步行3分　P無

沖繩美妝品

國際通周邊
La Cucina Soap Boutique
●ラクッチーナソープブティック
以優質植物油調製成的手工皂。有添加月桃、扶桑花等沖繩素材的產品共5款，各自有不同的功效。

藉由沖繩大自然的力量變得更美

香皂
月桃和沖繩泥／上
琉球藍／中
扶桑花／下
各（紅型盒裝）1296日圓
月桃能維持肌膚的潔淨，扶桑花具良好的保濕力

Mapple Code 4701-2296　MAP 附錄① 27C-3
☎098-988-8413　⏰12:00〜20:00
休週三　地那霸市松尾2-5-31　🚃單軌電車縣廳前站步行10分　P無

泡澡環島　各324日圓
使用沖繩各島的海水鹽所做成的沐浴鹽，共有5種

琉球紙糊

不倒翁
972日圓
以傳統的琉球紙糊來詮釋不倒翁

半人馬
1296日圓
將神話中的半人半馬以豐永盛人的風格來表現。有氣無力的表情

溫暖的表情療癒人心

Back Style

國際通周邊
琉球玩具 ロードワークス
●りゅうきゅうがんぐロードワークス
由豐永盛人所經營的店，專門製作鄉土玩具琉球紙糊。主題有古典也有創新，臉部表情則帶點幽默詼諧的感覺。
Mapple Code 4701-1010
MAP 附錄① 27D-4
☎098-988-1439　⏰10:00〜18:00　休週日　地那霸市牧志3-6-2　🚃單軌電車牧志站步行10分　P無

沖繩夾腳拖

穿上流行的夾腳拖步也變得輕盈

彩繪夾腳拖
扶桑花／前
2376日圓
很受女性歡迎的扶桑花圖案，有粉紅、紅等4種顏色

彩繪夾腳拖
波浪
2376日圓
充滿躍動感的波浪。多加324日圓就有刻名服務

國際通周邊
琉球ぴらす 浮島通店
●りゅうきゅうぴらすうきしまどおりてん
共有8款手工雕刻圖案的沖繩夾腳拖（海灘鞋）相當熱賣，還有T恤之類的原創流行商品。
Mapple Code 4701-1700　MAP 附錄① 27C-3
☎098-863-6050
⏰11:00〜20:00　休不定休　地那霸市松尾2-5-36　🚃單軌電車縣廳前站步行10分

RYUKYU PIRAS

南國首飾

在耳邊搖晃的可愛星砂

star_b
各4968日圓
星型的銀飾內裝有天然星砂

國際通周邊
Grand Blue 那霸店
●グランドブルーなはてん
販售以沖繩為概念的銀飾品，有裝填星砂或是八重山織紋樣設計的耳環、戒指、項鍊等。
Mapple Code 4701-1622　MAP 附錄① 27D-3
☎098-861-5656
⏰10:00〜20:00　休第3週三　地那霸市牧志3-9-40　🚃單軌電車牧志站步行7分　P無

Let's go hunting! 時下當紅的流行雜貨

複合精品店

想想掌握沖繩雜貨的"最新趨勢"，最好的方式就是逛複合精品店。
以下精選出5間擁有獨到選品眼光的商店。

きのさジャム工房的
手作果醬 各600日圓
有芒果、沖繩香蕉等20幾
種口味，每天吃也不會膩

ci.cafu的
戒指 各3020日圓
櫻仿蝴蝶和葉片造型的黃銅
戒指，兩者皆為沖繩的吉祥
紋樣

好幸福♪

toncati的
小盒 3000日圓～
利用廢棄木材拼接
組合，獨創性十足
的木盒

在小小的獨棟屋裡慢慢尋寶

國際通周邊
tuitree + zakka tuktuk
●トゥイトゥリープラスザッカトゥクトゥク
由小巧的古民家改裝而
成。販售將沖繩傳統工藝
加些創意改造而成的飾
品，以及紙糊玩具、陶
器、有機食品等。

Mapple Code 4701-0720　MAP 附錄① 27C-2
℡ 098-868-5882　⏰12:00～20:00　休週三、四　地那
覇市牧志1-3-21　🚃單軌電車美榮橋站步
行7分　🅿無

工房いろは的
馬克杯 3240日圓
黯淡的色調與霧面質感，擁
有許多死忠粉絲

chicclue的
卡片套組 250日圓
天然的月桃紙上還繪有碗的
圖案

好喜歡

MITSU PRINT的
手巾 1200日圓
以自製的製版機印刷而成，漸
層色調的日本前衛充滿美感

在小空間中與手作商品相遇

國際通周邊
MAXI MARKET
●マキシマーケット
挑選本地工藝家的陶器、琉球
玻璃等，能感受到手作特有溫
度的商品。店家的原創飾品也
在其列。

Mapple Code 4701-1828　MAP 附錄① 26E-3
℡ 098-863-3534　⏰12:00～20:00　休不定休　地那
覇市牧志3-15-51　🚃單軌電車牧志站步行即到　🅿無

要找當紅雜貨就來這5家

柑蔗給追求簡約洗鍊南國工藝品的人

國際通周邊
GARB DOMINGO
●ガーブドミンゴ
店內以當地工藝家的餐具作品為大宗，有用色新
潮、造型簡潔的陶器與木工、玻璃等商品。

Mapple Code 4701-1971　MAP 附錄① 27D-4
℡ 098-988-0244　⏰9:30～13:00、15:00～19:00
休週一、三　地那覇市壺屋1-6-3　🚃單軌電車牧志站步
行15分　🅿無

一眼就愛上了

原創的
聖埃盧瓦香皂 1500日圓
內含西印度櫻桃
的天然香皂，質
地溫和

LANTANA的
蝴蝶花朵耳環
9180日圓
左右兩側的花朵長得不一樣，
除了黃銅材料外也有銀製品

おおやぶみよさん的
真珠星玻璃杯 左
3240日圓
不太顯眼、充滿朦朧感的
質地，讓人愛不釋手

沖繩藝術家雜貨 琳瑯滿目

國際通周邊
沖繩の風
●おきなわのかぜ
能一次欣賞到40多位話題藝術家的新風格雜貨作
品，自創品牌「琉球帆布」的包包也不容錯過。

Mapple Code 4701-1972　MAP 附錄① 26E-2
℡ 098-943-0244　⏰11:00～20:00（7～9月為～
22:00）　休無休　地那覇市牧志2-5-2　🚃單軌電車牧
志站步行5分　🅿無

プリッキー山田的
小鳥 各378日圓
以大鷲鷺（右）等沖
繩鳥禽為主題的小
裝飾品

好可愛

RYUKA×琉球帆布的
船型托特包RYUKA
4320日圓
紅型工藝家與琉球帆布
的合作商品，紅型的印
花圖案相當漂亮

Chufudi nature的
海鹽身體磨砂膏
各（40g）324日圓
結合海鹽與天然素材精華液
的身體去角質按摩霜

透過創意商品豐富生活情趣

國際通周邊
RENEMIA
●レネミア
寬敞的店內陳列著跳脫傳統框架的工藝品、藝術
作品、服飾、美妝品、食品等，以及只設有吧檯
的咖啡空間。

Mapple Code 4701-2776　MAP 附錄① 26E-2
℡ 098-866-2501　⏰14:00～19:00　休週日　地那
覇市牧志2-7-15　🚃單軌電車牧志站步行即到　🅿無

好想要

nife的
方形碗
（13cm）2700日圓等
讓人眼睛為之一亮的新造型
陶器。唐草紋樣充滿躍動感

原創的
宮古島檸檬草茶
（20g）432日圓
以無農藥方式栽種
的檸檬草，簡單的
包裝相當討喜

MIREI的
記事本 各648日圓
當地著名插畫家以柔
和筆觸所描繪的作品

第一牧志公設市場的玩樂方式

瀰漫著濃厚地方色彩的第一牧志公設市場。光是隨意繞繞逛逛就很有意思了，若再挑戰買個食材、請店家「代客料理」，樂趣也會多上好幾倍！

循序漸近讓樂趣倍增

step 1 一圈一圈遊逛

step 2 與當地人交談順便購物

step 3 嘗試「代客料理」

所需時間
STEP1 **約30分**　STEP1&2 **約1小時**　STEP1&2&3 **約2小時**

第一牧志公設市場

●だいいちまきしこうせついちば
從戰後的黑市發展至今的「沖繩廚房」，兩層樓建築物的內外有販售近海魚、精肉、島蔬菜等約130家的店舖比鄰而立。熱絡的叫賣聲此起彼落，充滿活力。

Mapple Code 4700-0677　MAP 附錄① 27D-3
☎098-867-6560　⏰10:00～20:00（因店而異）　休第4週日（12月無休）、舊曆盂蘭盆節、舊曆新年（因店而異）
🏠那霸市松尾2-10-1　🚃單軌電車牧志站步行10分　Ｐ無

逛一圈 A 加工食品‧乾貨店區

有麵店、醬菜店、魚板店等五花八門。雖然一開始面對試吃的邀請會有點畏縮，不過這可是與店家交流、品嘗罕見沖繩食材的大好機會。

コーヒースタンド小嶺

かりまた手打ちそばや

秤重計價～

↑堆得滿滿的沖繩麵麵條

↑喝杯香檬汁120日圓歇會兒吧

←沖繩麵高湯 200日圓

↑手打麵（500g）200日圓

↑泡盛辣椒200日圓

池宮城商店

Kame～（吃吃看）

↑試吃醬菜島蕗蕎

↷島蕗蕎鹽漬＆泡菜漬兩種口味組合（160g）1000日圓（時價）

逛一圈 B 鮮魚店區

看到從沒見過的鮮艷魚種，著實叫人感到吃驚。蝦、螃蟹的體型都很碩大，夜光貝甚至有蠑螺的5倍大。

↑通道兩側有整排的鮮魚店

↷青綠色的卵頭鸚哥魚

↷沖繩縣魚「烏尾鮗」

やませ商会

這是濱鯛

南風原鮮魚

↷海葡萄（110g）500日圓請以常溫保存

↷往店頭看了一下盡是沒看過的魚

從國際通步行3分 大型市場就在眼前！

食堂 info

きらく 代客料理 OK

有多達120種使用在地食材的大份量料理，沖繩東坡肉850日圓

Mapple Code 4701-0557

☎ 098-868-8564
🕙 10:00～20:00　🈺 第4週日

御食事処 ツバメ 代客料理 OK

●おしょくじどころツバメ

以中國少數民族「客家人」的家常菜為主力，還有中國海鮮料理等其他菜色。海鮮粥650日圓

Mapple Code 4701-0555

☎ 098-867-8696
🕙 10:00～20:00　🈺 第4週日、舊曆盂蘭盆節

TRY 代客料理！

終於盼到用餐時間了。由於是自己挑選的魚，所以吃起來也格外美味。

開動囉！

接著上到2樓的食堂，請店家「代客料理」。總共約有10家食堂，烹調費為均一公定價，3道菜以內1人500日圓。

首先，在1樓的鮮魚店選購自己想吃的魚。店家還會配合生魚片或酥炸等客人希望的調理方式幫忙做些處理。

★小尾卵頭鸚哥魚約900日圓（時價）
★小尾烏尾鮗約250日圓（時價）
★烹調費500日圓
合計約 1650日圓

➡ 糖醋卵頭鸚哥魚

➡ 酥炸烏尾鮗

➡ 卵頭鸚哥魚生魚片

這次選擇

本次就挑

逛一圈 C 精肉店區

沖繩最受歡迎的肉類就是豬肉。甚至有「除了豬叫聲以外全都能吃」的說法，所有部位的豬肉都買得到。乍看到真實版的豬頭還真有些嚇人呢。

和ミート

很軟很好吃喔～

➡ 和ちゃ東坡肉醬油味（中）1620日圓

這次又有得試吃了，這次是沖繩東坡肉

美里食肉店

➡ 沖繩特有的羊肉賣店

➡ 帶著太陽眼鏡模樣的豬頭不禁讓人瞪大了眼睛，連店員的T恤上也是！

➡ 手作肉味噌600日圓

丸竹食肉店

➡ 笑容親切的竹子婆婆

逛一圈 D 外圍

可別漏掉了環繞市場外圍的蔬果店、乾貨店等店家，能看到吊掛著的沖繩香蕉、燻製海蛇（闊尾青斑海蛇）等食材。

琉夏

➡ 空見晃的泡盛酒專賣店，門口還有隻店貓

上原果物店

➡ 吊掛著沖繩香蕉的南國水果店

➡ 釋迦鳳梨約800日圓（時價）

OKINAWA GROCERY

➡ 也能發現夾雜於老店間的新食品店鋪

➡ 香檬薑汁甘露酒（400g）2030日圓

逛一圈 E 甜點店區

雖然只有2樓後方的一小區，但各店的實力都不容小覷。當經過現做的沖繩開口笑或義式冰淇淋的店家前，應該會很難克制想買的衝動吧！？

歩

➡ 一天就能賣出1000個開口笑

➡ 沖繩開口笑（9個裝）756日圓

ジェラ沖繩牧志店

➡ 內含多種沖繩水果的義式冰淇淋（3球）500日圓

市場 MAP 擠滿了約130店！

1樓

出入口總共有13個

中央入口（北）在這裡

かりまた手打ちそばや

A

1 國際通

市場本通

市場中央通

美里食肉店

琉夏

丸竹食肉店

C

樓梯

コーヒースタンド小嶺

上原果物店

和ミート　やませ商会

南風原鮮魚

手扶梯

池宮城商店

中央入口在這裡

樓梯

長嶺鮮魚

手扶梯只有上行

B

OKINAWA GROCERY

D

2樓

御食事処ツバメ

きらく　ジェラ沖繩 牧志店

F

飲食店的最後點餐時間約20:00

手扶梯

樓梯

歩

第一牧志公設市場事務所

洗手間

➡ 搭乘市場內中央處的手扶梯上2樓

圖例：
← → 出入口
■ 精肉店
■ 鮮魚店
■ 蔬菜・水果店
■ 加工食品・乾貨店
■ 飲食店
■ 甜點店
■ 伴手禮店

晚力十足！！

那霸市第一牧志公設市

めんそーれ welcome 歡迎光臨 어서 오세요　1950年開業 那霸市第一牧 公設市

壺屋陶器街的玩樂方式

邊漫步壺屋陶器街，邊參觀各家店的壺屋燒作品。或是到陶器咖啡廳喝杯茶、體驗製作西沙獅，讓行程更加充實。

Welcome！壺屋陶器街

壺屋自古以來就是陶之鄉。長達400m的壺屋陶器街是一條鋪著琉球石灰岩的石板道，悠閒的氛圍讓人幾乎忘了身處於熱鬧的那霸市區。
MAP 附錄① 28A-4

順序漸近讓樂趣倍增

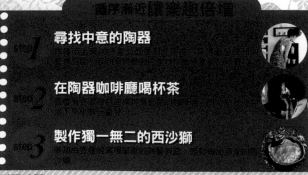

step1 **尋找中意的陶器**

step2 **在陶器咖啡廳喝杯茶**

step3 **製作獨一無二的西沙獅**

所需時間
STEP1 約1小時　STEP1&2 約1小時30分　STEP1&2&3 約2小時30分

Check！壺屋燒

擁有約330年歷史的傳統工藝品。並傳承了唐草紋等紋樣。以厚實質感和柔軟線條為特色

唐草紋
からくさもん
向四方延伸的唐草象徵繁榮

菊紋
きくもん
菊花代表太陽的恩賜

魚紋
ぎょもん
有子孫繁盛的祝福涵義

商品攝影／育陶園

← 依不同的紋樣和技法搭配商品

與陶器共度愉悅的早晨時光

馬克杯（小） 3348日圓
5寸盤 1944日圓
藍釉和綠釉菊紋交織成優雅的系列

Kamany

●カマニー
與歷史悠久的壺屋燒一同成長的「育陶園」窯廠直營店。以"妝點現代生活的陶器"為概念，創作出獨具風格的系列商品。

Mapple Code 4701-2297　MAP 附錄① 28A-4
☎098-911-0509
⊙10:30～18:30　不定休
址那霸市壺屋1-22-37
單軌電車牧志站步行15分
P無

隨心所欲地趴趴走♪

壺屋燒窯場 育陶園
● 陶藝道場
石巻通

名為石巻通的幽靜小路

SHOP
HOP

名列重要文化財的新垣家住宅，只能欣賞外觀

SHOP

新垣家 ● 住宅

CAFE

うちなー茶屋ぶくぶく

●うちなーちゃやぶくぶく
改裝前的建築物原本是沖繩首家廣播電台，招牌餐點是能吃到蓬鬆泡沫的沖繩傳統泡泡茶。不接待6歲以下兒童。

Mapple Code 4701-1568　MAP 附錄① 28A-4
☎098-861-2952
⊙10:00～17:30　不定休
址那霸市壺屋1-28-3　單軌電車牧志站步行15分　P無

← 不時有微風吹拂的舒適空間

泡泡茶

喝杯沖繩的傳統茶享受片刻悠閒

炮炮&飲品套餐

泡泡茶搭配沖繩風可麗餅「炮炮」、金楚糕一起享用

大叔線香座 409日圓

除了器皿外，像這類有趣的小東西也很推薦

大榕樹下有座古老的共用水井，目前仍在使用中！

共用水井 ● 330

湯碗 2500日圓
內側還散布著綠釉的點點圖案

やちむんとカフェ チャタロウ

沖繩紅豆冰加上黑糖蜜、濃縮咖啡等，別具特色的甜點和食物讓人眼睛一亮。咖啡廳內使用的器皿可以在店面購買。

Mapple Code 4701-2600
MAP 附錄① 28A-4
☎098-862-8890
🕙10:00～19:00 休無休
🚃那霸市壺屋1-8-12
單軌電車牧志站步行10分 P免費

沖繩紅豆冰

南國風味的冰涼甜點

店共同組成

由咖啡廳和陶器

店內陳列展示

波照間黑糖牛奶紅豆湯圓冰
堆得像小山的刨冰，還有滿滿以波照間島黑糖炊煮的金時大紅豆

茶屋 すーじ小
●ちゃやすーじぐゎー

位於比壺屋陶器街步調更為緩慢的小路上，能品嘗店主傳承自祖母手藝的家庭口味沖繩麵。庭院的樹蔭相當涼爽宜人。

Mapple Code 4701-3017
MAP 附錄① 28A-4
☎070-5493-9317
🕙11:00～17:00 休不定休
🚃那霸市壺屋1-15-23
單軌電車牧志站步行15分 P無

在樹蔭下享用傳承阿嬤古早味的沖繩麵

沖繩麵

店家的招牌菜，麵條上方是熬煮得非常入味的豬五花肉

國際通
櫻坂中通

從國際通步行5分即可抵達壺屋陶器通

那霸市立壺屋陶瓷博物館

我在這兒

南又窯

以前曾使用過的登窯「南又窯」可自由參觀

☺枝繁葉茂
福木和加苳等大樹

悠閒自在地走走逛逛♪

クラフトハウス Sprout
●クラフトハウススプラウト

由老闆依表現風格和個人特質挑選出約15位沖繩當地陶藝家的作品，有傳統樣式也有別具個性的器皿。

Mapple Code 4701-1868
MAP 附錄① 28A-4
☎098-863-6646
🕙10:00～19:00 休不定休
🚃那霸市壺屋1-17-3
單軌電車牧志站步行15分 P無

從古典紋樣到獨創性設計應有盡有

☺結合琉球玻璃的陳列展示

工房十鶴的小鉢
[1728日圓]
充滿躍動感的椰子和點點圖案讓人一眼就愛上

工房ことりの的馬克杯碟
[2160日圓]
[1940日圓]
優雅用色和紅色果實般的圓點圖案有畫龍點睛之效

Craft・Gift ヤッチとムーン
●クラフトギフトヤッチとムーン

為廣蒐新世代工藝家新風格陶器「チャタロウ」的姊妹店，器皿就陳列在看起來像是餐廳或廚房的小房間內。

Mapple Code 4701-2935
MAP 附錄① 28A-4
☎098-988-9639
🕙10:00～19:00 休無休
🚃那霸市壺屋1-21-9
單軌電車牧志站步行15分 P無

CAFE
壺屋陶器街
SHOP

☺從窗外探頭進來的店家吉祥物布偶

在讓人滿心期待的空間裡遇見嶄新樣貌的陶器

エドメ陶房的設計盤
[3700日圓]
以流行畫風詮釋傳統的菊紋，深鈷藍色很吸引人

宮城光男的小西沙獅
[各648日圓]
雖然小巧，但連細節部分都很講究

古我知燒的山羊茶杯
[2462日圓]
古我知燒是沖繩的古窯。茶杯上以白色的山羊為主角

TRY 製作西沙獅
壺屋燒窯場 育陶園 陶藝道場
●つぼややきかまもといくとうえんとうげいどうじょう

能體驗以手捏陶或手拉坯製作西沙獅、器皿，完成西沙獅約需1小時。

Mapple Code 4701-1369 MAP
☎098-863-8611
🕙10:00～11:00～、12:00～、14:00～、15:00～、16:00～ 休無休
製作西沙獅·手拉坯體驗各3240日圓（運費另計）
那霸市壺屋1-22-33（育陶園本店）
單軌電車牧志站步行15分 P免費

可愛的西沙獅大功告成

過程中會有師傅以淺顯易懂的方式指導

手作り陶房 んちゃぜーく
●てづくりとうぼうんちゃぜーく

南城市的陶器工房みんどぅま的直營店。以傳統腳踢轆轤製作的實用器皿，日常生活中就能使用。

Mapple Code 4701-1997 MAP 附錄① 28A-4
☎090-9786-7631
🕙10:00～18:30 休週四
🚃那霸市壺屋1-21-12
單軌電車牧志站步行15分 P無

能迅速融入生活中的器皿

↑紅瓦屋頂的小店

國際通 趴趴走 MAP

1:3,600

停車位大調查！

周邊圖 附錄①P.29-30

0 100m

泊港 ↘
泊(1)
泊
崇元寺通
崇元寺
崇元寺橋
崇元寺公園
崇元寺石門
（舊崇元寺第一門及石牆）
おきなわトロピコ
29
沖繩實業
Okinawa Sunplaza Hotel

榮町 1:3,600
50m

單軌電車 附錄①P.8

安里站
330
沖繩①
うりずん
栄町ボトルネック
栄町市場商店街
かのう家
生活の柄
COFFEE potohoto
泡盛と海産物の店 ばやお米町店
手作り餃子の店 べんり屋 玉玲瓏
ビストロ・ルボングー
むじ汁専門店 万富
小さな店 そうざいや ときちゃん
琉球コスメハウス
メディカルプラザ大通中央
Fami

F

1

琉球
↘首里

46
安里駅前
りうぼう⑤

安里1
安里(1)

2

N

嘉敷収費停車場／6:00~24:30／1小時200日圓

P

P

マックスバリュ 牧志店
DAISO

附録①P.14 路の上のカフェ 日日
コスミック牧志店

牧志(2)

Fontana Gelato

附録①P.12

アルバトロスシルバー館

MANGO HOUSE

附録①P.9 とぅばらーま
附録①P.21 RENEMIA
リトルマーメイド沖縄
美ら島琉球

東之御嶽
牧志公園前
牧志公園

沖縄料理ちぬまん 国際通り安里店
アメリカ屋
龍潭
昭和通
STATION HOTEL MAKISHI
沖縄皇家酒店
松本楽器

安里⑤

安里三叉路停車場／24小時／1小時200日圓

SAN-A⑤
安里三差路

國際通

蔡温橋
蔡温橋

牧志站
郵便局牧志

通屋台村 P.9・附録①P.3 uth & North + 附録①P.13

龍宮通

壺屋小
牧志駅前⑤
安里(2)

小桜
工房 花鶴
コスミック波猿店
嘉数 ノコード店

NANSEI KANKO HOTEL

MAXI MARKET 附録①P.21

牧志ゆたか通

SAION SQUARE

Café des Tartes
ベラルーナ 国際通店
NEOS CARGOES国際通り店
Daiwa Roynet Hotel NAHA KOKUSAIDORI
Red Lobster沖縄國際通店
Hati Hati那覇國際通店
CARGOES

Hotel Sun-Queen

●Hotel Ocean

テクニカルパーク安里第1／24小時／90分300日圓

P

リパーク安里2丁目第2／24小時／1小時300日圓

3

上圖 榮町

リファイン安里

リパーク牧志3丁目第3／24小時／1小時200日圓

えんパーク・桜坂／24小時／30分100日圓

牧志(3)

壺屋

並里収費停車場／10:00~22:00／1小時200日圓

P

單軌電車

タイムス SAION SQUARE／24小時／1小時300日圓

那覇市
なはし

食品サンプルの山月

BEST WESTERN Naha Inn
ココ⑥

安里川

クリアスキンクリニック那覇⊕

嶺井醫院⊕

安里駅前
りうぼう⑤

安里站

安里

沖縄

4

左圖 壺屋陶器街

牧志変電所

壺屋(1)

壺屋

姫百合通

330

姫百合橋

アロマ＆ストーンズパ フランジバニ

N

超詳細超方便！國際通MAP

海野漁港　くるまえび養殖場
知名崎
公民館
四處遍布著甘蔗田
須久名山 160
公民館
齋場御嶽 P.4
宇座真 SUNSUN海灘
守礼カントリークラブ
安座真城跡
齋場御嶽
世界遺産
知念中
知念小
休知念海洋間中心洋
TIDAMOON P.81
知念
吉富
出張所
自衛隊
分屯地
NIRAI橋・KANAI橋
知念岬

南風原北IC
大里公園 展望台
與那原
津波古
馬天小
一大片甘蔗田
津波古(南)
馬天港
市營新開球場
新里
南城市
なんじょうし
YUINCHI南城飯店 P.101
道路兩旁是整排的椰子樹，富有南國風情
冨祖崎公園
JA
黑糖工房·青空喫茶 八風畑 P.81
カフェくるくま P.79
大城跡
大城神社
佐敷出張所
燈 -Lampada-
這附近眺望到的景觀極佳
知念城跡
和魂乃塔
大城水庫
連結新里和百名的捷徑
親慶原
綜合服務處
山里隧道
琉球ゴルフ倶楽部
垣花樋川
カフェ風樹
往垣花樋川的入口。有容納1輛車的停車位
系數城跡
南城市役所
玉城小 玉城中
田圃場
ミントン城跡
玉城城跡
百名小
アージ島
Cafeやぶさち P.79

CAVE CAFE Gangala山谷 P.77
新城
玉泉洞
沖縄世界文化王國 P.77
橋上欣賞到的山邊景色十分美麗
atelier +shop COCOCO P.74
中本てんぷら店 P.81
もずくそばの店 くんなとう P.81
テルちゃん鮮魚店
雄樋川
百名海灘
新原海灘 P.74
ビーチサイドペンションみーばる
奥武橋
玻璃底遊艇乗船處
浜辺の茶屋 P.78
食堂かりか P.79
港川
奥武島
奥武海灘
橋的南端設有停車位
百名伽藍

具志頭
八重瀬町役場
具志頭ドライブイン
車エビ養殖場
具志頭城跡
多多名城跡
向陽高

サザンリンクス・ゴルフクラブ

沖縄世界文化王國 距南風原北IC6km

齋場御嶽 距南風原北IC 16km

NIRAI橋・KANAI橋 距南風原北IC 17km

太平洋

兜風MAP
南部
廣域圖 P.3
0　500m　1km 地圖上的1cm即550m 1:55,000
●景點 ●玩樂 ●美食 ●咖啡廳 ●購物 ●住宿
●活動 🌲海灘

與那原
せーふぁうたき
齋場御嶽
周邊圖 P.4
1:20,000
0　100　200m

久高渡輪(安座真～久高)
沖縄驗潮場
安座真港
定期船乗船場
安座真
往海邊可至安座真港
安座真公民館
沖縄まんまるカフェ P.81
あざまサンサンビーチ入口
安座真SUNSUN海灘
南城市
なんじょうし
安座真城跡
331
知念海洋休閒中心
知念屋外運動場
世界遺産
齋場御嶽 P.76
海洋レジャーセンター前
知念中
Roaster Cafe JYO GOO. & 南国フルーツパーラー
絶美的下坡道
緑の館セーファ
がんじゅう駅 南城 P.81
知念圖書館
知念小
從露臺上看得見位在碧綠大海上的久高島
南城市地域物産館 P.81
オリーヴの木 P.79
知念出張所
久手堅
知念郵局
知念社会福祉センター
吉富
Aコープ
齋場御嶽位在知念郵局轉角500m處
86
此處俯瞰的景色令人驚艷
勤労者体育センター
NIRAI橋・KANAI橋 P.74
知念体育館
知念岬公園 P.81
下行時欣賞到的景色十分美麗但橋上禁止停車
cafe 森のテラス P.81
八重瀬
知念団地前
知念岬

A   B   C

沖繩本島

南部

那霸周邊

中部

西海岸度假區

沖繩美麗海水族館

那霸廣域

首里

琉球溫泉 P.101
瀨長島賓館
琉球溫泉 P.80
龍神之湯

瀨長島 P.80
瀨長島
369Cafe

P.8·80
瀨長島
Umikaji
Terrace 与根漁港
レンタカーステーション沖繩
与根高架橋
ホテルグランビュー
ガーデン沖繩

Resort Cafe KAI

豐崎休息站 P.75

P.13·75 豐崎美麗
SUN海灘
豐崎海濱公園

西崎緑地

糸滿漁民食堂
西崎親水公園

西崎運動
公園

西南門小カマボコ屋
木彫館

P.9·75 糸滿休息站

糸滿海の
ふるさと公園

糸滿漁港
ふれあい公園
糸滿美美海灘

●Southern Beach
Hotel Resort
Okinawa P.101

糸滿高架橋

糸滿市役所

南浜公園

糸滿郵局

糸滿南小

中央圖書館
ロンドン村公園

東海

エージナ島

真栄里(南)
南部病院

伊敷喜洞遺跡

小波蔵

此處距離喜屋武3km

南波平

遼闊的電照菊花田。
秋季開始夜間點燈

喜屋武漁港

琉球玻璃村
P.81

喜屋武小

此處起道路突然變窄

P.75 姬百合塔
姬百合和平祈念資料館
姬百合站·琉球之館

工程車輛多，請多加注意

具志川城跡

和平之塔

P.81 喜屋武岬

豐見城·
名嘉地IC
豐見城署

名嘉地(北)

豐見城
カントリー
倶楽部
豐見城道路

豐見城隧道

沖繩平價精品購物城
ASHIBINAA P.13·75

黒糖かなさ

豐見城市役所

豐崎小

報得川高架橋

西崎小

潮平中

潮平
兼城

タウンプラザ
かねひで

川尻橋

沖繩水産高

糸滿署

糸滿中

那霸市區
高良
高良小

饒波川

豐見城中

豐見城郵局

サンエー
豐見城
綜合公園

豐見城市
とみぐすく

イオンタウン 淡すい

豐見城小

豐見城IC

豐見城市南高

翁長

阿波根

賀数(北) JA

南山病院

八重瀬町
やえせちょう

南部工高

高良

照屋(東)

高嶺小
南山城跡

高嶺中

いなみね冷し物専門店·お食事処

山形の塔
真壁小中
真壁
三和

茶処 真壁ちなー P.75

縣農業
研究センター

白梅之塔
眞壁之塔

伊
原

米須
米須小

米須(西)

道路兩側林立
著伴手禮店

ジョン万次郎上陸地
大度海岸

平和創造の森公園
開南建兒の塔

荒崎

南風原町
はえばるちょう

那霸

那霸農林高

津嘉山(南)

山川橋

南風原南IC

那霸機場自動車道

507號外環道。是
通往沖繩世界文化
王國最快的路線

宜次(東)

島尻特別
支援

南部商高

往南車道開始
變為單線道

東風平(北)

西部プラザ公園
東風平運動公園

東風平

東風平(南)

距和平祈念公園8km

報得川

白梅學徒
看護隊之壕
八重瀬嶽

陸上自衛隊分屯地

与座

高良

与座岳

那霸ゴルフ
倶楽部

パームヒルズ
ゴルフリゾート

陸上自衛隊分屯地
勝連病院

南山カントリー
クラブ

機織工房しよん

甘蔗田

仲座

沖繩和平祈念堂
沖繩縣和平
祈念資料館

和平の礎

和平祈念公園
P.75

公民館

糸滿晴明病院

大度

おきなわファミリーランド

A   B   C

姬百合塔
距那霸機場
14km

和平祈念公園
距那霸機場
17km

兜風MAP 那霸周邊

周邊圖 P.3

0　500m　1km 地圖上的1cm即550m　1:55,000

●景點　●玩樂　●美食　●咖啡廳　●購物　●住宿
●活動　🌳海灘

宜野灣市
きのわんし

中城村
なかぐすくそん

中城灣

西原町
にしはらちょう

與那原町
よなばるちょう

南城市
なんじょうし

齋場御嶽 P.4

附錄② 9
沖繩

北中城IC
中城PA

沖繩

中城PA（下行）知名的沖繩麵店「玉家」也在此展店

交通量雖大，但相較之下算是比較好走的道路

那霸機場道～那霸IC間禁止通行

西原Jct

國道交會的地點容易塞車

往自動車道的入口

單向雙線道車流量多

餐飲店和商店雲集，充滿活力的地區

西原IC

南風原北IC

沖繩自動車道

ファッションキャンディ宜野灣本店
Jimmy's大山店
市立博物館
美軍設施 普天間機場
mofgmona
mofgmona no zakka
沖繩カトリック高中小
沖繩國際大
うちなーイタリアン SOLA
サンエー
琉球大 千原キャンパス
埋藏文化財センター
琉球大
西原グリーン ゴルフ場
プリマ
西原淨水場
小那霸工業團地
南西石油製油所
アドベンチスト メディカルセンター
西原中
西原町役場
町立圖書館
西原南小
西原東中
西原淨化センター
沖繩カントリークラブ
南風原水壩
運玉森
東崎公園
東崎都市綠地
西原海洋公園
閃亮海灘
マリンタウン
與那原小
與那原署
與那原町役場
與那原東小
板良敷
宮城公園
大里內原公園
そば處 玉家
大里公園
展望台
馬天小
馬天港
津波古
津波古（南）
市營新開球場
新里
大城城跡
大城神社
YUINCHI南城飯店
佐敷小
佐敷出張所
大里庁舍
イオンタウン
大里南小

オーシャン・キャッスル・カントリークラブ
添石
公園入口
中城小
新垣
屋宜
中城村役場
吉の浦公園
中城浜漁港
中城南小
津覇小
當添漁港
海野漁港
くるまえび養殖場
知名崎
須久名山
守礼カントリークラブ
冨祖崎公園
齋場御嶽 世界遺產
安座真跡跡
安座真 SUNSUN 海灘
知念海洋休閒中心
知念中
知念小
知念田納所
NIRAI橋・KANAI橋
八重瀨
知念岬
分屯 自衛隊地

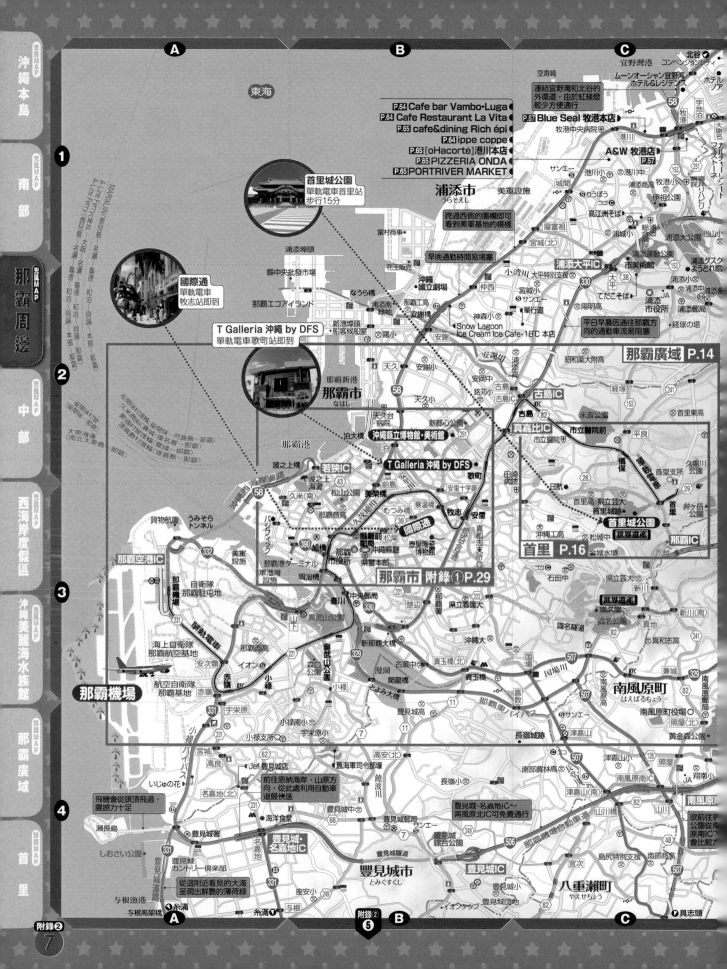

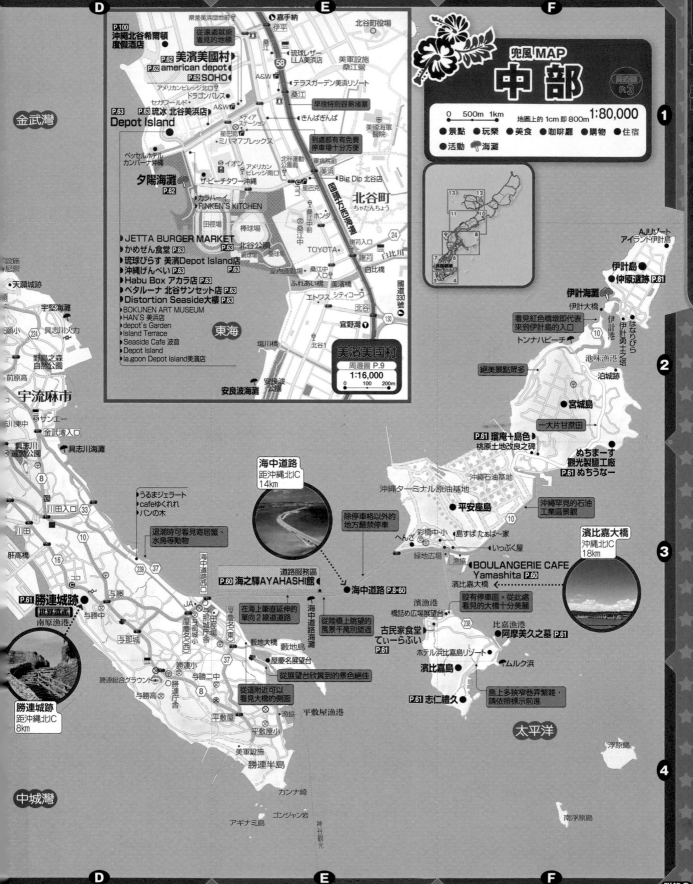

兜風MAP
中部
觀光圈 P.3

0 500m 1km　地圖上的1cm即800m　1:80,000

● 景點　● 玩樂　● 美食　● 咖啡廳　● 購物　● 住宿
● 活動　🌴 海灘

金武灣

P.100 沖繩北谷希爾頓度假酒店
從濱處就能看見的地標
P.62 美濱美國村
P.62 american depot
P.62 SOHO
琉球レザー LLA美浜店
美軍設施 桑江營
從濱處就能看見的地標
アメリカンビレッジ北口
ドラゴンパレス
セガワールド
テラスガーデン美濱リゾート
A&W
きんばぎんば
P.63 P.63 琉冰 北谷美浜店
Depot Island
早晚特別容易塞車
到處都有免費停車場十分方便
ベッセルホテルカンパーナ沖縄
夕陽海灘 P.62
カラハーイ
RINKEN'S KITCHEN
イオン
アメリカンビレッジ南口
ザ・ビーチタワー沖縄
Big Dip 北谷店
北谷町 ちゃたんちょう

JETTA BURGER MARKET P.63
かめぜん食堂 P.63
琉球ぴらす 美濱Depot Island店
沖縄げんべい P.63
Habu Box アカラ店 P.63
ベタルーナ 北谷サンセット店 P.63
Distortion Seaside大樓 P.63
BOKUNEN ART MUSEUM
HAN'S 美浜店
depot's Garden
Island Terrace
Seaside Cafe 波音
Depot Island
la.goon Depot Island美濱店

東海

美濱美國村
周邊圖 P.9
1:16,000
0 100 200m

安良波海灘

宇流麻市

天願城跡
宇堅海灘
具志川火力
サンエー
金武灣入口
具志川運動公園
具志川海灘

JETTA
うるまジェラート
cafeゆくれれ
パンの木
退潮時可看見寄居蟹、水鳥等動物

海中道路
距沖繩北IC 14km

除停車格以外的地方嚴禁停車

海之驛AYAHASHI館 P.60
道路服務區
在海上筆直延伸的單向2線道道路
從陸橋上眺望的風景千萬別錯過
海中道路 P.8·60

P.61 勝連城跡
世界遺產
南原漁港

勝連城跡
距沖繩北IC 8km

從這附近可以看見大橋的側面

從展望台欣賞到的景色絕佳

屋慶名大橋
藪地島
屋慶名展望台

勝連綜合グラウンド

平敷屋漁港
平敷屋

美軍設施
勝連半島

カンナ崎
ゴンジャン岩
アギナミ島

中城灣

太平洋

AJリゾート アイランド伊計島
伊計島
仲原遺跡 P.61
伊計海灘
伊計大橋
看見紅色橋墩即代表來到伊計島的入口
トンナハビーチ
絕美景點眾多
はりひら
伊計勇士之路
伊計港
池味漁港
泊城跡

宮城島
一大片甘蔗田

P.61 瑠庵+島色
桃原土地改良之碑
ぬちまーす 觀光製鹽工廠
P.61 ぬちうなー

沖繩石油基地
沖繩ターミナル原油基地

平安座島
沖繩罕見的石油工業區景觀

彩橋中小
島すば たぬば〜家
へんざ
いっぷく屋
綠地広場
漁協

濱比嘉大橋
沖繩北IC 18km

BOULANGERIE CAFE Yamashita P.60
濱漁港
橋詰め広場展望台
設有停車區。從此處看見的大橋十分美麗

古民家食堂 てぃーらぶい P.61
比嘉漁港
阿摩美久之墓 P.61
ホテル浜比嘉島リゾート
ムルク浜
濱比嘉島
P.61 志仁禮久
島上多狹窄巷弄繁雜，請依照標示前進

浮原島
南浮原島

附錄❷
8

D
E
F

本部
城1
東江4(北)
名護博物館
名護郵局
名護中央公園
伊差川IC
名護大北隧道
名護岳 345.2▲

利用名護東道路前往古宇利島、國頭會比較順暢

ホテルルートイン名護
東江4

せせらぎの里
東江川原隧道

番城林道
大浦川

世富慶
名護灣

P.36 名護曲レストラン
數久田
新數久田橋
世富慶川
世富慶IC

道路兩旁林立著筆筒樹等植物

雨志川原隧道
番越隧道

大川1號橋

18

轟の滝

58
從車窗可以盡情享受海灘景色

329

二見の里
杉田川

二見(北)
二見大橋

331

觀光鳳梨園

二見杉多隧道

331
久志庁舍
東

彩庵

許田休息站
距許田IC1km

許田休息站 P.9·25

離開高速道路後即可看見整片翡翠綠的海洋

名護市 なごし
辺野古岳 ▲332
辺野古大浦川
辺野古

大浦灣

萬津梁館
萬津梁館Cafe Terrace P.42
The Busena Terrace P.90

喜瀬ビーチパレス
喜瀬のちんぼーら

許田IC
JA

石岳 ▲236
久志岳 ▲335.1
美國設施 邊野古彈藥庫

沖繩島高専

部瀬名海中公園 P.42

部瀬名海灘

海中展望塔
部瀬名岬
豊瀬
幸喜海灘
喜瀬
サンコースト
許田小
瀬嵩海岸

許田ゴルフクラブ
卍平安寺
裕地川

久志北
辺野古川
辺野古(西)

邊野古水壩

Okinawa Beach Garden
かりゆしビーチ店

沖繩萬豪度假酒店 P.91
沖繩島麗思卡爾頓酒店 P.90

美國設施 キャンプシュワブ

海物語本店 P.48

喜璃癒志
沖繩名

恩納村 沖繩 EXES SPA渡假中心 P.91

喜瀬カントリークラブ

米軍演習場
辺野古バイパス
辺野古(西)

久辺北
豊原
久辺中

設有停車位

沖繩Kariyusi海灘渡假海洋SPA P.92

觀音堂卍

みらい2号館

車流量較少，能順暢兜風

邊野古崎

プチホテルキーウエストクラブ
おきなわビール園

名嘉真橋

恩納村サンセットモール
沖繩グルメタウン

沖繩自動車道

71
潟原水壩

大川橋
久志橋

松田(北)

13

邊野古漁港

這一帶是知名的儒良棲息海域

大川水庫
鍋川水庫

宜野座村 ぎのざそん

宜野座カントリークラブ
宜野座水庫

サーバーファーム
松田小

國際交流村

かんな湖
湖畔公園

宜野座IC
漢那水壩

宜野座大橋
宜野座
宜野座橋
宜野座村役場

宜野座高
宜野座中

總合運動公園

234

海景盡收眼底的地點

漢那ヨリアゲの森緑地公園
漢那

漢那小

路途顛簸，行車時請注意

漢那橋 きのざ休息站
漢那荘
漢那漁港
漢那海灘

北部病院
清明診療所

リブマックスアムス·カンナリゾートヴィラ

かりゆし カンナ タラソ ラグーナ

104
美國設施 キャンプハンセン
金武町役場
億首橋
中川小
金武水壩
金武
金武大橋

329
金武町ベースボールスタジアム

café がらまんじゃく

金武中
圖書館

JA 金武小

ネイチャーみらい館

329
金武火力

設有大量英文招牌，充滿異國氛圍的街道

KING TACOS P.57
金武町新開地
カフェレストラン長楽

美國設施 ブルービーチ訓練場
金武岬

太平洋

1
2
3
4

13
12
11
10
8
7
6
9
5
4
西海岸

兜風 MAP
西海岸度假區
周邊圖 P.3

0 500m 1km
地圖上的 1cm即800m
1:80,000

● 景點 ● 玩樂 ● 美食 ● 咖啡廳 ● 購物 ● 住宿
● 活動 ● 海灘

D
E
F

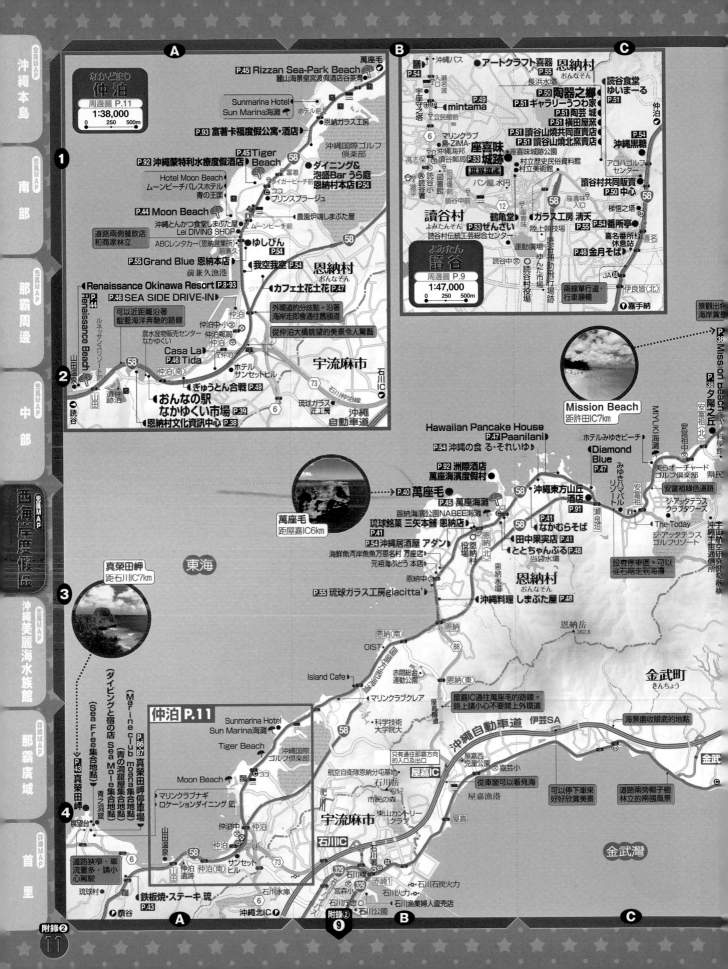

沖繩本島 全島MAP

南部 南部MAP

那霸周邊 周邊MAP

中部 周邊MAP

西海岸度假區 地區MAP

沖繩美麗海水族館 地圖MAP

那霸廣域 廣域MAP

首里 詳細MAP

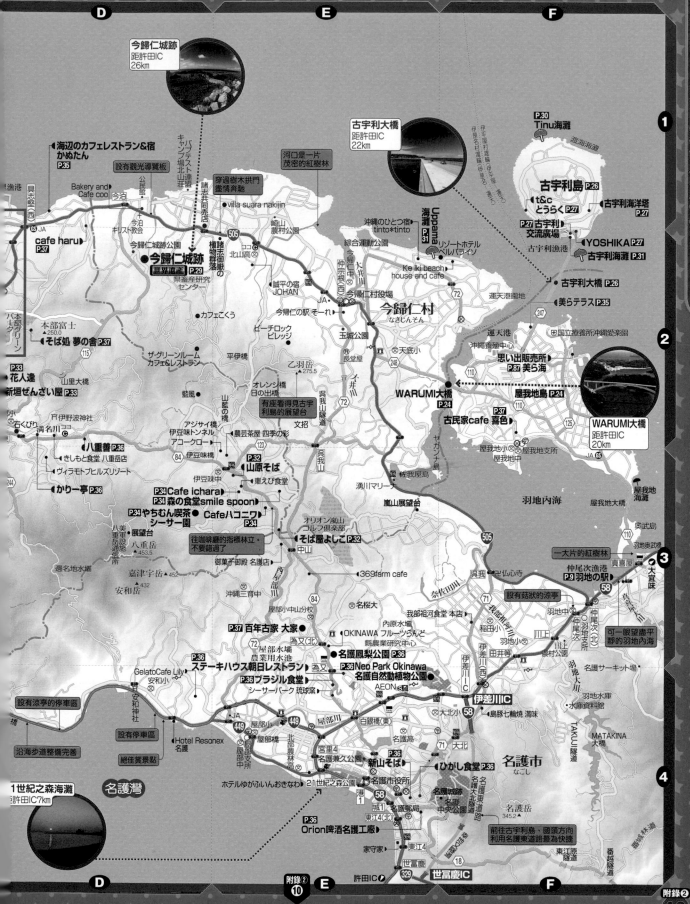

D　　　　　　　　　E　　　　　　　　　F

1

今歸仁城跡
距許田IC
26km

古宇利大橋
距許田IC
22km

P.30
Tinu海灘

渡邊海灘

古宇利島 P.26

t&c
とうらく P.27

古宇利海洋塔
P.27

P.27 古宇利
交流廣場

YOSHIKA P.27

古宇利漁港

古宇利海灘 P.31

古宇利大橋 P.26

美らテラス P.35

海辺のカフェレストラン&宿
かぬたん P.35

河口是一片
茂密的紅樹林

穿過樹木拱門
盡情奔馳

バプテスト連盟
キャンプ場北山荘

公民館

今泊

設有觀光導覽板

諸志御嶽の
植物群落與

Bakery and
Cafe coo

今泊
キリスト教会

villa suara nakijin

崎山農村公園

沖繩のひとつ宿
tinto✕tinto

Uppama
海灘 P.31

リゾートホテル
ベルパライソ

2

cafe haru
P.37

JA

今歸仁城跡公園

今歸仁城跡
世界遺產 P.29

県畜産研究
センター

505

北山高

北山
中

仲宗根（西）

今歸仁村
なきじんそん

Ke iki beach
house and cafe

72

運天港園地

247

國立療養所沖繩愛楽園

思い出販売所
P.87 美ら海

本部グリーン
パーク

本部富士
▲250.0

そば処 夢の舍 P.37

花人達 P.33

新垣ぜんざい屋 P.33

石くびり

満名川

115

山里大橋

ザ・グリーンルーム
カフェ&レストラン

伊野波神社

八重善 P.36

きしもと食堂 八重岳店

ヴィラモトブヒルズリゾート

かり一亭 P.36

八美重岳
設展望台

八重岳
通信施

453.5

辺名地水壩

嘉津宇岳 452

安和岳 432

244

諸平の宿
JOHAN

今歸仁の駅 そーれ

ビーチロック
ビレッジ

誠平野波神社

玉城公園

長堂屋

天底小

248

248

WARUMI大橋
P.24

乙羽岳
275.5

オレンジ橋
日の出橋

有座看得見古宇
利島的展望台

藍風

アジサイ橋
伊豆味トンネル
アコークロー

農芸茶屋 四季の彩

123

山原そば P.32

伊豆味中

車えび食堂

P.34 Cafe ichara
P.34 森の食堂smile spoon

P.34 やちむん喫茶
シーサー園

Cafeハコニワ P.34

往咖啡廳的指標林立。
不要錯過了

御菓子御殿 名護店

展望台

369farm cafe

ヤガンナ島

呉
我
山
隧
道

呉
我
川

文招

湧川マリーナ

嵐山展望台

オリオン嵐山
ゴルフ倶楽部

そば屋よしこ P.32

中山

佐我屋島

羽地内海

屋我地島 P.24

P.37
古民家cafe 喜色

110

125

屋我地小

屋我地支所

屋我地中

JA

110

奥武島

羽地奥武橋

WARUMI大橋
距許田IC
20km

屋我地
海灘

屋我地大橋

3

P.33

P.32

84

呉我

奈佐田川

名桜大

扎仏心寺

一大片的紅樹林

仲尾次漁港
P.9 羽地の駅

大宜味

58

可一眼望盡寧
靜的羽地內海

百年古家 大家 P.37

72

屋部水壩
農業用水池

屋部小中山分校

沖繩三育中

OKINAWA
フルーツらんど

縣業研究中心

我部祖河食堂 本店

內原水壩

稲田小

71

羽地中

羽地小

田井等

伊差川（西）

仲尾次（北）

仲尾次

川上

農村公園

名護サーキット場

羽
地
大
川

名護大川

水庫資料館

大北小

58

TAKUJI
大橋

MATAKINA
大橋

GelatoCafe Lily

安和小

ステーキハウス朝日レストラン P.36

ブラジル食堂 P.36

シーサーパーク 琉球窯

設有涼亭的停車區

沿海步道整備完善

安和神社

Hotel Resonex
名護

絕佳賞景點

設有停車區

名護灣

449

屋部小

449

屋部川

宮里4

屋
部
支
所

屋部
農林
高

JA

21世紀之森海灘
許田IC7km

ホテルゆがふいんおきなわ

21世紀之森公園

港1

城1

58

名護高

名護兼久公園

新山そば P.36

名護市役所

名護市
なご

名護城跡

名
護
大
北
東
道
路

名
護
東
道
路

名護
中央公園

名護岳
345.2

前往古宇利島、國頭方向
利用名護東道路最為快捷

島豚七輪焼 満味

71

大北

ひがし食堂 P.36

P.36
Neo Park Okinawa

名護鳳梨公園 P.36

名護自然植物公園

AEON

伊差川IC

伊差川

東
江
原
隧
道

番
越
林
道

越
隧
道

4

21世紀之森海灘
許田IC7km

Orion啤酒名護工廠 P.36

東江4（北）

名護郵局

家守家

東江4

18

329

許田IC

世冨慶IC

世冨慶

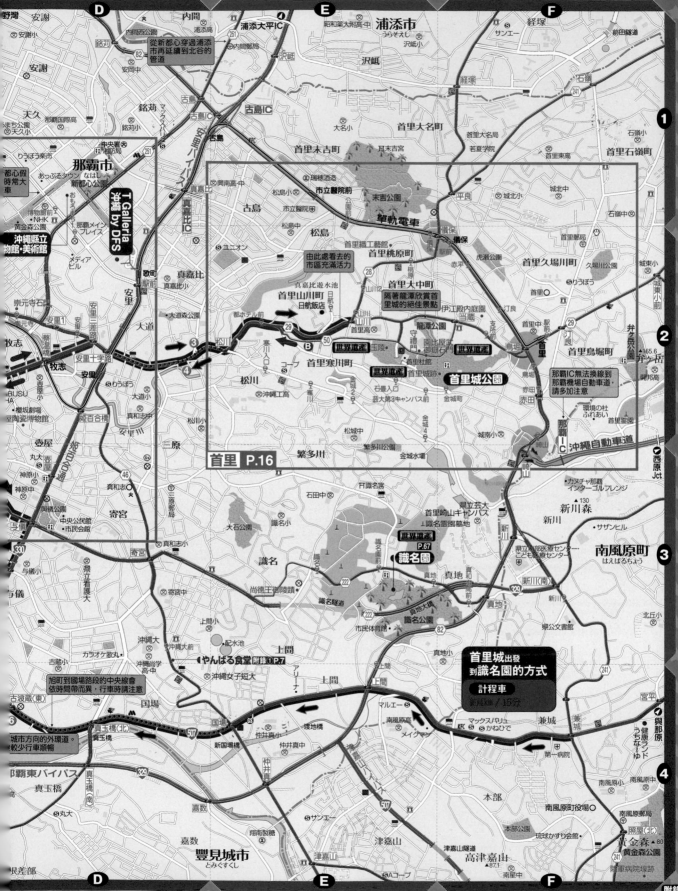

手機伴遊，搜尋資料最便利！

實在太貼心:D

本書系藏有**超值密碼**

隱藏版當地伴遊小幫手

在對應的網頁及應用程式輸入後，可免費獲得各項資訊服務的方便條碼。

Mapple Code 1234-5678

TIPS

此系統環境語言是以日文顯示，會透過上網功能，請留意數據傳輸量及費用。

HOW TO 如何使用超值密碼

掃描本書提供的**QR CODE**，隨即進入隱藏版網站

▶ 在搜尋欄位中輸入編號後按下放大鏡

▶ 店家的基本資訊立即出現

▶ 往下滑動並可查詢許多相關資訊

▶ 像是當地氣候及週邊飯店、設施等情報

▶ 哈日情報誌的超值密碼是不是很讚呢

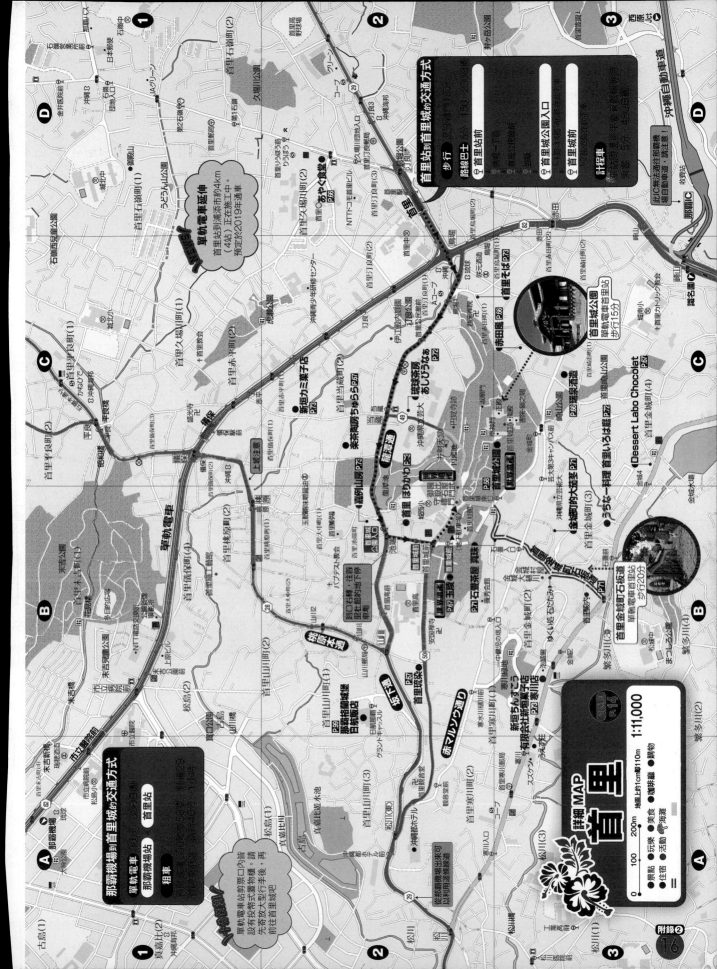

那霸市街道的巴士專用車道規定

公車專用車道規定是？

關於平日早晚尖峰通勤時間的路線車道規定，稱「巴士專用道路」。

舉例
- ◯ 容易堵塞的路口
- ── 巴士專線
- ━━ 巴士專用道
- ◀━━▶ 巴士專線限制方向
- ••••••• 中央線轉換區間

巴士專用車道

①	旭橋	17:30~19:00 🚌➡	勢理客	
②	久茂地	◀ 🚌 7:30~9:00	天久	
③	安里十字路	17:30~19:00 🚌➡	山川	
④	安里十字路	🚌➡ 7:30~9:00	松川	
⑤	那霸高	17:30~19:00 🚌➡	開南	
⑥	与儀十字路	◀ 🚌 7:30~9:00	兼城	

巴士專用道路

Ⓐ	縣庁北口	◀━ 🚌 7:30~9:00	安里三差路
		17:30~19:00 🚌━➡	
Ⓑ	松川	◀━ 🚌 7:30~9:00	山川
Ⓒ	開南	17:30~19:00 🚌━➡	与儀十字路
Ⓓ	那霸高	🚌━➡ 7:30~9:00	与儀十字路

詳細MAP 那霸廣域

周邊圖 P.7

| 0 | 250 | 500m | 地圖上的1cm即250m | **1:25,000** |

- ●景點 ●玩樂 ●美食 ●咖啡廳 ●購物
- ●住宿 ●活動 🍄海灘 🚗租車公司

那霸市 附錄①P.29

（地圖標示名稱）

兩側可欣賞蔚藍海洋及城市的壯觀景緻

前往廉航航廈可於4號巴士搭乘處搭乘接駁車

P.104

沖繩那霸美居酒店 P.98

那霸機場

請詳細閱讀以下刊載事項

本費刊載的內容是2015年10月採訪、調查時的資訊。

本書出版後，餐飲店菜單和商品內容和費用、全額等各種刊載資訊可能會有所變動，也可能因為季節性的變動、缺貨、臨時公休、歇業等因素而無法利用。因為消費稅的調高，各項費用可能變動，因此會有部分飯店的標示費用為稅別的情況。消費之前請務必確認後再出發。此外，因本書刊載內容所造成的糾紛和損害等，敝公司無法提供賠償，敬請見諒。

各項符號說明如下所列：

符號資訊如下列項目所刊載。

☎ 電話號碼　本書標示的是各設施的洽詢用號碼，其表示使用的語言是日文。具撥打時可能顯示語費用計算，請知悉。

⌚ 營業時間、開館時間　餐飲店為開店到打烊、最後點餐的時間。設施則是標示至可以入館的最終時間。

⚑ 公休日　原則上只標示公休日、過年期間、黃金週、孟蘭盆節、臨時店休等不予標示。2016年的孟蘭盆節金部為8月15～17日。

¥ 費用、金額　各導銷的費用基本上是成人1人份的費用。也有部分貨幣標示了餐點和商品的價格。

🅿 停車場　停車場是否有停車場。如有停車場則註記免費或收費的價格。沒有停車場則設定為「無」。

⌂ 所在地址

🚃 交通方式　原則上是距離最近車站的所需時間及離最近的IC間的距離。所需時間為參考值，請參閱前文敘述。隨季節和氣候而有所變動。

MAP附錄② ⑤ A-1…地圖位置　標示該物件在地圖上所在的資訊和位置。

靈活運用「Mapple Code」

Mapple Code 1234-5678

在對應的網頁及應用程式輸入後，可免費獲得各項資訊服務的方便機碼。※請注意，此系統環境設置是以日文顯示。有透過上網功能，請留意數據傳輸量及費用。

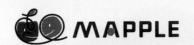 MAPPLE　　　　　　昭文社

DiG JAPAN!

 Japan.
Endless
Discovery.

免費　超值優惠券

日本旅遊攻略APP！

收錄東京、大阪、京都、北海道、九州、沖繩等20個熱門旅遊區域！

 網羅了可以"體驗日本"的季節、
地域等各方面的最新資訊

 搜尋→出發→實際感受！！
有了它，安心暢快一把抓

 支援Online・Offline兩種使用方式！
下載版本運作快速

 超划算美食！購物！遊玩！
讓你的日本之旅更加超值的
優惠券大集合

沖繩本島

6 快速攻略 MAP
大區域

邊戶岬
那霸機場～邊戶岬
車程約3小時30分(約136km)

茅打斷崖
58

山原地區

距機場90km

奧間海灘
比地大瀑布
國頭村
くにがみそん
與那霸岳

古宇利島
古宇利大橋
WARUMI大橋
屋我地島
距機場70km

大宜味村
おおぎみそん
東村
ひがしそん
キナン崎

名護市
なご

58

331
329
天仁屋崎

慶佐次灣的紅樹林

距機場50km
辺野古崎

備瀬的福木林蔭道

伊計島

宮城島

浮原島

海中道路

翡翠色大海、亞熱帶森林等,精彩景點眾多的沖繩。以下列出個性豐富的6大區域,分別介紹各區的特色與各景點間的大致距離。出發前只要先掌握這些就沒問題了!

↩沖繩美麗海水族館

沖繩旅行的一大亮點
人氣No.1觀光地

沖繩美麗海水族館 地區 → P.14

以沖繩旅遊的大熱門——沖繩美麗海水族館為中心的地區。橫跨蔚藍大海的古宇利大橋、沖繩麵店林立的本部沖繩麵街道、氣氛迷人的森林咖啡廳等,不論吃喝玩樂都能讓人滿足盡興。

值得一遊景點
★沖繩美麗海水族館 P.14
★古宇利島 P.26
★森林咖啡廳 P.34

↩きしもと
食堂

在美式氛圍
中享受購物樂趣

中部 地區 → P.56

該地區有美濱美國村、港川外國人住宅區等,能邊感受美國風情,邊盡情地購物、吃美食。沖繩首屈一指的兜風路線——海中道路,也是不容錯過的景點。

值得一遊景點
★海中道路 P.60
★美濱美國村 P.62
★港川外國人住宅區 P.64

↩Depot Island

↩[oHacorté]港川本店

沖繩 是這樣的地方

●日本最南端的縣
位於東經127度、北緯26度附近,由約160個島嶼所組成。北緯26度,幾乎與美國的邁阿密、台灣、杜拜等地同樣緯度。

●從東京搭飛機約2.5小時
東京到那霸的距離約1600km。離札幌約2200km,離大阪約1200km。

●本島面積約東京23區的兩倍
沖繩本島周長約560km,面積約1206km²。呈東北往西南方向延伸,最長(邊戶岬～喜屋武岬)的直線距離約100km。

●溫暖的亞熱帶氣候
沖繩的四季變化不大,給人只有長夏與春天兩季的印象。一年有8個月的平均氣溫都在20度以上,氣候溫暖舒適。

透過Q&A 大略預習一下吧

Q 第一次來沖繩,停留幾天最適合呢?
A 建議3天2夜,可從南到北遊遍各區域的主要觀光景點。具體的行程請參照P.10。

Q 能利用公共交通工具嗎?
A 若只在那霸市內觀光,搭乘軌電車最方便。離那霸市越遠的地區,則路線巴士等交通工具就越不方便,若想大範圍遊逛本島各區域的話建議租車自駕。

Q 請教行程規畫的訣竅?
A 沖繩本島出乎意外地範圍相當大。建議一天只安排一個區域,比如說今天逛沖繩美麗海水族館周邊,明天再玩西海岸。

Q 冬天去沖繩會好玩嗎?
A 能欣賞1月下旬盛開的山櫻花、參加賞鯨之旅等,冬天特有的觀光活動也相當多。此外還有人潮不會過多的優點。

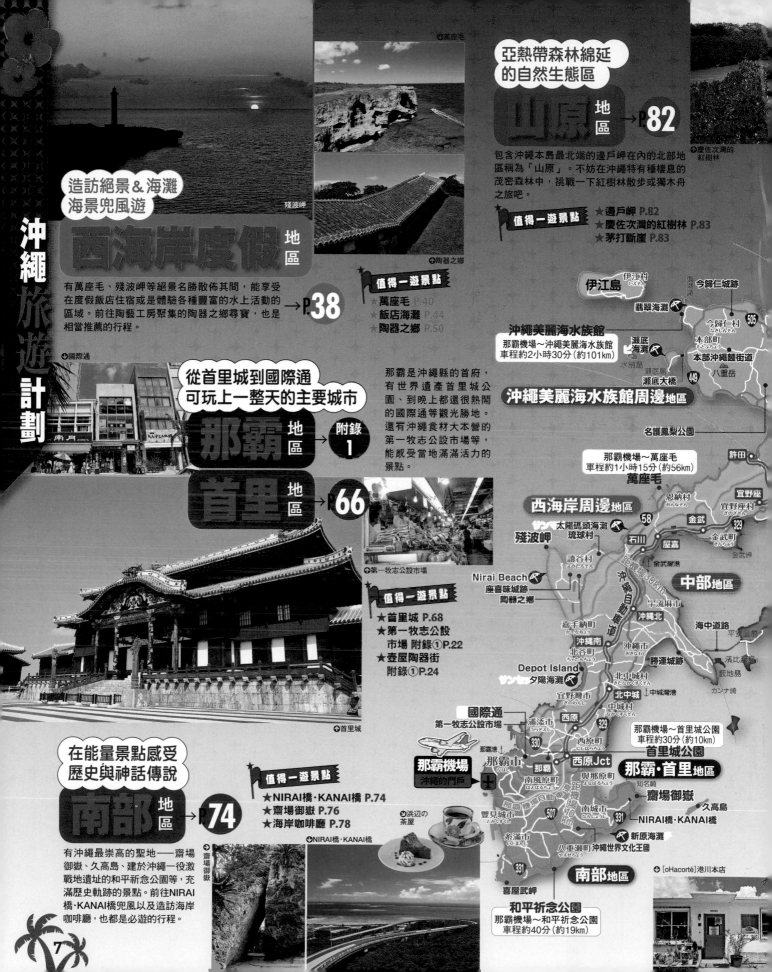

↓萬座毛

↓殘波岬

↓陶器之鄉

↓慶佐次灣的紅樹林

亞熱帶森林綿延的自然生態區

山原地區 →P.82

包含沖繩本島最北端的邊戶岬在內的北部地區稱為「山原」。不妨在沖繩特有種棲息的茂密森林中，挑戰一下紅樹林散步或獨木舟之旅吧。

值得一遊景點
★邊戶岬 P.82
★慶佐次灣的紅樹林 P.83
★茅打斷崖 P.83

沖繩旅遊計劃

造訪絕景＆海灘 海景兜風遊

西海岸度假地區 →P.38

有萬座毛、殘波岬等絕景名勝散佈其間，能享受在度假飯店住宿或是體驗各種豐富的水上活動的區域。前往陶藝工房聚集的陶器之鄉尋寶，也是相當推薦的行程。

↓國際通

值得一遊景點
★萬座毛 P.40
★飯店海灘 P.44
★陶器之鄉 P.50

從首里城到國際通 可玩上一整天的主要城市

那霸地區 →附錄①

那霸是沖繩縣的首府，有世界遺產首里城公園、到晚上都還很熱鬧的國際通等觀光勝地。還有沖繩食材大本營的第一牧志公設市場等，能感受當地滿滿活力的景點。

首里地區 →P.66

↓第一牧志公設市場

值得一遊景點
★首里城 P.68
★第一牧志公設 市場 附錄①P.22
★壺屋陶器街 附錄①P.24

↑首里城

在能量景點感受 歷史與神話傳說

南部地區 →P.74

值得一遊景點
★NIRAI橋・KANAI橋 P.74
★齋場御嶽 P.76
★海岸咖啡廳 P.78

有沖繩最崇高的聖地——齋場御嶽、久高島、建於沖繩一役激戰地遺址的和平祈念公園等，充滿歷史軌跡的景點。前往NIRAI橋・KANAI橋兜風以及造訪海岸咖啡廳，也都是必遊的行程。

↑齋場御嶽

↓浜辺の茶屋

↑NIRAI橋・KANAI橋

伊江島
伊江村

今歸仁城跡

翡翠海灘

沖繩美麗海水族館
那霸機場～沖繩美麗海水族館
車程約2小時30分（約101km）

今歸仁村
本部町
本部沖繩麵街道
瀨底海灘
瀨底大橋
水納島
八重岳

沖繩美麗海水族館周邊地區

名護鳳梨公園

那霸機場～萬座毛
車程約1小時15分（約56km）
萬座毛

許田

西海岸周邊地區

太陽碼頭海灘
琉球村
殘波岬
讀谷村
Nirai Beach
座喜味城跡
陶器之鄉

恩納村
宜野座
金武
金武町

中部地區

石川
屋嘉
沖繩北
海中道路
嘉手納町
沖繩南
沖繩市
勝連城跡
北谷町
Depot Island
夕陽海灘
北中城村
北中城
中城村

國際通
第一牧志公設市場

浦添市
西原
那霸港
那霸機場
沖繩的門戶
那霸市
那霸
南風原町
與那原町

那霸機場～首里城公園
車程30分（約10km）
首里城公園

那霸・首里地區

西原Jct

齋場御嶽
久高島
NIRAI橋・KANAI橋
新原海灘

南城市
八重瀨町 沖繩世界文化王國

南部地區

喜屋武岬
和平祈念公園
那霸機場～和平祈念公園
車程約40分（約19km）

糸滿市

↑[oHacorté] 港川本店

沖繩最新
潮流資訊

來客夢水族館的大水槽有約1000隻熱帶魚悠游其中

2015年4月OPEN

永旺夢樂城沖繩來客夢 →P58
●イオンモールおきなわライカム

建於本島中部的北中城村，能一次盡享購物、美食、現場表演等樂趣的度假購物商場。約17.5萬m²廣大腹地內的5層樓建築，號稱是全沖繩最大規模。

Mapple (206) 4701-3107 MAP 附錄② 9B-4

↑未來屋書店的琉球木偶娃娃各4320日圓

↑紅瓦屋頂的度假購物商場

↑チムフガス的氾濫漢堡套餐1600日圓

日本全國首屈一指、以觀光立縣聞名的沖繩，陸續有新景點與最夯話題誕生。事先掌握最新資訊，安排一趟讓人興奮期待的沖繩之旅吧。

大型複合商場
陸續開幕中

2015年沖繩本島的高級複合商場一間接著一間開。不僅能感受高漲的度假氣氛，還可盡情購物、大啖美食。

↑猶如地中海般的街景

海中道路夜間點燈

費用	免費
季節	全年
時間	18:00～24:00（7～9月19:00～、1～3月17:00～）

誕生於宇流麻市的
夜景新名勝

沖繩本島中部的地標——海中道路開始實施夜間點燈。每當配合季節和活動，千變萬化的光影演出更是精采絕倫。

海中道路
●かいちゅうどうろ
→P60

Mapple (206) 4700-0542 MAP 附錄② 8E-3

↑全長4.7km的兜風路線

2015年8月OPEN

瀨長島Umikaji Terrace senagajima →P80
●せながじまウミカジテラス

位於離那霸機場10分鐘車程的露天購物商場，與陸地相連的瀨長島西側斜坡上餐廳、甜點店、雜貨屋等店家林立。從任何一家店都能瞭望海景，開放感十足。

Mapple (206) 4701-2605 MAP 附錄② 5A-1

HAPINAHA →P附錄①3
●ハピナハ

座落於國際通中心點的新娛樂設施。除了吉本沖繩花月劇場和鬼屋外，還有多家美食餐廳、體驗型商店等。

Mapple (206) 4701-3087 MAP 附錄① 27D-3

2015年3月OPEN

↖有不同主題廳，總共有6層樓，每一樓都

網路上相當熱門的
美人魚游泳

可於度假飯店體驗新型態的水上活動，穿上如美人魚尾鰭般的泳裝感受在水裡悠游的樂趣。

Renaissance Okinawa Resort →P93

Mapple (206) 4700-0691 MAP 附錄② 11A-2

↑在戶外泳池邊拍張紀念照

美人魚學校

費用	2160日圓
預約	最遲至前一天的20時到海洋櫃檯報名（不接受電話預約）
季節	5～9月
開設時間	10:30～

那霸的深度旅遊景點「櫻坂」周邊現在正夯

傳統餐飲店聚集的櫻坂地區，誕生了提供優雅住宿時光的都會型度假飯店，以及充滿在地風情的屋台村。

↑館內主要擺設沖繩當地藝術家的作品

沖繩那霸凱悅酒店 →P.96
●ハイアットリージェンシーなはおきなわ

日本國內第6家的凱悅酒店終於進駐沖繩。離國際通、第一牧志公設市場也很近，已成為沖繩觀光的新據點。

Mapple Code 4701-3106　MAP 附錄① 27D-4

2015年7月OPEN
↑地上18樓、地下1樓，共有294間客房

國際通屋台村 →P.3 附錄①
●こくさいどおりやたいむら

集結鄉土料理、泡盛酒吧等20家攤販，還附設販售離島伴手禮的離島市集，可一次滿足美食和購物的需求。

Mapple Code 4701-3108　MAP 附錄① 26E-3

2015年6月OPEN
↑每家都只有8個座位的小店排排站

↑也有店家從早上就開始營業

OKINAWA IPA 啤酒新上市

啤酒花風味強烈的IPA（印度淡色艾爾）啤酒，是沖繩當地啤酒龍頭南都酒造所推出的最新特色商品。

保留啤酒活酵母直接裝瓶、口感芳醇的IPA啤酒，獨特的苦味與肉類料理和炸物都好搭。

洽詢處
☎0120-710-611
（南都酒造所）

OKINAWA IPA
★オキナワアイピーエー
OKINAWA IPA
Brewed and bottled by
NANTO BREWERY

↑有現做蛋包飯等琳瑯滿目的西式料理

Verdemar 自助早餐
全日本第2名

費用 2400日圓
預約 不需（預約只限定20席，至前一天的21時截止受理）
營業 6:30～10:00（7、8月為6:00～、11～2月為7:00～）

沖繩Alivila日航渡假飯店 →P.89
●ホテルにっこうアリビラ

Mapple Code 4700-1081　MAP 附錄② 9A-1

全日本最高水準的飯店早餐

由旅遊網站「TripAdvisor」發表的「2015年早餐最好吃的日本飯店排行榜」中，沖繩飯店也名列在前十名。

AlettA自助早餐
全日本第1名

費用 2052日圓　預約 不需　營業 6:30～9:30

ROCORE NAHA酒店

Mapple Code 4701-1751　MAP 附錄① 28A-3

☎098-867-0100（AlettA）
L ALETTA6:30～9:30、11:30～14:30、18:00～21:30
休無休　地那霸市松尾1-1-2
P有特約停車場

↑羅列50種以上的日式、西式和琉球料理

2015年5月OPEN
↑也有附設熟食店、天麩羅店和食堂

兜風途中的亮點 休息站 & 直銷中心

以下介紹3個匯集南國美食與特產品的休息站、直銷中心。既好買又好吃，不妨在兜風途中順道前去瞧瞧。

糸滿休息站 →P.75
●みちのえきいとまん

日本最南端同時也是沖繩縣內規模最大的休息站。從那霸機場過來也很方便，很適合來採買伴手禮。

Mapple Code 4701-1894　MAP 附錄② 5A-2

↑腹地內的鮮魚中心

羽地の駅 ●はねじのえき

2015年開張，位於本島北部的直銷中心。以當地農畜產品為主，夏天還有賣芒果等水果。

Mapple Code 4701-3142　MAP 附錄② 12F-3

☎0980-58-2358
L 9:00～19:00（食堂11:00～17:00）　休無休（食堂週四休）　地名護市真喜屋763-1　P免費

650日圓
→羽地雞親子丼飯

許田休息站 →P.25
●みちのえききょだ

本島北部觀光的據點，擁有超高人氣的休息站。有許多當地特產品，可邊走邊吃的美食。一年約150萬人造訪。

Mapple Code 4701-1467　MAP 附錄② 10E-1

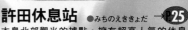
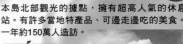

↑離許田IC很近的絕佳地點

遊逛人氣＆熱門景點

3天2夜 標準行程

嚴選出第一次來沖繩旅遊時的3天2夜經典行程，有人氣首選的沖繩美麗海水族館、世界遺產·首里城、能眺望絕景的咖啡廳和大橋等必遊景點。

8 古宇利大橋
7 今歸仁城跡
5 沖繩美麗海水族館
6 沖繩そば的專門店 きしもと食堂
4 萬座毛 　許田IC　第2天
3 琉球村
第1天
1 首里城公園
2 首里いろは庭
9 國際通屋台村
Start!
Goal!
那霸機場
10 第一牧志公設市場
11 NIRAI橋·KANAI橋
12 齋場御嶽
第3天
13 浜辺の茶屋
14 瀬長島Umikaji Terrace

\ START /

第1天

到首里城＆琉球村
充分感受沖繩文化
以絕景萬座岬為本日的壓軸

10:00 抵達那霸機場

終於到了！

11:00 以首里城正殿為背景拍張紀念照

守禮門前照一張吧
（穿著琉裝拍紀念照需付費）

首里城公園
しゅりじょうこうえん →P68
眾所皆知的世界遺產首里城公園是沖繩必訪的觀光景點。佔地遼闊的公園內，有正殿等諸多參觀焦點。

充滿琉球王國歷史風情的華麗裝飾

13:00 在首里城下町品嘗琉球傳統料理

うちなー料理
首里いろは庭 →P72
うちなーりょうりしゅりいろはてい
佇立於優雅別致庭院內的獨棟餐廳。午間除了人氣的石疊定食1620日圓外，單點的選項也很豐富。

能品嘗14道沖繩料理的守禮定食3240日圓

15:00 琉球村挑戰文化體驗

琉球村
りゅうきゅうむら →P52
重現昔日沖繩風貌的主題公園，能透過琉裝體驗等活動一窺琉球文化。

大家一起跳Kachashi吧

體驗傳統的型染技法

穿上鮮豔的服裝心情也跟著雀躍起來！

18:00 在絕景萬座岬欣賞美麗的夕陽

萬座毛 まんざもう →P40
矗立於海中的珊瑚礁斷崖。夕陽西下時眼前的汪洋大海表情千變萬化，美得令人屏息。

需注意日落時刻有季節性差異

西海岸度假區的飯店住宿1晚
→P88

沖繩旅遊計劃

第2天

參觀沖繩美麗海水族館
享受本部地區兜風趣
晚上到國際通上的居酒屋用餐

從度假飯店出發

9:00

欣賞悠游於巨大水槽中的鯨鯊

可於戶外的海豚劇場欣賞表演秀

沖繩美麗海水族館
おきなわちゅらうみすいぞくかん　P14
重現沖繩大海的水族館。以巨大水槽「黑潮之海」為中心，規劃出琳瑯滿目的展示。

上午時段比較能慢慢參觀

12:00

到本部沖繩麵街道享用沖繩麵

獨特的口感讓人一吃就上癮

沖繩麵（大）650日圓　→33

沖繩そばの専門店きしもと食堂
おきなわそばのせんもんてんきしもとしょくどう
沖繩縣民的家鄉味——沖繩麵的名店。富嚼勁的麵條與濃郁的鰹魚高湯，搭配得天衣無縫。

13:00

造訪世界遺產今歸仁城跡

也是著名的賞櫻名勝

今歸仁城跡
なきじんじょうあと　→29
於琉球王國成立前的13世紀左右所興建的古城遺跡。石垣後方一覽無遺的東海風光，美不勝收。

15:00

穿越古宇利大橋前往小島

兩側即一望無際的湛藍大海

古宇利大橋
こうりおおはし　→26
越過約2km長的大橋往古宇利島前進。橋上禁止停車，若要拍照請先將車停在道路服務區再走上步道遊逛。

17:30

國際通購物&享用晚餐

可享受購物樂趣至22時左右的主要大街

從日式、西式、琉球料理到泡盛酒應有盡有

國際通屋台村　附錄①
こくさいどおりやたいむら　→P3
2015年才剛開幕的新興景點，裡面聚集了20家攤販。營業時間視各店家而異，白天與晚上的氣氛截然不同。

那霸市內的飯店住宿1晚　→P96

第3天

到南部的聖地及海岸咖啡廳充充電
最後以購物畫下句點

從市內飯店出發

8:30

到樂趣無窮的探險

羅列著島蔬菜、近海魚和特產加工品

第一牧志公設市場　附錄①
だいいちまきしこうせついちば　→P22
到在地市場採買沖繩食材。小袋包裝的沖繩東坡肉和海葡萄等，都很適合買來當伴手禮。

10:00

由蔚藍大海眺望

可從坡道上方俯瞰海景

NIRAI橋‧KANAI橋
ニライばしカナイばし　→P74
全長660m、呈現平緩U型曲線的大橋。從橋上望出去的南部大海，超廣角的視野十分壯觀。

10:30

到琉球最崇高的洗滌心靈

沖繩的特種植物也很引人目光

齋場御嶽
せーふぁうたき　→76
傳說是琉球始祖阿摩美久在建國初始時創造的七御嶽之一。為著名的聖地，瀰漫著一股莊嚴肅穆的氛圍。

12:00

在南部的休息片刻

好像漂浮在海面上！

特調咖啡500日圓和巧克力蛋糕400日圓

浜辺の茶屋
はまべのちゃや　→78
彷彿突出於海灘的絕景咖啡廳。可於大海近在眼前的頭等座，享受愜意的悠閒時光。

14:00

到度假購物

彷彿置身於希臘般的街景

瀨長島Umikaji Terrace
せながじまウミカジテラス　→P80
2015年開幕、座落於瀨長島西側斜坡上的美食&購物區，可邊感受海風吹拂邊穿梭遊逛各家店。

TESHIGOTO的帆布手拿包9180日圓

16:00

\GOAL/

抵達那霸機場

Let's go for a Drive

13:00

浜のてぃーらぶい定食1100日圓

在古民家品嘗 沖繩家庭料理

古民家食堂 てぃーらぶい →P61
こみんかしょくどうてぃーらぶい

利用已87年歷史的古民家改裝而成的食堂，能享用當地主婦們充滿創意的定食料理。

12:30

最推薦漲潮時來海邊兜風

享受馳騁於海濱公路的快感

海中道路 →P60
かいちゅうどうろ

連結宇流麻市的勝連半島與平安座島的道路，全長約4.7km。從兩側可一望透明清澈的大海。

10:30

二手衣店Ring Ring Bell Closet

外國人住宅 商店巡禮

港川外國人住宅區 →P64
みなとがわがいこくじんじゅうたく

林立著排獨棟式平房的住宅區。以前曾經是美軍人員的住家，如今多已改裝成複合精品店和咖啡廳。

花卉圖案洋裝 4158日圓

再多住1晚

中部地區

美式風情的景點 & 海中道路兜風

18:00

4月中旬～11月期間可以游泳

欣賞沙灘上 夕陽西下的美景

夕陽海灘 →P62

位於Depot Island入口附近的公共海灘。有許多外國人出沒，充滿異國情調。

沖繩人字拖 1600日圓

16:30

轟立著象徵地標的時鐘塔

到美國村 開心購物

Depot Island →P63

坐落於美濱美國村西側的購物區，有沖繩伴手禮、流行時尚、美食等超過90家以上的店面進駐。

15:00

建議停好車子後步行遊逛

前往陶藝窯場 的陶器之鄉 尋寶

陶器之鄉 →P50
やちむんのさと

設有讀谷山燒窯和讀谷山燒北窯的登窯，以及15家工房散落其間。可前往工房、直銷店選購心儀的陶器作品。

志陶房的陶碗2808日圓

16:00

舞台區每天都會舉辦活動

度假購物商場內 走走逛逛各家店

永旺夢樂城沖繩來客夢 →P58
イオンモールおきなわライカム

2015年開張的度假購物商場。以巨大水槽、山原景色為藍圖設計的中庭等，到處都能感受到濃濃的沖繩味。

未來屋書店的八島黑糖108日圓

T-SHIRT-YA.COM 的T恤2700日圓

14:30

泡盛酒廠 參觀行程

瑞泉酒造 →P66
ずいせんしゅぞう

維持一貫傳統方法釀造泡盛酒的酒廠，離首里城很近。不需預約即可參加酒廠參觀行程。

13:00

外觀以御城的石牆為意象

在博物館·美術館 飽覽歷史與藝術

沖繩縣立博物館·美術館
おきなわけんりつはくぶつかんびじゅつかん

博物館內有針對沖繩自然、歷史、文化的淺顯介紹，美術館則展示著與沖繩有淵源的藝術家作品。

MAP 附錄① 29D-1 Mapple 4700-1266

☎ 098-941-8200
⏰ 9:00～17:30（週五、六為～19:30）
休 週一（逢假日則翌平日休）
¥ 博物館410日圓、美術館310日圓
地 那霸市おもろまち3-1-1　P 免費

10:00

全長約5km只開放其中的890m

遠古的天然鐘乳洞探險

沖繩世界文化王國 →P77
おきなわワールド

擁有眾多參觀景點的主題公園，例如歷經30萬年以上才形成的天然鐘乳石洞、重現琉球王國城下町風貌的街道等。

下雨天

欣賞傳統藝能 EISA太鼓舞與藝術 在最新的度假購物商場大採購

提供EISA太鼓舞表演和工藝體驗等多樣活動

祭典·活動

1月1~3日
首里城公園 新春之宴
🅟那霸市 首里城公園
重現琉球王國時代於元旦舉行的中國風盛大儀式，搭配琉球舞蹈營造出熱鬧氣氛。

2月21日 第24屆
2016沖繩馬拉松
🅟沖繩市 沖繩縣綜合運動公園
獲得日本田徑聯盟公認的馬拉松比賽，路線會行經椰林小徑並深入美軍基地內。有全馬和10km路跑。

5月3~5日
那霸划龍舟
🅟那霸市 那霸港新港碼頭
那霸的夏季風物詩，會有龍舟形造型的龍舟競賽及五花八門的活動。

6月23日
沖繩全體戰歿者追悼式
🅟糸滿市 摩文仁
6月23日是沖繩戰役中組織型戰鬥的正式結束日，為沖繩特有的假日。當天會舉行追悼會。

8月26~28日 第61屆
沖繩全島EISA太鼓舞祭
🅟沖繩市 古座體育公園、胡屋十字路周邊
會舉辦遊行表演和各式各樣的EISA太鼓舞，是沖繩縣內規模最大的EISA太鼓舞盛會。

9月中旬的週六日（預定）
首里城公園中秋之宴
🅟那霸市 首里城公園
重現接待中國皇帝使節的盛宴。以明月照射下的正殿為背景，表演琉球傳統組踊與古典舞蹈。

10月 體育節前3天期間
那霸大綱挽拔河祭
🅟那霸市 國際通、久茂地交叉路口、奧武山公園
主要活動是在久茂地交叉路口所舉行的大拔河，全長200m的拔河繩為世界紀錄最長。

12月4日（預定） 第32屆
NAHA馬拉松
🅟那霸市 奧武山陸上競技場
路線涵蓋南部5個市町的馬拉松大會，每年都吸引25000多位跑者參加。

旅行必備用品10

① 為防紫外線對眼睛的傷害，請選擇有抗UV效果的眼鏡

② 保護臉部免於強烈陽光照射，建議選擇帽緣較寬的款式

③ 可圍在脖子上或是兜風時蓋在膝上，實用性很高

④ 早晚偏涼的秋冬或是夏天冷氣太強時，即可派上用場

⑤ 為了隨時都能馬上下水游泳，可在外衣裡面先穿上泳衣

⑥ 即使身體溼答答的也能快速更衣，不僅方便也很有度假風情

⑦ 最好選擇可直接踏浪、下水弄濕也無所謂的鞋款

⑧ 沖繩夏天的紫外線量是日本本土的5倍之多，平常沒有習慣擦防曬乳的人也要確實做好防曬

⑨ 沖繩地處亞熱帶氣候，因此常會突然下起大雨，放支傘在背包要用時就很方便

⑩ 尤其夏天蚊子特別多，為避免遭叮咬皮膚出現不適，請做好事前預防

那霸機場10km的範圍內
搭機離開沖繩前＋1景點

想去購物就來這見！

距那霸機場7km

沖繩平價精品購物城 ASHIBINAA
おきなわアウトレットモールあしびなー

在充滿度假氣氛的開放式商場悠閒漫步

網羅了MARC JACOBS、TORY BURCH等100多個日本國內外的品牌。以定價二~七折的價格就能買到手，讓人趨之若鶩。沖繩伴手禮的種類也很齊全。購物城內備有100日圓的退幣式寄物櫃。
Link P.75

購物城內也有咖啡廳和餐廳

在高級感十足的店內享受免稅購物

距那霸機場8km

T Galleria 沖繩 by DFS
ティーギャラリアおきなわバイディーエフエス

擁有高達10000m²的樓板面積，為日本最大規模的市區免稅店。熱門商品的售價，最多可比日本本土多享30%的免稅優惠。只要是從那霸機場出發飛往各地的遊客皆可利用。

MAP 附錄① 29D-2　**Mapple** 4701-0956
☎0120-782-460
⌚9:00~21:00（週五、六為~22:00，因季節、店鋪而異）　無休　🅟那霸市おもろまち4-1 📍免費

想去海灘就來這見！

距那霸機場5km

波之上海灘
なみのうえビーチ

距機場車程5分的那霸市區海灘

位於波上宮的下方，那霸市內唯一的海灘。又分為可以潛水和浮潛的辻側以及能享受海水浴的若狹側，是廣受那霸市民喜愛的休憩場所。

MAP 附錄① 30A-2
☎098-863-7300（波之上海濱空公園）
⌚游泳為4~10月9:00~18:00（7、8月為~19:00）　開放期中無休　免費入場　🅟那霸市若狹　📍30分鐘免費

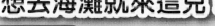
綿延於波上宮所在的斷崖東側

眼前一片南國風光的白砂長灘

距那霸機場7km

豐崎美麗SUN海灘
とよさきちゅらサンビーチ

全長約700m，為沖繩最大的海水浴場。備有淋浴間、寄物櫃，很適合臨時起意想下水游泳時。還可以玩香蕉船、水上摩托車等水上活動。
Link P.75

天氣晴朗時能眺望慶良間諸島

日本最多！
每年入館人數
約270萬人

沖繩最想去的景點

那霸機場
車程
2小時30分

那霸機場

壓倒性的
No.1

必看！
水族館外的
免費海豚秀

沖繩美麗海水族館

沖繩非去不可的超人氣景點──沖繩美麗海水族館。每年入館人數約270萬人，是日本國內參觀人次最多的水族館。在具壓倒性規模的海底世界中，展示了多達740種、21000隻的生物。

自行開車的交通方式

那霸機場
▼ 7km、15分
豐見城・名嘉地IC
▼ 那霸機場自動車道・沖繩自動車道
　 67km、1小時15分
許田IC
▼ 27km、1小時
沖繩美麗海水族館

停車場導覽

海洋博公園內的9個停車場皆為免費。離水族館最近的是北門旁的立體停車場 **P7**，到水族館步行約5分。

若從那霸機場直接前往的話，搭乘路線巴士、山原急行巴士也很方便，於記念公園前下車。
→P.104

沖繩美麗海水族館
●おきなわちゅらうみすいぞくかん

從珊瑚礁群生的淺灘到超過200m的深海，依各主題重現沖繩海洋世界的水族館。除了鯨鯊與鬼蝠魟悠游的世界最大水槽外，還有陽光直接照射的珊瑚礁水槽、五彩繽紛的熱帶魚穿梭其間的水槽等，大大小小共77個水槽，每一區的展示都很豐富精彩。水槽解說、餵食解說等各種節目活動也很充實。

Mapple Code 4701-0429　MAP 附錄② 13A-4
✆0980-48-3748
休12月第1週三期間
地本部町石川424 海洋博公園內　自免費

沖繩美麗海水族館

沖繩美麗海水族館的厲害之處在這裡！

可欣賞約
740種21000
隻的海中生物

眾多世界首次&世界第一的紀錄

擁有世界首次成功共同飼養多隻鯨鯊和鬼蝠魟、鯨鯊人工飼養世界最久、世界首次成功人工繁殖鬼蝠魟等多項傲人的紀錄。館內生物的每日健康管理與高超的飼育技術，也都受到全世界的矚目。

展示的魚類大多來自沖繩海域

由當地漁夫和飼育員合力將受困於定置網內的生物運送至水族館。館內多彩多姿的展示除了仰賴工作人員的高度知識和技術外，也要歸功於地方人士的支援。

水槽引進天然的海水，水溫也未經調整

水槽使用的水是汲取自本部町300m外的近海、水深20m的海水，「黑潮之海」的水槽更是每隔2小時就會全面更換一次海水。水溫除了深海水槽以外都沒有經過調整，儘可能提供生物最接近自然的生活環境。

試試看！
實際觸摸礁湖的生物

必看！
鯨鯊震撼力十足的進食畫面

沖繩美麗海水族館 館內MAP

1F 咖啡廳「Ocean Blue」P.19
4F 美麗海劇場 P.18
2F 美麗海劇場 P.18
3F
3F 漁夫之門
3F
4F 餐廳「Inoh」P.17
2F
1F
1F
3F 入口
2F 珊瑚世界
2F 水邊生物群
2F 珊瑚礁世界 P.16
2F 鯨鯊站立區 P.48
2~1F
出口 1F
1F 商店「Blue Manta」P.21
1F 快樂海洋研究室
1F 海洋觀賞區 P.19
1F 深海探險區

前往鯨鯊及鬼蝠魟展示區的電梯在這裡！

········· 順路

遊逛方式的原則
上→下

入口位於3F

| 3F→2F | 珊瑚礁世界 | P.16 |

礁湖的生物
珊瑚之海
熱帶魚之海
珊瑚礁之旅　　個別導覽

| 2F→1F | 黑潮之海 | P.18 |

| 1F | 深海世界 | P.20 |

| 館外 | 海洋博公園 | P.22 |

開館時間

期間	開館時間	閉館時間（入館截止時間）
3～9月	8:30	20:00（19:00）
10～2月	8:30	18:30（17:30）

門票

	入館時間	
	8:30～16:00	16:00～（4點以後門票）
成人	1850日圓	1290日圓
高中生	1230日圓	860日圓
國小·國中生	610日圓	430日圓

6歲以下免費

珊瑚礁世界

明亮光線從上方灑落的美麗海洋世界令人著迷

珊瑚礁環繞下的淺灘，是一片有海星、海參以及五顏六色的熱帶魚等生物悠游其間的美麗海洋世界。

3F 摸摸看海星和海參
礁湖的生物

展示棲息在珊瑚礁淺灘的海星、海參等生物的觸摸池。伸手觸摸也不會有危險，能輕鬆體驗與生物互動的樂趣。請輕輕地觸摸，請勿將生物拿出水中。

藍海星
直徑20～25cm，以5隻長長的腕足為特徵。除了鮮明的藍色外，也有體色呈橘色的海星

水槽解說 10:00、14:00（約15分鐘）
※除了上述時間以外，由於水槽旁通常都會有解說員在場，因此隨時可提供解說

展示種類

玉足海參
全長20～30cm，渾身佈滿小小的突起物，以海底泥砂上的有機物為食

充分瞭解
3F 活珊瑚的生態
珊瑚之海

在陽光能直接照射的水槽內，展示了約70種、800個珊瑚群。水槽內的設計是以飼育員實際潛入本部町海底所看到的風景為藍圖。飼育最久的珊瑚已經超過10年以上，每年6月左右都會確認珊瑚是否有排卵放精。

水槽解說 10:30、12:30、14:30（約15分鐘）
展示種類

世界首次
大規模展示擁育活珊瑚
透過導入自然光的設計和引進新鮮的海水，成功實現大規模展示飼育活珊瑚

除了珊瑚以外，還有許多沒有寫進解說板的生物隱身其間

光柱
太陽光照射進水槽時彷彿極光般的搖曳現象，大多發生在上午時段

旭蟹
除了覓食外大多潛藏於砂地中，運氣好的話，說不定能在傍晚時發現牠的蹤影

鹿角珊瑚
因類似鹿角的形狀而得名。由於枝幹間隔較寬，常成為魚兒的秘密基地

黃體葉蝦虎魚
獨居或群體棲息於枝狀珊瑚、桌狀珊瑚間

氣泡珊瑚
擁有如葡萄串般的囊胞，常見於波浪平穩的礁斜面等處

那霸
大見
特附
集錄！
①

區域別
導覽

沖繩美麗海水族館

P.14

西海岸度假區
P.38

中部
P.56

首里
P.66

南部
P.74

山原
P.82

飯店
導覽
P.88

美麗海的原點·迴游魚類的活力世界

2F➡1F 黑潮世界

介紹在黑潮洋流中生活的鯊魚類、魟魚類和迴游魚類。

低鰭真鯊

廣泛分布於世界的熱帶海域，被視為是世界上最危險的鯊魚之一。全長可達3.5m

世界首次

從1978年至今已經飼育了長達37年的飼育紀錄

低鰭真鯊人工飼養極久的紀錄

2F 學習危險鯊魚的生態

鯊魚博士展廳（兇猛鯊之海）

有古代鯊魚的巨大下顎複製模型和鯊魚皮標本等，鯊魚的相關資料極為豐富。水槽內有排在最危險鯊魚之列的低鰭真鯊，以及其他共5種的鯊魚和魟魚類悠游。

展示種類

和髻鯊

還有有尖齒檸檬鯊

↑陳列著模型等體驗型的展示

推薦

眺望視野超優的午餐地點

↑建議選擇靠窗的位置

餐廳「Inoh」

可一望美麗大海與伊江島、擁有絕佳地理位置的餐廳，午餐時段提供以沖繩食材烹調的自助餐料理。不參觀水族館也能在此用餐。
🕐早餐9:00～10:30、午間自助餐11:30～15:30（10～2月為15:00）、甜點16:00～18:00（10～2月為15:30～16:30）

↑午間自助餐1512日圓

找找看躲起來的生物吧

厚唇擬花鮨

全長超過10cm，亮粉紅的體色十分漂亮。雄性比雌性的顏色還要鮮豔

展示種類

哈氏異康吉鰻、橫帶園鰻

側面有黑色點點的是哈氏異康吉鰻，橘白橫紋相間的是橫帶園鰻

粒皮瘤海星

直徑約20cm的大型海星，具有厚厚的皮膚，上頭密生細顆粒

2F 觀察小生物們的生活

珊瑚礁之旅 個別水槽

將生活在珊瑚礁中的小生物分成大小30個水槽展示。設有重現紅樹林的水槽、集合特色生物的迷你水槽等，依不同主題分別做介紹。

角蝶魚

以長長延伸的背鰭與黃白黑交錯的條紋為特徵

條紋蓋刺魚

鮮豔的斑紋非常吸睛，會於珊瑚礁岩的裂縫處或洞穴附近劃定地盤

能夠體驗從淺灘經過砂地再深入洞窟、慢慢潛入海底般感覺的水槽

藍綠光鰓魚

帶著淡淡藍綠色的美麗小魚。常群聚在枝狀珊瑚附近，但只要一察覺危險就會馬上躲起來

3F 色彩繽紛的熱帶魚引人入勝

熱帶魚之海

從陽光充足的淺灘到砂地、幽暗的洞窟都有，完整重現沖繩周邊海域多彩的珊瑚礁環境。水槽內是相連的空間，200多種的魚類可以自由移動。魚群的鮮豔色彩，也讓水槽變身成了華麗的世界。

水槽解說 11:00·15:30（約15分）
餵食解說 13:00（約15分）

展示種類

曲紋唇魚

因為高高隆起的頭部，看起來就像拿破崙的帽子，又有「拿破崙魚」之稱

世界首次
成功繁育鬼蝠魟

自2007年世界首次成功繁育潮濕鬼蝠魟以來，連續成功了好幾次。目前水樓內也有展示剛出生的小鬼蝠魟。

世界首次
鯨鯊館養最久的紀錄

世界首次人工飼育鯨鯊成功。最受歡迎的Jinta從1995年開始飼養，到2016年的現在已經是第22個年頭了。

水族館的亮點即世界最大規模的巨型水槽

2F➡1F
黑潮之海

● 水槽解說 11:30、13:30（約15分鐘）
● 餵食解說 15:00、17:00（約15分鐘）

聚焦鑑賞

展示種類

長35m、寬27m、高10m的水槽有7500m3的容量，約有70種、16000隻的生物棲息其間。海水汲取自水族館前方的大海，水溫也幾乎沒有調整，希望讓生物能在最自然的生活環境中進行展示。除了1F的壓克力窗附近外，還有從水槽下方往上看的海洋觀賞區、設有觀賞窗的2F美麗海劇場等，可以從各種不同的角度欣賞。

好好欣賞！

2F
鯨鯊站立區
可由水槽正面眺望的階梯座位空間。總共有56個座位，能以廣角視野觀賞整座水槽。

2F
美麗海劇場

共120個座位，會播放與沖繩海域有關的影像。播放以外的時間會將螢幕收起，可從觀賞窗看到水槽的景象。

4F
黑潮探險
搭乘位於1樓鯨鯊‧鬼蝠魟區的電梯上樓，從水上甲板往下俯瞰水槽。

● 觀賞時間 10:00～閉館
（閉館前30分鐘截止入場）
※14:30～17:30進行其他作業，暫停開放
● 水槽解說 10:30、11:30、12:00、12:30、13:30、14:00、18:00
※3～9月18:30也有一場

「黑潮之海」的

No.1
成魚身長可達12m以上，是魚類中體型最大者。日文名ジンベエザメ是源自於身上的花紋很像漁夫穿的甚平和服，身軀巨大，但性格卻很溫和。

體型最大的鯨鯊名叫「Jinta」

No.2
屬於魟魚類，通稱為鬼蝠魟，主要以浮游生物為食，廣泛分布於世界的溫帶至熱帶海域。

邊游還會邊使用頭頂的鰭狀肢捕食

No.3
成年海豚的鼻上有斑點因而得名，在大型水槽中與鯊魚等大型魚類混合飼養，是世界罕見之創舉。

能觀賞海豚靈活的泳姿

長印魚
用頭上的吸盤附著在鯨鯊背上，以鯨鯊吃剩的飼料和寄生蟲為食

花點窄尾魟
全身從頭到尾都有豹紋，尾巴的尖端長著毒刺

還有很多呢！人氣海洋明星

吉打龍紋鱝
屬於魟魚類，倒V字型的體型有如箭頭般，腹部看起來則像一張微笑的人臉

豹紋鯊
剛出生的幼鯊會有黑底白條紋，長大後就會逐漸消失

鯨鯊的進食畫面 非看不可！！

建議從這邊看
觀賞餵食的最佳場所是在1樓的壓克力窗附近。餵食鯨鯊時會從水槽中央給餌，同一時間也會從水槽的兩端餵食躄魚鬼蝠魟。

長大後身長可達12m以上的鯨鯊，會以垂直的姿勢進食。主食是磷蝦和櫻花蝦等。

體型最大的鯨鯊叫做「Jinta」，也是3隻中唯一有取名的鯨鯊

世界首次
鯨鯊與鬼蝠魟的複數飼育

水槽中有3隻鯨鯊和鬼蝠魟一起悠游，多隻一起飼育都是世界首次成功的案例

也可以從這些角度

⊕皮塔三明治411日圓　⊕芒果果昔600日圓

1F
咖啡廳「Ocean Blue」
與水槽相鄰的咖啡廳，可以邊享受飲料、輕食邊欣賞水槽內悠游的魚群。水槽邊的位置特別受歡迎。
⏱8:30～19:00（10～2月為～17:30）

1F
海洋觀賞區
設於水槽下方的半球形空間。一抬頭即可看到魚群從頂上游過，感受猶如身處海底般的樂趣。

深海世界

連光線也無法穿透的深海是個神祕未知的世界

佔全世界海洋大部分的區域，其實是水深超過200m的深海。以下將介紹一些平常很難有機會看到的各式各樣深海生物。

1F

1F 萬籟俱寂的幽靜世界
深海之旅 個別水槽

展示從沖繩周邊水深超過200m的深海所採集到的生物。為了適應特殊環境而演變成不可思議的形態，與華麗的珊瑚礁世界完全不同，能觀賞到一片寂靜的世界。還展示了體長6m87cm的大王烏賊標本。

飼育難度很高的珍貴生物們

世界首次
成功飼育
伊加拉九刺鮨

展示2009年在火米島外海捕集到的伊加拉九刺鮨，為世界首次飼育成功的例子

伊加拉九刺鮨
擁有華麗的紅黃條紋色彩，因此在沖繩當地的漁夫間有印地安石斑魚的稱號

麥氏大鱗大眼鯛
以超大眼睛和鮮豔條紋為特徵。是相當罕見的稀有種，也是首次在日本的水族館內展出

展示種類

1F 水深500m附近也有生物棲息
深層之海

展出飼育十分困難的濱鯛、甘氏巨螯蟹等，棲息在比水深200m更深處的珍貴深海生物。還可以看到生活在水深500m一帶，有著兩根長鬍鬚的稀有種長鬍棘鮫。配合每週三次的給餌時間有時也會舉辦餵食解說。

日本鋸鮫
棲息在水深200～600m的海域。嘴巴呈鋸子狀，利用揮動嘴巴來覓食

甘氏巨螯蟹
分布於日本的太平洋側，是世界上最巨大的螃蟹。腳伸直的話可達4m以上，但移動卻出乎意地快速。

令人著迷的深海世界

深海中的分布狀況示意圖

燈眼魚
麥氏大鱗大眼鯛
伊加拉九刺鮨
黃擬烏尾鮗

200m
日本松球魚
三齒鯊
甘氏巨螯蟹

400m
日本紅鰭鮪
濱鯛

600m
日本短鮣
邁氏假鱗鮋
道氏深海鮟鱇
口袋水槽
牛尾鯰

800m
燈鱗角鮟
金眼鯛

1000m

實際感覺水溫！
在「深海探險區」裡，設有能實際體驗到600m的深海水溫的「口袋水槽」

日本松球魚
以松果花紋般的魚鱗為特徵，在下顎尖端有發光的共生細菌。

燈眼魚
眼睛下方隱藏著大片半月形的發光器，會發出一閃一閃的光點

1F 宛如星空一般閃爍的光芒
海中天象儀

因反射紫外線而閃耀的珊瑚、如螢火蟲般會發光的魚類等，展示在自然光無法照射到的海底所棲息的發光生物。黑暗大海中發出的淡淡光源，能讓人感受到如夢似幻般的海洋魅力。

那霸大見特附集錄！①

區域別導覽

沖繩美麗海水族館
P.14

西海岸度假區
P.38

中部
P.56

首里
P.66

南部
P.74

山原
P.82

飯店導覽
P.88

沖繩美麗海水族館
原創伴手禮

水族館1樓的商店「Blue Manta」內有琳瑯滿目的原創水族館商品

↑迷你羊羹1080日圓
讓人想要拿來當成擺飾的包裝，不論大人小孩都喜歡

可享受5種口味

↓T恤一起游泳吧！
（大人）3348日圓
（小孩）2376日圓
前後可相連接的圖案設計很有創意

可以當成親子裝

沖繩最經典的伴手禮

↓Baby系列
各1399日圓

摸起來觸感很舒服的布偶，有鯨鯊、綠蠵龜等3種造型

把水族館的人氣明星帶回家

←紅芋塔
（大）1080日圓、（小）648日圓
暢銷的水族館限定包裝

採用個別包裝
適合分送給多人

7月8日

←紀念日吊飾
410日圓
每隻鯨鯊的腹部各有366個不同的日期

刻上第一次來到沖繩的日期

←矽膠口金包
各1234日圓
可以收納零錢等的小東西，可愛的表情相當討喜

能讓人不自覺地變得開心♪

←Jinta金楚糕
（大）1080日圓、（小）540日圓
鯨鯊造型的可愛金楚糕

實用資訊

Q

A 可上官網確認擁擠狀況預測
官網上會預測、公開擁擠的程度，也可參考往年同時期的入館人數。每天的11～16時左右是最容易出現擁擠狀況的時間帶。
HP http://oki-churaumi.jp

Q

A 聰明利用優惠票
沖繩縣內的超商和休息站等場所，都有提供水族館門票優惠的園外販賣券。此外，水族館於16時以後會開始販售「4點以後門票」的折扣票。

Q

A 在水族P7停車場
海洋博公園內有9個免費停車場，離水族館最近的是北門旁的P7立體停車場。到水族館步行約5分。

Q

A 在水族館的入口大廳
投幣式寄物櫃設在入口大廳的右手邊，使用時間從早上8:30到入館截止。大置物櫃300日圓，小置物櫃100日圓。

Q

A 只限當天有效
若想再入館只需在出口處請工作人員在手臂蓋上專用章，再入館時必須檢查印章和出示票根。再入館的遊客也可利用出口進入。

↑印章在螢光燈照射下會顯現出來

Q

A 備有一定數量
娃娃車在海洋博公園內的各入口門、水族館入口、熱帶夢幻中心等處都可以免費租借，按先到順序，不可預約。

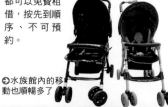

↑水族館內的移動也順暢多了

Q

A 使用語音導覽很方便
水族館可以租借聽取各水槽解說的語音導覽（需於1週前預約），預約請洽水族館事業單位（☎0980-48-3748）。

↑語音導覽的操作很簡單

Q

A 水族館1樓的商店
「Blue Manta」有提供宅配至日本國內各地的服務，不限尺寸和重量一律收費1200日圓。

→買再多也不用擔心

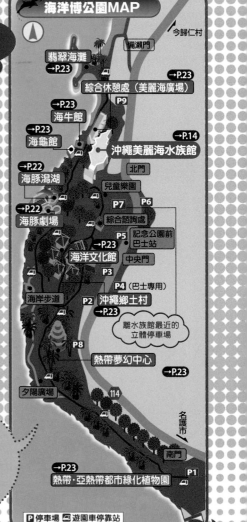

▶表演時間
11:00、13:00、14:30、16:00（約20分鐘）
※4～9月於17:30加演一場

水池的後方能望見伊江島

出色的表演讓全場歡聲雷動

オキちゃん劇場

海豚劇場

免費入場　水族館步行5分

在眼前可一望伊江島和蔚藍大海的戶外舞台區，能欣賞到南方瓶鼻海豚和偽虎鯨充滿活力的跳躍表演。附屋頂的觀眾席共有980個座位，可自由入座。

在坐水池旁有一個潛水秀的專用水池。潛水員會潛入水池內，為觀眾介紹海豚的生態。
▶表演時間 11:50、13:50、15:30（所需15分鐘）

南方瓶鼻海豚
從氣勢驚人的跳躍到可愛度破表的各種表演都有

人氣明星
Okichan

還有這項特技呢

別忘了蓋再入館章！
若要前往水族館以外的設施，可在水族館出口讓工作人員蓋上再入館章。即可於當天不限次數入館參觀（P.21）

水族館外也很好玩

海洋博公園 內

還有許許多多精彩的地方

海洋博公園 ◎かいようはくこうえん

佔地約71公頃的國營公園內，聚集了沖繩美麗海水族館等各式各樣的設施。水族館外還有可愛的海豚和療癒系的海牛、海龜等人氣動物，以及沖繩鄉土村、海洋文化館等豐富的遊樂景點。園內的設施和表演秀除了部分以外皆為免費。

Mapple Code 4700-0686　MAP 附錄② 13A-4

☎0980-48-2741　⏰8:00～19:30（10～2月為～18:00，因設施而異）　休12月第1週三與翌日　¥入園免費（部分設施需付費）　址本部町石川424　➡距許田IC 27km　P免費

海洋博公園MAP

今歸仁村
→P.23
備瀨門
翡翠海灘
綜合休憩處（美麗海廣場）　P9
→P.23
海牛館
→P.14
→P.23
海龜館
沖繩美麗海水族館
北門
→P.22
海豚潟湖
兒童樂園
P7　P6
→P.22
海豚劇場
綜合諮詢處
P5
記念公園前巴士站
→P.23
海洋文化館
中央門
P3
P4（巴士專用）
海岸步道
P2　沖繩鄉土村
→P.23
離水族館最近的立體停車場
P8
熱帶夢幻中心
→P.23
夕陽廣場
114
名護市
南門
P1
→P.23
熱帶・亞熱帶都市綠化植物園

P 停車場　🚌 遊園車停靠站

海豚潟湖

近距離觀賞可愛的海豚

免費觀賞　水族館步行5分

位於海豚劇場旁的海豚池。在觀察會中會針對海豚的身體構造、健康管理的方法等進行解說。除了餵食體驗外，週六日和假日還會舉辦海豚互動體驗（參加對象限小學生以上，需事先報名）。

▶海豚觀察會
10:00、11:30、13:30、15:00（約15分鐘）
※10:00的場次有時會在海豚劇場舉行。

不需預約，任何人都能輕鬆參加餵食海豚的體驗。需付費體驗500日圓，報名至額滿為止。

▶海豚餵食體驗
10:00～12:00、13:00～16:00
※有時會因動物的身體狀況臨時取消

園內的移動搭乘電動遊園車較方便
園內有3條行駛路線、共11個停靠站，每隔5～30分鐘運行。乘車一次100日圓，一日周遊券200日圓。

那霸大見特集！①

區域別導覽

沖繩美麗海水族館 P.14

西海岸度假區 P.38
中部 P.58
首里 P.66
南部 P.74
山原 P.82
飯店導覽 P.88

溫和的表情與動作　充滿療癒氣息

目前育有4頭海牛

美洲海牛
利用前肢將最愛吃的萵苣放進口中，惹人憐愛的動作十分可愛。以呈圓形的尾鰭為特徵

海牛館
海牛是瀕臨絕種的草食性哺乳類動物，可從水面上和水面下觀察海牛悠閒生活的模樣。

從地下觀覽室的眺望景象

海龜館
展示在日本很罕見的欖蠵龜、黑海龜等5種海龜，從地下的觀覽室可以看到海龜遨遊水中的情景。

綠蠵龜
出沒於沖繩近海。蛋形的龜殼猶如被研磨過似地充滿光澤，也深受潛水客的喜愛。

泳姿華麗的海龜

學習太平洋區域的海洋文化
海洋文化館
針對包含沖繩在內的太平洋區域，介紹有關海洋文化與歷史的設施。能觀賞到大型獨木舟等約750件的展示品和影像。
8:30～19:00（10～2月為～17:30，閉館前30分鐘截止入館）

➔影像資料也很豐富

眼前即翡翠色的大海
翡翠海灘
位於園內北端的Y字型海灘。擁有白砂沙灘與清澈透明的海水，美麗的程度為本島之最。
游泳為4～10月的8:30～19:00（10月為～17:30）休開放期間無休

➔貝殼砂沙灘

等候海豚表演的空檔時
綜合休憩處（美麗海廣場）
備有休憩空間，還設有參觀抹香鯨骨骼標本、巨口鯊浸液標本等的展示區。

➔抹香鯨的骨骼標本

四周環繞著豐富的自然綠意
熱帶·亞熱帶都市綠化植物園
展示椰子類植物，以及沖繩都市綠化時所使用的植物樣本區，還設有地面高爾夫球場。

➔獨特的立體花壇

鮮豔的蘭花與結實累累的果樹
熱帶夢幻中心
植物園內展示了熱帶和亞熱帶的花卉、果樹，以及2000株以上的蘭花。
8:30～19:00（10～2月為～17:30，閉館前30分鐘截止入館）

➔出示水族館的門票即可半價入場

跟老奶奶學彈三線琴
沖繩鄉土村
重視傳統的沖繩村落，在8棟民家中的「地頭代之家」還能免費體驗三線琴和傳統舞蹈。
10:00～16:00（三線琴體驗的受理為～15:30）

➔可輕鬆體驗三線琴

最好事前掌握資訊！節目指南

不只水族館內、連戶外設施的表演活動時間也要一併做確認，以便規劃出流暢的參觀順序。

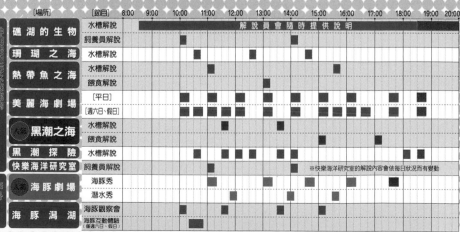

[場所]	[節目]	8:00	9:00	10:00	11:00	12:00	13:00	14:00	15:00	16:00	17:00	18:00	19:00	20:00
礁湖的生物	水槽解說						解說員會隨時提供說明							
	飼養員解說													
珊瑚之海	水槽解說													
熱帶魚之海	水槽解說													
	餵食解說													
美麗海劇場	[平日]													
	[週六日·假日]													
黑潮之海	水槽解說													
	餵食解說													
黑潮探險	水槽解說													
快樂海洋研究室	飼養員解說							※快樂海洋研究室的解說內容會依每日狀況而有變動						
海豚劇場	海豚秀													
	潛水秀													
海豚潟湖	海豚觀察會													
	海豚互動體驗													

※只有海豚潟湖的海豚互動體驗必須以附回郵的明信片事先申請（對象限小學生以上）　■的節目僅3～9月實施　■的節目僅4～9月實施

沖繩美麗海水族館地區

名列沖繩最想去的景點No.1的沖繩美麗海水族館周邊，聚集了許多人氣觀光勝地。穿越橫跨翡翠色大海的古宇利大橋，前進別名「戀之島」的古宇利島吧！

最佳兜風路線看這裡！

8	7	6	5	4	3	2	1
16:30	15:30	14:30	12:40	12:30	11:00	8:30	7:30
CAHAYA BULAN	備瀨的福木林蔭道	今歸仁城跡	古宇利島	古宇利大橋	本部沖繩麵街道	沖繩美麗海水族館	許田IC
	15分	15分	10分	10分	20分	20分	1小時

······ 行駛路線

景觀
周長約8km的小小「戀之島」
古宇利島 ●こうりじま
當地流傳著類似亞當與夏娃的神話故事，整座小島都是開運景點。沿著環繞小島外圍的濱海道路開起來十分順暢，還能從茂密高聳的枝葉縫隙間眺望蔚藍大海。

玩樂活動
享受海拔82m眺望的美景
古宇利海洋塔 ●こうりオーシャンタワー
聳立於古宇利島的展望塔。從露台能眺望到美麗的東海，以及屋我地島、伊江島等各個小島。

景觀
馳騁海上的暢快感
古宇利大橋 ●こうりおおはし
連結屋我地島和古宇利島、全長1960m的離島架橋，是絕佳的兜風路線。推薦正午前後的時段前往，能欣賞到大海在陽光直射下鄰鄰閃爍的波光。不需通行費。

景觀
從橋上感受遼闊的視野
WARUMI大橋 ●ワルミおおはし
Mapple Code 4701-2096
MAP 附錄② 12F-2
☎0980-56-2256（今歸仁村經濟課）
連結本部半島與屋我地島、全長315m的大橋，能一覽名勝WARUMI海峽，很適合開車兜風。
免費通行
今歸仁村天底～名護市我部
距許田IC 24km

NEO PARK OKINAWA
名護自然動植物公園

景觀
隨處可見甘蔗田的幽靜小島
屋我地島 ●やがじしま
Mapple Code 4700-0155
MAP 附錄② 12F-2
☎0980-53-7755（名護市觀光協會）
突出於羽地內海的小島，與本部間有屋我地大橋相連。島內到處都是甘蔗田，越過古老村落後古宇利大橋就在眼前。
名護市屋我地島
距許田IC 18km

上午先去沖繩美麗海水族館逛逛，午餐就在本部沖繩麵街道解決！

此路段為簡化地圖

58

許田休息站

許田IC

沖繩美麗海水族館周邊是這樣的地方ろ

沖繩美麗海水族館
沖繩美麗海水族館是沖繩旅遊的最大亮點。每年入館人數約270萬人，居全日本水族館之冠。創下世界首次成功飼育鯨鯊的佳績，世界最長飼育的紀錄也還持續在刷新中。

古宇利島兜風
全長1960m的古宇利大橋，兩側能欣賞到一望無際的蔚藍大海，是本島最棒的兜風路線。橋的另一端即古宇利島，能參觀Tinu海灘的心型岩、品嘗名產的海葡萄蓋飯和海膽蓋飯等，樂趣無窮。

森林咖啡廳
以本部半島為中心向外綿延的森林內，散佈著許多擁有豐富自然景觀的咖啡廳。可以坐在窗邊或是露台聆聽小鳥的鳴叫聲、樹葉摩擦的沙沙聲，徜徉在新鮮空氣與寂靜氛圍中。

景觀
陽光從枝葉間灑落的綠色小徑
備瀨的福木林蔭道
●びせのフクギなみき
小路兩旁有近2萬棵樹齡約300年的福木夾道，規模為沖繩之最。

㉙

景觀
規模宏偉的城跡
今歸仁城跡
●なきじんじょうあと
在琉球王國統一前的三山時代時，為北山王居城。美麗曲線的城牆一路蜿蜒，可從御內原飽覽整片美景。

世界遺產

海灘 BEST
絕不可錯過心型岩
Tinu海灘
●ティーヌ浜
位於古宇利島北部的沙灘，心型岩即重疊後看起來像是愛心形狀的兩塊岩石。

㉚

咖啡廳 BEST
坐擁海景的咖啡廳
CAHAYA BULAN
●チャハヤブラン
漫步備瀨的福木林蔭道時絕對要去光顧的咖啡廳，營造出新亞洲風的店內有提供水果昔類的飲品。

㉝

備瀨的福木林蔭道 ⑦

⑧
CAHAYA BULAN

② 沖繩美麗海水族館

⑥ 今歸仁城跡

本部富士

諸志御嶽的植物群落

505

玩樂活動 BEST
嘆為觀止的日本最大水槽
沖繩美麗海水族館
●おきなわちゅらうみすいぞくかん
重現沖繩海洋生態的水族館。可於全世界規模最大的水槽「黑潮之海」欣賞鯨鯊、鬼蝠魟在眼前自在悠游，相當值得一訪。
P.14

咖啡廳
當地的人氣紅豆冰店
新垣ぜんざい屋
●あらがきぜんざいや
廣受本地人喜愛的紅豆刨冰，鬆軟綿密的金時大紅豆搭配蓬鬆口感的刨冰堪稱絕妙。
㉝

乙羽岳展望台

449
新垣ぜんざい屋

72

84

③ 本部沖繩麵街道

美食 BEST
沖繩麵的激戰區
縣道84號周邊有許多賣沖繩麵的店家，最好在11時左右就來才不會人擠人。
㉝
山原そば

瀨底大橋

瀨底海灘

やちむん喫茶シーサー園

海灘
落入地平線的夕陽讓人醉心
瀨底海灘
●せそこビーチ
海水透明度極高的天然海灘，也很推薦挑浪漫的日落時分來這裡漫步
㉚

咖啡廳
四季花卉綻放、蝴蝶漫天飛舞
やちむん喫茶シーサー園
●やちむんきっさシーサーえん
坐落於近2000坪的腹地內，四周樹林環繞的紅瓦屋頂咖啡廳。庭園可自由參觀。
㉞

CLOSE UP
國道449・505號
幾乎都是濱海路線，可邊眺望海景邊享受舒適暢快的兜風之旅。

名護鳳梨公園

CLOSE UP
許田休息站
●みちのえきよきだ
在販售本島北部特產和農產品的山原物產中心內，能買到南國水果、現烤麵包等商品。美食區還有沖繩麵、墨西哥塔可等豐富餐點可以選擇。

恰古豬肉炸肉餅1個 200日圓

百香果芒果優格口味 310日圓

☎0980-54-0880 Mapple Code 4701-1467 MAP 附錄② 10J-1
⏰8:30～19:00 (美食區為11:00～18:00)
🏠無休
📍名護市許田17-1 🚗距許田IC 1km Ｐ免費

玩樂活動
有約200種的鳳梨
名護鳳梨公園
能了解鳳梨相關知識的熱帶植物園。
㉟

人氣路線No.1
越過古宇利大橋前進

戀♥島之島

古宇利島的
遊逛方式

古宇利島 ●こうりじま

今歸仁村唯一的離島。傳說是神明居住的小島，除了留有稱為七森七御嶽的參拜處外，還流傳著類似亞當與夏娃的神話故事。

Mapple Code 4701-0296　MAP 附錄② 12F-1

📞0980-56-2256（今歸仁村經濟課）
🏠今歸仁村古宇利　🚗距許田IC 23km

古宇利島這樣遊逛！

先在古宇利交流廣場小歇片刻後，接著一邊走一邊觀光兼購。同時朝往Tinu海灘的方向前進。環繞小島周圍的駕駛路線，開起來十分舒適愜意。最後再到古宇利海洋塔買伴手禮。

- 古宇利大橋
- 古宇利交流廣場
- 亞當與夏娃的住居遺址
- 神屋
- 遠見屋
- Tinu海灘
- 渡海海灘
- 古宇利海洋塔

CHECK 注意事項

整座古宇利島都是聖域，必須保持安靜不可大聲喧嘩。御嶽等場所是禁止進入的，請特別留意。

古宇利島座落於本部半島的東北方，為周長約8km的小島。有「戀之島」之稱，小島全域也都是開運景點。穿越橫跨湛藍大海的大橋，出發上路吧！

橋下的大海清澈無比，當陽光從正上方照射時，散發出猶如綠寶石般的閃爍光芒。

放眼望去
海天一色的絕景道路
古宇利大橋
●こうりおおはし

連結屋我地島和古宇利島、全長1960m的離島架橋。筆直延伸在藍色清澈大海上的大橋是最棒的兜風路線，還設有可徒步過橋的行人步道。

Mapple Code 4701-1783　MAP 附錄② 12F-2

📞0980-56-2256
（今歸仁村經濟課）
🏠今帰仁村古宇利～名護市済井出
🚗距許田IC 22km
🅿利用橋詰廣場的停車場

古宇利島

古宇利大橋

注意！
橋上禁止停車

屋我地島

往海灘的道路並沒有鋪柏油，開車時需特別小心

你看你看～
在愛心手勢中的心型岩～

Ⓔ Tinu海灘 P.30

外觀有如愛心形狀的心型岩就在這兒。最能代表「戀之島」的場所之一，是古宇利島最受歡迎的景點。

Ⓕ 渡海海灘

充滿自然景致的天然秘境海灘，能見到因侵蝕而形成空洞狀態的「壺穴」。

⬎彷彿比出V字手勢的Peace貝殼，只要找到就能得到幸福♥

Ⓖ 古宇利海洋塔

可從海拔82m的高度眺望古宇利島美景的展望塔，設有蒐集全世界貝殼的展示館和餐廳、商店等。

Mapple Code 4701-2604 MAP 附錄② 12F-1
☎0980-56-1616 ⏰9:00～17:30 休無休 ¥門票800日圓
🚗今帰仁村古宇利538 Ｐ免費

⬎從展望露台看出去的古宇利大橋

Ⓐ 古宇利交流廣場

來到古宇利島的第一站，複合設施內有羅列當地特產品的商店和食堂、咖啡廳。

Ⓑ 亞當與夏娃的住居遺址

在琉球版亞當與夏娃的傳說中兩人與小孩共同居住的半洞窟，據說是在這裡看到儒艮交尾才學會如何孕育下一代。

Ⓒ 神屋

位於古宇利島漁港附近，祭祀著島上的神明。還立有紀念人類發祥之島的石碑。

Ⓔ
Ⓕ
Ⓓ
古宇利島
t&cとうらく
Ⓖ
Ⓒ
Ⓑ Ⓐ
YOSHIKA
古宇利海灘

橋詰廣場內有停車空間，橋的兩側即古宇利海灘

古宇利大橋

設有完善的行人步道，因此也可以將車子停在屋我地島側的道路服務區，先拍張紀念照再過橋。

道路服務區
247

WARUMI橋
屋我地島

Ⓓ 遠見屋

遠見屋指的就是瞭望哨。位於古宇利島的中央高地上，琉球王國時代曾在這裡設置哨站。

海之家二樓，視野超棒的咖啡廳
YOSHIKA ●ヨシカ

傳遞古宇利島觀光資訊的咖啡廳。充滿溫暖木質調的店內，吃得到以純種阿古豬為食材的料理和海鮮蓋飯。

☎080-2055-4000 Mapple Code 4701-1893 MAP 附錄② 12F-2
⏰10:30～20:00 休不定休 🚗今帰仁村古宇利321
🚗距許田IC 24km Ｐ免費

色蓋飯1650日圓
←YOSHIKA四

在這裡度過 午餐 & 咖啡 時光

建於面朝大海的崖上
t&cとうらく ●ティーアンドシーとうらく

能將古宇利大橋和本部半島、甚至遠方的伊江島都一覽無遺，景色相當壯觀。能享用以當地食材烹調的家常料理。

Mapple Code 4701-2406 MAP 附錄② 12F-1
☎0980-51-5445 ⏰10:00～18:00 休週三不定休
🚗今帰仁村古宇利1882-10 🚗距許田IC 24km Ｐ免費

⬅開放感十足的露天座

必吃著名的海膽蓋飯&海葡萄蓋飯！
古宇利交流廣場 ●こうりふれあいひろば

可到餐廳「食と館」點份海膽蓋飯或海葡萄蓋飯。還有供應南國甜點的咖啡廳，以及販售島蔬菜、水果的物產館。

Mapple Code 4701-2202 MAP 附錄② 12F-2
☎0980-56-5574 （リセットジャパン 食と館）
⏰9:00～16:00 休不定休 🚗今帰仁村古宇利323-1
🚗距許田IC 24km Ｐ免費

→霜淇淋 善哉380日圓

➡海膽蓋飯定食1500日圓（7、8月限定）

備瀨的福木林蔭道　今歸仁城跡

福木林蔭道的另一端看得到大海

以伊江島為剪影的夕陽美得令人屏息

美麗綻放的四季花卉

偶遇西沙獅

穿越Nahamichi後眼前就是大海！備瀨崎也是著名的浮潛勝地之一

悠閒漫步在綠色隧道間
備瀨的福木林蔭道

備瀨村落的福木林蔭道是沖繩本島上規模最大者。當置身於其中，和煦的陽光從綠色隧道的枝葉縫隙間灑落，眼前是一條宛如迷宮般的蜿蜒小徑。

在這裡歇歇腳

沖繩住家

通風良好的

↳肉質軟嫩、入口即化

盡情享用山原島豬肉
お食事処ちゃんや～
●おしょくじどころちゃんやー

隱身在備瀨的福木林蔭道中，屋齡近50年的古民家旅館＆餐廳。用餐採預約制，能品嘗到山原島豬肉的美味。

Mapple Code 4701-3141　MAP 附錄② 13C-1
☎090-6862-4712
⏰11:30～13:30・17:00～21:30　休舊曆盂蘭盆節
址本部町備瀨580　P免費

還能這麼玩！

【租自行車】
騎自行車自由自在地閒晃也很舒服
☎090-1948-6568(並木レンタサイクル)
⏰9:00～19:00(11～3月為～18:00)
休無休　¥2小時300日圓

【導覽旅遊】
透過導遊的解說認識沖繩的歷史和文化
☎090-6863-4055(喜屋武先生)
⏰預約制(約需1小時)
¥導覽費2人以內1500日圓(追加1人500日圓)

面伊江島的寬闊美景
CAHAYA BULAN
●チャハヤブラン

從大開的窗戶看出去是一大片的天然沙灘，店內備有南國風的甜點、飲料和餐點。

Mapple Code 4701-2015　MAP 附錄② 13C-1
➡沖繩東坡肉蓋飯（＋海葡萄）1300日圓

↳能享受海風輕拂的露天座

備瀨的福木林蔭道 MAP

對岸小島是被稱為「Miugan」的聖域

漲潮時的水流速度較快，請小心！

P35

●備瀨崎

N

P

お食事処ちゃんや～

備瀨的福木林蔭道

擺放著手作長椅的休息區，可眺望伊江島

名「Nahamichi」（中道）的主要道路，路寬狹窄請放慢行車速度

CAHAYA BULAN
並木レンタサイクル
洗手間

114

翡翠海灘

福木是颱風頻仍的沖繩為了防風而栽植的樹種，環繞在住家周圍藉以抵擋颱風的肆虐。戰時雖然因木材需求而遭到大量砍伐，但備瀨村落目前仍有2萬棵樹齡約300年的福木林立在小路兩旁。

備瀨的福木林蔭道
●びせのフクギなみき

Mapple Code 4701-0291　MAP 附錄② 13C-1
☎0980-48-2371(備瀨區事務所)
址本部町備瀨　距許田IC 30km
P利用區營停車場(一次500日圓)

那霸
大見
特附
集錄
！①

區域別
導覽
沖繩美麗海水族館周邊
P.24

西海岸度假區
P.38

中部
P.56

首里
P.66

南部
P.74

山原
P.82

飯店導覽
P.88

以壓倒性的規模修築而成的城跡令人讚嘆
今歸仁城跡 世界遺產

於海拔100m的岩山上，以天然未裁切石塊直接堆疊築起的野面積式城牆，
配合地形描繪出美麗的曲線。可邊漫步在壯闊的遺址間，邊任思緒馳騁在琉球王國的歷史。

御內原
☆うーちばる

據傳是女官居住的場所、城內最神聖莊嚴的地方，設有御嶽。北側可一望大海，天氣晴朗時還能遠眺到東海和伊平屋島、伊是名島。

今歸仁城跡 MAP

曾經是城內最重要的建築物所在之地。還殘留許多當時的基石，彷彿可一窺當年建築的模樣。現為舉行祭祀儀式的場所。

主郭
御內原　大庭
大隅
平郎門
外郭

主郭
☆しゅかく

曾經是城內最重要的建築物所在之地。還殘留許多當時的基石，彷彿可一窺當年建築的模樣。現為舉行祭祀儀式的場所。

大庭
☆うーみやー

昔日用來舉辦儀式活動的重要廣場。從殘留在建築遺址上的基石，推論當時大庭的周圍還有正殿（主郭）、北殿和南殿等建築物圍繞。

外郭
☆がいかく

由高7m左右的石牆圍起的空間，能一睹宏偉的城牆規模。

在琉球王國統一前的三山時代，曾是統治北部一帶的北山王居城。推論約建於13世紀，由石灰岩塊直接堆砌而成的城牆，運用自然地形勾勒出美侖美奐的蜿蜒線條，構成7個城郭。全長達1500m，規模之大幾乎可與首里城相匹敵。

今帰仁城跡 ●なきじんじょうあと

Mapple Code 4700-0655　MAP 附錄② 12D-2
☎0980-56-4400(今歸仁御城交流中心)
⌚8:00～18:00(5～8月為～19:00)　休無休　¥門票
(今歸仁城跡·歷史文化中心的套票)400日圓　址今帰仁村今泊5101　🚗距許田IC 26km　P免費

遊逛首式小建築
沖繩的傳統民居建築是被稱為「番所」的地方官署。所以今歸仁城內也有諸多保存下來的建築。等著建築遺址和中庭等待訪客親臨。讓您好好深入感受歷史。

遊逛遺產玩！
【Guide Walk】
會由志工嚮導介紹城內景點，於售票處報名即可
☎0980-56-4406(今歸仁御城研究會)
⌚報名8:30～16:00(約需1小時)
休無休　¥免費(事前預約則需付費)

外郭
☆がいかく

CHECK
沖繩櫻花的盛開季節在冬天，今歸仁城跡也是著名的賞櫻名勝，深粉紅的山櫻花於1月下旬到2月上旬間就會在城內美麗綻放。

全日本最早盛開的櫻花

平郎門
☆へいろうもん

今歸仁的正門，目前的門是昭和37年（1962）年時修復完成。左右各設有做為守衛監視之用的狹間。

眼前的壯闊景色讓人為之傾心
沖繩美麗海水族館周邊
絕景海灘

沖繩美麗海水族館
周邊海灘MAP

① 古宇利海灘
⑤ Uppama海灘　② Tinu海灘
③ 翡翠海灘
沖繩美麗海水族館
古宇利島
古宇利大橋
屋我地島
505
84
505
① 瀨底海灘
瀨底島
本部町
もとぶ
58
⑥ Anchi海灘
本部半島
449
許田IC

本區域的海灘都有著宛如明信片般的風景。
只需駕車過橋就能輕鬆前往的小島海灘，更是美不勝收。

地理位置絕佳
人氣No.1的離島海灘

事前 Check!
超方便資訊

洗手間	有
淋浴間	300日圓～
更衣室	有
投幣式寄物櫃	200日圓～
烤肉	不可
浮潛	可

游泳期間 4月下旬～10月中旬
游泳時間 9:00～17:00（7～9月為～17:30）
入場費 免費

① 瀨底海灘　●瀨底ビーチ

位於本部半島近海的瀨底島擁有約700m
長的天然海灘，只需開車越過瀨底大橋即
可輕鬆抵達。美麗漸層湛藍海水的遠方，
還可一望伊江島和水納島。

Mapple Code 4700-0616 **MAP** 附錄② 13C-3
☎0980-47-7000（僅開放期間）休開放期間無
休 址本部町瀨底5583-1 距許田IC 25km
P1天1000日圓

沖繩海灘的小資訊

①一整年都是海水浴季節嗎？

沖繩的海水浴季節為5月上旬～9月下旬。其餘的
季節則視天氣、溫度而定，有時也會很冷，但只
要穿上具保溫性的潛水衣即使冬天也能游泳。

②別忘了做好防曬措施

沖繩的紫外線約為日本本土的5倍。請記得塗抹防
曬乳或穿上衝浪衣、潛水衣，務必做好完善的防曬
對策。

③原則上禁止海灘浮潛

為了保護珊瑚，大多數海灘都禁止個人進行浮潛活
動，若要浮潛請參加有嚮導隨行的行程。

能欣賞未經雕琢的自然風光
及五顏六色的熱帶魚

② Tinu海灘　●ティーヌ浜

古宇利島北部的天然沙灘。海水透明清澈，岸
邊就能看到熱帶魚的蹤影。兩塊岩石重疊後看起來猶如愛心形狀的
「心型岩」是島上最受歡迎的景點，連電視廣告都曾經來取景。

☎0980-56-2256（今歸仁村經濟課）**Mapple Code** 4701-2268 **MAP** 附錄② 12F-1
休開放期間無休 址今歸仁村古宇利 距許田IC 31km P1小時300日
圓左右

游泳期間 4～10月
游泳時間 沒有規定
入場費 免費

事前 Check!
超方便資訊

洗手間	有
淋浴間	300日圓
更衣室	無
投幣式寄物櫃	無
烤肉	不可
浮潛	可

那霸大見特附集錄！①

區域別導覽★
沖繩美麗海水族館周邊 P.24
西海岸度假區 P.38
中部 P.56
首里 P.66
南部 P.74
山原 P.82
飯店導覽 P.88

③翡翠海灘 ●エメラルドビーチ

海灘就座落在沖繩美麗海水族館所在的海洋博公園內。位於沖繩也很稀有的礁湖（潟湖）內，分為遊樂海濱、休憩海濱、眺望海濱三大區塊。閃耀著翡翠般綠色光芒的大海水質優良，已獲日本環境省選定為「百大海水浴場」之一。

Mapple Code 4701-0184　MAP 附錄② 13A-3
☎0980-48-2741（海洋博公園）
休開放期間無休
地本部町石川424 海洋博公園內
距許田IC 27km　P免費

游泳期間 4～10月
游泳時間 8:30～19:00（10月為～17:30）
入場費 免費

事前 Check! 超方便資訊
洗手間………有
淋浴間………免費
更衣室………有
投幣式寄物櫃…100日圓
捕魚…………不可
潛水…………不可

⑤Uppama海灘

Uppama在沖繩方言中為「大沙灘」的意思。正如其名，美麗的沙灘綿延了約1km長。可欣賞近在眼前的古宇利大橋和古宇利島，邊悠閒度過美好的時光。

Mapple Code 4701-1620　MAP 附錄② 12E-2
☎0980-56-2256（今歸仁村經濟課）
休開放期間無休　地今歸仁村運天　距許田IC 24km
P1小時500日圓（利用RESORT HOTEL BEL·PARAISO的停車場）

游泳期間 4～9月
游泳時間 9:00～18:00
入場費 免費

海洋活動
玻璃底船
30分 100日圓
乘著緩緩前行的小艇，觀察由珊瑚、刺河豚和海星等組成的沖繩海底世界吧。

事前 Check! 超方便資訊
洗手間………有
淋浴間………300日圓
投幣式寄物櫃…無
捕魚…………不可
潛水…………可

④古宇利海灘 ●古利ビーチ

古宇利島入口處有著一大片白沙的海灘。屬於淺水海灘，海水清澈，吸引許多闔家出遊的旅客。古宇利交流廣場內設有食堂和咖啡廳。

Mapple Code 4701-2790　MAP 附錄② 12F-2
☎0980-56-5574（リセットジャパン 食と館）
休開放期間無休　地今歸仁村古宇利　距許田IC 24km
P免費（旺季期間另有收費停車場）

游泳期間 4～10月
游泳時間 沒有規定
入場費 免費

事前 Check! 超方便資訊
淋浴間………100日圓
更衣室………無
投幣式寄物櫃…無
捕魚…………不可
潛水…………不可

⑥Anchi海灘 ●アンチ沙灘

越過瀨底大橋後的正下方，就是擁有白砂與透明海水的天然海灘。由於是淺水海灘、波浪較為穩定，所以很受家庭遊客的歡迎。能眺望對岸的本部半島，渡輪行經橋下時的風光也美得像幅畫。

Mapple Code 4701-2216　MAP 附錄② 13C-3
☎0980-47-3641（本部町觀光協會）
休開放期間無休　地本部町瀨底
距許田IC 20km　P免費

游泳期間
游泳時間
入場費 免費

事前 Check! 超方便資訊
淋浴間………250日圓
捕魚…………不可
潛水…………不可

在沖繩美麗海水族館周邊吃午餐

沖繩美麗海水族館的所在地本部町，到處可見販賣沖繩麵的店家。此外，還有能輕鬆大啖沖繩家常菜的食堂、品嘗在地品牌和牛「本部牛」的店家等。

普通　直條麵
鹹甜口味的排骨（肋排）可讓湯頭更添美味

山原そば

開店前就已大排長龍的沖繩麵名店。創業至今近40年，依舊維持不變的好味道。以鰹魚和豬骨為主要食材慢慢熬製的高湯，風味濃郁香醇。

排骨沖繩麵
900日圓

☎0980-47-4552　Mapple Code 4701-1341　MAP 附錄② 12E-3
🕐11:00～15:00（賣完即打烊）　休週一、二
地本部町伊豆味70-1　距許田IC 17km　P免費

そば屋よしこ

招牌的豬腳沖繩麵，湯麵上頭的豬腳軟嫩到幾乎可以用筷子夾開。長時間燉煮而成的豬腳出乎意外地爽口，與搭配的萵苣十分對味。

豬腳沖繩麵
700日圓

Mapple Code 4701-1738　MAP 附錄② 12E-3
☎0980-47-6232
🕐10:00～16:00　休週五（逢假日則營業）　地本部町伊豆味2662
距許田IC 13km　P免費

普通　直條麵
細火慢燉至入味的豬腳與萵苣的絕妙搭配

つる屋

位於本部町營市場附近，深受本地人喜愛的店。傳承上一代好味道的店主，每天從清晨4時就開始著手製麵和熬煮高湯、排骨等備料工作。

排骨沖繩麵（大）
700日圓

Mapple Code 4701-2200　MAP 附錄② 13C-2
☎0980-47-3063
🕐11:15～15:00（賣完即打烊）
休週四、日　地本部町渡久地1-6　距許田IC 23km
P無

寬麵　捲麵
溫潤湯頭、彈牙麵條、軟嫩排骨的完美組合

本部沖繩麵街道是？

以町為單位全力宣傳沖繩麵的本部町，光是連結本部町渡久地和名護市的縣道84號沿路上就有超過20家以上的專賣店。如今整個本部町被稱為「本部沖繩麵街道」，已成為眾所皆知的沖繩麵名勝地。

就在這裡！

為何本部町有那麼多家沖繩麵店呢？

戰前原本是個捕撈鰹魚很盛行的漁村，製作高湯所需的鰹魚產量豐富，魚板店也很多。加上渡久地港是前往周邊離島的據點往來人潮眾多，因此能簡單食用的沖繩麵大受歡迎。

32

那霸 大見特附集錄！①

區域別導覽

沖繩美麗海水族館周邊 P.24

西海岸度假區 P.38

中部 P.56

首里 P.66

南部 P.74

山原 P.82

飯店導覽 P.88

ToTo la Bebe Hamburger

トトラベベハンバーガー

每天早上於店內烘焙麵包、將黑毛和牛等3種肉混合做成肉醬、以八重岳的山櫻花木燻製成培根等，所有一切堅持自家製的漢堡專賣店。

Mapple Code 4701-2779
MAP 附錄② 13C-3
☎0980-47-5400
⏰11:00～15:00 休週四、五
地本部町崎本部16
🚗距田IC 20km P免費

↑店內也設有寬敞的榻榻米座位

特製漢堡
1200日圓
粗挽絞肉牛肉醬與燻製厚切培根的人氣No.1

扁平麵 直條麵
鰹魚香氣馥郁的樸實風味高湯，與豬肉&魚板的經典搭配

以紅醬為底的披薩(中) 2200日圓
軟Q的鬆厚餅皮加上滿滿的濃稠起司

沖繩麵(大) 650日圓

沖繩そばの専門店 きしもと食堂

自開店以來味道始終如一的沖繩麵老店。富有嚼勁的麵條是採用傳統製法以木荷的灰水揉製而成，與鰹魚熬煮的湯頭相當搭配。

Mapple Code 4700-1100
MAP 附錄② 13C-2
☎0980-47-2887
⏰11:00～17:30 (賣完即打烊)
休週三
地本部町渡久地5
🚗距許田IC 23km P免費

花人逢

由愛好骨董的老闆自行設計出符合古民家風格的室內佈置，店內只提供披薩、沙拉和飲料。擁有能一望本部半島和大海的絕佳視野，可享受悠閒舒適的片刻時光，夕陽美景也很迷人。

Mapple Code 4701-1158
MAP 附錄② 12D-2
☎0980-47-5537
⏰11:30～18:30
休週二三、舊曆盂蘭盆節
地本部町山里1153-2
🚗距許田IC 22km P免費

↑紅瓦屋頂的另一頭就是遼闊的大海

紀乃川

以本部町當地蔬菜為食材的沖繩炒什錦、每天早上到魚市場採買鮮魚烹調的菜色、自家製花生豆腐等，沖繩的家常菜應有盡有。午餐時段的話得有排隊候位的心理準備。

Mapple Code 4701-1345
MAP 附錄② 13C-3
☎0980-47-5230
⏰11:00～15:00、17:30～20:30 休週一、舊曆盂蘭盆節 地本部町健堅603 🚗距許田IC 21km P免費

↑以和式座位為主的輕鬆氛圍

酥炸烏尾鮗
1000日圓～(時價)
將沖繩縣魚烏尾鮗下鍋酥炸，連魚骨都能輕鬆咬碎

自家製花生豆腐
300日圓
花生風味香濃的招牌甜點

門庭若市的紅豆冰店
新垣ぜんざい屋

●あらかきぜんざいや

創業50多年、在當地具有超高人氣的紅豆冰店。以柴薪為燃料熬煮8小時的鬆軟金時大紅豆搭配爽口的刨冰，店家門口總是排滿著人就是為了品嘗這一味。

Mapple Code 4700-0986
MAP 附錄② 12D-2
☎0980-47-4731
⏰12:00～18:00 (賣完即打烊)
休週一 (逢假日則翌日休)
地本部町渡久地11-2
🚗距許田IC 23km P無

↑深獲當地人青睞的店

紅豆冰 250日圓
沖繩紅豆冰是使用金時大紅豆、而非紅豆

燒肉もとぶ牧場 もとぶ店

身為生產本部町品牌和牛「本部牛」的牧場直營店，價格實在的這點著實令人開心。肉質柔嫩、帶有獨特的鮮味，烤肉食材則從常見的牛里肌、牛五花到稀有部位都一應俱全。

Mapple Code 4701-2084
MAP 附錄② 13C-2
☎0980-51-6777
⏰11:00～14:30、17:00～21:30
休無休 地本部町大浜881-1
🚗距許田IC 23km P免費

↑店內空間寬敞可容納100人以上

沙朗鐵板燒套餐 6000日圓～
附前菜、沙拉、湯品等

在蔥蘢綠意間感受閒情逸致

座落於沖繩大自然中的森林咖啡廳舒適宜人，能享受清新的空氣與緩緩流逝的時光。

森林咖啡廳

能聽見森林呼吸聲的慢活咖啡廳

森林度

Cafe ichara

est time
15:00～16:00
下午3時以後陽光變得柔和，露天座位也陰涼許多。

建於山原森林遼闊的溪谷。提供自家製窯烤披薩以及嚴選食材的健康餐點，裝盛料理的器皿則是來自當地陶藝家的作品。

📞0980-47-6372　Mapple Code 4701-1162　MAP 附錄② 12E-3
🕚11:30～16:15　休週二、三(逢假日則營業)
址本部町伊豆味2416-1　距許田IC 17km　P免費

↑座落於溪谷的獨棟建築

蛋糕（紅蘿蔔&南瓜）放上黑芝麻醬的媽媽400日圓

在綠意環抱的白色洋房度過美味時光

est time
11:00～14:00
於天花板挑高、時尚裝潢的店內，享用極品的全餐料理。

森林度

森の食堂smile spoon

座落在綠意盎然山林中的白色洋房，讓人宛如置身國外。可於擺設大量骨董家具、營造悠閒步調的店內，細細品嘗精心製作的全餐料理。

Mapple Code 4701-2336　MAP 附錄② 12E-3
📞0980-47-7646
🕚11:00～17:00　休週日、一　址本部町伊豆味2795-1　距許田IC 15km　P免費

↑最推薦採光舒適的靠窗座

每週替換菜色的餐點1500日圓～，肉和蔬菜兩種全餐的飲品皆可續杯

蔥蘢森林中的優雅獨棟建築

est time
11:30～14:00
一定要嘗嘗以大量沖繩食材入菜的招牌盤餐，一天只限量25份，要吃請早。

森林度

Cafeハコニワ

由50年歷史的古民家改裝而成，入內需脫鞋的店家內置有手作餐桌和二手家具，呈現出摩登復古的氛圍。以老闆的祖母自己栽種的蔬菜等在地食材烹調的料理，評價很高。

Mapple Code 4701-1739　MAP 附錄② 12E-3
📞0980-47-6717
🕚11:30～17:30　休週三、四　址本部町伊豆味2566　距許田IC 14km　P免費

↑從窗外有柔和光線透入的店內
↑一天限定25份的本日招牌盤餐900日圓

蟲鳴鳥叫蝶舞翩翩的悠閒空間

est time
15:00～17:00
備有多款沖繩點心，就瞄準午後3時的點心時間前往吧！

森林度

やちむん喫茶 シーサー園

建於茂密樹林間、別具風情的紅瓦屋頂咖啡廳，沖繩風什錦燒和黑糖紅豆冰都很受歡迎。店內還售有陶器和西沙獅。

Mapple Code 4700-0959　MAP 附錄② 12D-3
📞0980-47-2160　🕚11:00～19:00
休週一、二(逢假日則營業)　址本部町伊豆味1439　距許田IC 18km　P免費

↑能見到許多隻西沙獅的2樓緣廊座
↑搭配甘甜金時大紅豆的黑糖紅豆冰400日圓

那霸大見特附錄！①

區域別導覽

沖繩美麗海水族館周邊 P.24

西海岸度假區 P.38

中部 P.56

首里 P.66

南部 P.74

山原 P.82

飯店導覽 P.88

療癒人心的沖繩蔚藍大海

海岸咖啡廳

來到沖繩絕不可錯過的體驗，就是享受眺望海面波光粼粼的片刻悠閒。坐在露天座賞景，享受一段難得的奢侈時光吧。

欣賞伊江島的絕佳地理位置

➔夏天限定的冰淇淋甜點 650日圓

海洋度 ★★★★★
從全景觀賞的露天座即可直接走下沙灘。

Best time
18:00～日落
沉入海平面的夕陽與島影的對比美得讓人動容。

CAHAYA BULAN
ちゃちゃブラン

彷彿隱身於備瀨的福木林蔭道間的新亞洲風咖啡廳。除了露天座外，從店內的大片窗戶也能欣賞海景。果昔、南國乳酪蛋糕等甜點的選項豐富多樣。

➔從露天座望出去的夕陽景致

Mapple Code 4701-2015　MAP 附錄② 13C-1
☎0980-51-7272
⏰12:00～日落　休週三、四（7～9月僅週三）　地本部町備瀨429-1
🚗距許田IC 30km　P免費

享受在地美味食材與古宇利島風光

海洋度 ★★
從寬敞露台眺望側旁的古宇利大橋下，絢爛絕佳景觀能將大海另一端的古宇利島。

Best time
正午前後
當太陽高掛正上空，土耳其藍的海面會閃爍著耀眼光芒。

美らテラス
ちゅらテラス

在可將古宇利大橋和土耳其藍的大海盡收眼底的絕景之地，享用以當地食材製成的西餐和南國水果的果昔。店內還售有屋我地島產的海葡萄等。

Mapple Code 4701-2882　MAP 附錄② 12F-2
☎0980-52-8082　⏰10:00～18:00
休無休　地名護市濟井出大堂1311
🚗距許田IC 20km　P免費

➔龍蝦醬義大利麵 1800日圓

➔就位於古宇利大橋旁

聽著舒服的海浪聲享受自在放鬆的片刻

海洋度 ★★★
不僅限露天座，連店內也能飽覽大海景色。只需定一簾拱雲的小露天涼台，則是絕對的絕佳的避暑特點。

Best time
11:30～16:30
以料理自豪的咖啡廳，大力推薦來這兒品嘗午餐。晚上為預約制。

海辺のカフェレストラン&宿 かぬたん
うみべのカフェレストランアンドやどかぬたん

以所在位置為傲的咖啡廳，放眼望去即遼闊的北部海域。本地產的豬肉和魚、自家種植的有機蔬菜和香草烹調的料理，堪稱絕品。可邊聽著浪濤聲，邊過悠閒愜意的時光。

Mapple Code 4701-2338　MAP 附錄② 12D-1
☎0980-48-4771　⏰11:30～16:00、18:00～21:00（晚上為預約制）　休週四（旺季期間無休）　地本部町具志堅632-1　🚗距許田IC 28km　P免費

➔從店內的靠窗座即可眺望海景

➔直徑15cm的海辺de まぎ～漢堡（大份）1080日圓

本部半島的美麗景致與瀨底島的舒適海風

海洋度 ★★
能眺望瀨底海灘近距，可一覽瀨底與瀨底大橋的露天座則使療養味本休無餘。

Best time
正午前後
天空藍的大海在陽光直射時最為美麗，瀨底大橋的白色拱型也相當吸睛。

Cafe UKA UKA
カフェウカウカ

佇立於高地上，眼前的景色即橫跨至本島的瀨底大橋和本部半島。可享用以沖繩食材烹調的手作慢食，以及顏色鮮豔的特調花草茶。

Mapple Code 4701-2340　MAP 附錄② 13C-3
☎0980-47-4774
⏰11:30～16:00　休週二　地本部町瀨底2281-1
🚗距許田IC 24km　P免費

➔有許多饒富熱帶風情的飲品

➔建於越過瀨底大橋後的高地上

到復古食堂來碗蓬鬆的刨冰

ひがし食堂

○ひがししょくどう

美食

充滿沖繩風情的大眾食堂，有沖繩料理的炒什錦定食和沖繩麵等豐富菜色。搭配甘甜鬆軟的金時大紅豆，以清透細緻、鬆散的碎冰廣受好評的刨冰有21種口味。

☎0980-53-4084 Mapple Code 4701-1884 MAP 附錄② 12 E-4
L 11:00～18:30 休 無休
址 名護市大東2-7-1
距許田IC 7km
P 免費

➡三色刨冰（左）280日圓和紅豆湯圓牛奶冰（右）360日圓

輕鬆氛圍中品嘗沖繩料理

名護曲レストラン

○なぐまがいレストラン

美食

提供15種沖繩麵、什錦炒苦瓜定食850日圓、紅燒豬腳定食1050日圓等沖繩料理，以及新鮮海產、牛排、日本料理、西餐等超過200道以上的菜色。

☎0980-53-5498 Mapple Code 4700-0961 MAP 附錄② 10 E-1

L 11:00～21:30(週六日、假日為～22:00) 休 無休
址 名護市世冨慶574
距許田IC 6km
P 免費

⬅位於國道58號旁，以「めんそーれ」大招牌為醒目標誌

帶木炭燻香風味的木灰沖繩麵

かりー亭

○かりーてい

美食

除了沖繩麵外，還提供豐富多樣沖繩料理的居酒屋。「かりー」在沖繩方言中有祝賀、乾杯的意思。木灰沖繩麵是使用揉入木灰水上層清澈汁液的特製麵條，為店主的自信之作。

☎0980-47-5657
Mapple Code 4701-2199
MAP 附錄② 12 D-2
L 17:30～24:00 休 週日
址 本部町伊野波323-1
距許田IC 21km
P 免費

➡木灰沖繩麵850日圓

沖繩麵和沖繩家常菜

八重善

○やえぜん

美食

能享用以沖繩麵為主的家常菜，其他還有苦瓜定食730日圓、八重御膳950日圓等。湯頭與墨魚汁絕妙搭配的墨魚沖繩麵，是一天只有10份的限定菜色。

☎0980-47-5853 Mapple Code 4701-0299 MAP 附錄② 12 D-2

L 11:00～18:00（賣完即打烊）
休 週二（逢假日則翌日休） 址 本部町並里342-1 距許田IC 20km P 免費

⬅墨魚沖繩麵910日圓

⬅坐上自動行駛的小車遊逛園內

坐小車遊覽熱帶植物園

名護鳳梨公園

○ナゴパイナップルパーク

玩樂

園內栽種了約200種類的鳳梨，能夠瞭解鳳梨從生長到結果的過程。ハイサイ市場（伴手禮區）和鳳梨酒館內，還可試吃鳳梨、試喝鳳梨酒和果汁。

☎0980-53-3659 Mapple Code 4700-0956 MAP 附錄② 12 E-3
L 9:00～18:00（搭乘鳳梨號受理～17:30） 休 無休
¥ 門票600日圓 址 名護市為又1195
距許田IC 13km P 免費

大啖肉質鮮嫩無比的鐵板燒

ステーキハウス 朝日レストラン

○ステーキハウスあさひレストラン

美食

提供廚師在客人面前現煎牛排服務的牛排館。直接生吃也沒問題的新鮮澳洲產菲力牛排（腰內肉），烹調前已先去筋，因此口感軟嫩。

☎0980-52-4251 Mapple Code 4701-0462 MAP 附錄② 12 E-4
L 17:00～21:00 休 週四、舊曆盂蘭盆節 址 名護市為又1219-215 距許田IC 13km P 免費

➡BIG牛排（300g，數量有限）3000日圓

在沖繩麵店享用巴西家常菜

ブラジル食堂

○ブラジルしょくどう

美食

推薦的巴西菜有黑豆飯（牛肉和黑豆的燉飯）、巴西炸餃子（Pastel）等，豬骨湯頭的清爽沖繩麵（大670日圓）也很有人氣。

☎0980-53-5045 Mapple Code 4700-0657 MAP 附錄② 12 E-4
L 11:30～16:30
休 週一（逢假日則翌日休）
址 名護市宇茂佐1703-6
距許田IC 12km
P 免費

➡巴西國旗的正中央是碗沖繩麵

於瓦片屋頂的獨棟餐廳品嘗傳統麵

新山そば

○しんざんそば

美食

1925年創業的沖繩麵店。以富嚼勁的扁平寬麵、混合阿古豬大骨湯和鰹魚高湯的湯頭為特色。豬腳沖繩麵上有豬腳、海帶結、油豆腐等。

☎0980-53-3354
Mapple Code 4701-0649
MAP 附錄② 12 E-4
L 10:00～18:00 休 無休
址 名護市大東1-9-2
距許田IC 8km P 免費

➡放了3塊軟嫩豬腳的豬腳沖繩麵600日圓

樂趣無窮的最新觀光工廠

Orion啤酒名護工廠

○オリオンハッピーパーク

景點

所有Orion啤酒都是出自這家沖繩在地唯一的製造工廠。參觀完生產線後還可到試喝會場品嘗現榨的Orion生啤酒，也設有餐廳和商店。

☎0980-54-4103 Mapple Code 4700-0971 MAP 附錄② 12 E-4

L 參觀受理9:20～16:40（預約制） 休 無休
¥ 免費參觀 址 名護市東江2-2-1 距許田IC 8km
P 免費

⬅在嚴謹的品質管理下孕育出的Orion啤酒

親近海洋動物和傳統文化

本部元氣村

○もとぶげんきむら

玩樂

提供能與海豚親密接觸的海豚互動體驗，以及獨木舟、風帆、釣魚等體驗活動。還有陶藝、紅型、三線琴等文化體驗。

☎0980-51-7878
Mapple Code 4701-1740
MAP 附錄② 13 A-4
L 8:00～16:00 休 無休
¥ 海豚互動學校6480日圓
址 本部町浜元410
距許田IC 27km P 免費

⬅可以觸摸海豚或是一起悠游

搭小火車造訪亞熱帶世界

Neo Park Okinawa 名護自然動植物公園

○ネオパークオキナワなごしぜんどうしょくぶつこうえん

玩樂

園內分成紅鶴湖、亞馬遜叢林、非洲大草原等各區域，在自然的狀態下飼育各式各樣的動植物。也不妨坐上沖繩輕便鐵道的小火車環繞園內一周。

☎0980-52-6348 Mapple Code 4700-1084 MAP 附錄② 12 E-4
L 9:00～17:00 休 無休
¥ 門票660日圓、沖繩輕便鐵道車票660日圓 址 名護市名護4607-41 距許田IC 12km P 免費

➡可近距離觀察動物

⬆約20分鐘的輕便鐵道小火車之旅

那霸 大見特集錄！① 附

區域別導覽

沖繩美麗海水族館周邊 P.24

西海岸度假區 P.38

中部 P.56

首里 P.66

南部 P.74

山原 P.82

飯店導覽 P.88

新舊齊聚一堂的市場

本部町營市場
○もとぶちょうえいいちば

購物

本部町內的公設市場。
內有服飾店、日用品
店、生魚片店等，還保
留懷舊的氛圍，但同時
也有許多家精美的雜貨
店和咖啡廳。

↑位於鰹魚小鎮——本部町

☎0980-47-2700（本部町商工觀光課）
Mapple Code 4701-2204　MAP 附錄② 13 C-2
🏠本部町渡久地4　🚗距許田IC 23km　🅿免費

●みちくさ
自家烘焙咖啡店，咖啡豆
100g售價500日圓。

☎090-6865-7720
🕐10:00〜18:30　休無休

→↑冰咖啡
390日圓和黑
糖蘭姆起司
蛋糕300日圓

もとぶしょうてん
●もとぶ商店
有沖繩風什錦飯調理包
「かつおめし」鰹魚飯、
本部沖繩麵T恤（2000日
圓〜）等多樣商品。

☎0980-47-7739
🕐11:00〜17:00左右
休週一、二

→かつおめし320日圓

山丘上的藝術空間

cafe haru
○カフェハル

咖啡廳

位於可眺望東海景色的小山丘上。老闆本身也
是一位知名的藝術家，享用餐點、甜點的同時
還能欣賞店內擺設的作品。推薦甜點是金時雪
酪（700日圓）。

☎0980-48-2700　Mapple Code 4701-1161

🕐12:00〜18:00
休週一、二（逢
假日則營業）
🏠本部町具志
堅731-1
🚗距許田IC 30km
🅿免費

↑眺望海景度過愜意時光

山原特產品區最受歡迎

やんばる海の駅
○やんばるうみのえき

購物

在海底熟成的泡盛酒、以海中生物為主題的飾
品等都頗受好評，還能吃到海葡萄海鮮蓋飯之
類的海鮮料理。

☎0980-51-7700（沖繩MAHAINA健康渡假飯店）
Mapple Code 4701-1359　MAP 附錄② 13 A-4

🕐7:00〜22:00（因店
而異）　休無休　🏠本
部町山川1421-1
🚗距許田IC 26km
🅿免費

→預計於2016年秋天
後進行整修工程

在大自然中享用手打麵

そば処 夢の舎
○そばどころゆめのや

美食

將位於本部町山區的古民家改裝而成的沖繩麵
店。店主是一位陶藝家，揉進榕樹木灰的手打
麵以獨特的捲曲度與彈牙口感為特色。湯頭則
使用本部町特產的鰹魚。

☎0980-48-4529　Mapple Code 4701-1482　MAP 附錄② 12 D-2
🕐11:00〜17:00（賣完即打烊）　休週一（逢假日則翌日
休）　🏠本部町古島兼增原794-2　🚗距許田IC 27km
🅿免費

→放上大量海
葡萄和三層肉
的海葡萄沖繩
麵1000日圓

→房子前面有一大
片草坪庭院

↑別有一番風情的古民家

在小島放鬆休息一下

古民家cafe 喜色
○こみんかカフェきいろ

咖啡廳

座落於屋我地島，一間由家族經營的古民家咖啡
廳，供應以本地蔬菜和自製豆腐為食材的料理。有
以少量多樣方式品嘗沖繩料理的喜色御膳，以及肉
和魚的當週特餐、豆腐花等。

☎0980-52-8126　Mapple Code 4701-2404　MAP 附錄② 12 F-2
🕐11:00〜18:00
休週一〜三
🏠名護市饒平名19
🚗距許田IC 18km
🅿免費

→喜色御膳1300日圓

充滿歷史韻味的百年老屋

百年古家 大家
○ひゃくねんこかうふやー

咖啡廳

將百年古民家移建過來並重建復原的店家。從
緣廊座位可一望眼前的清涼瀑布，以及店內空
氣中洋溢的輕鬆自在感，都讓人感到療癒。餐
點以沖繩麵為主，也備有甜點菜單。

☎0980-53-0280　Mapple Code 4701-0994　MAP 附錄② 12E-3
🕐11:00〜16:30、18:00〜21:00
休無休　🏠名護市中山90
🚗距許田IC 13km　🅿免費
→廣大腹地內古民家林立

→黑糖口味的大家泡芙
300日圓

西海岸度假地區

以恩納村為中心的海岸一帶是沖繩屈指的度假區。可一路遊逛散佈在國道58號線旁的絕景海岬和海灘，最後抵達飯店享受悠閒愜意的夜晚時光。

最佳兜風路線看這裡！

7 16:00	6 14:00	5 12:50	4 12:10	3 11:20	2 10:00	1 9:30
沖繩萬豪度假酒店	Mission Beach	Hawaiian Pancake House Paanilani	萬座毛	殘波岬	陶器之鄉	石川IC
車程15分	車程15分	車程10分	車程60分	車程25分	車程30分	

······ 行駛路線

海灘 BEST

放鬆心情享受海邊戲水樂
Mission Beach ●ミッションビーチ

由教會管理的沙灘，周圍環繞著樹林綠意和天然岩場。可在彷彿置身私人海灘的氛圍下，享受海水浴和水上活動。

Mapple Code 4701-1619　MAP 附錄② 11C-2

☎098-967-8802　⌚游泳為4月下旬～10月下旬9:00～18:00　休開放期間無休　入場費300日圓　地恩納村安富祖2005-1　距許田IC 7km　P1天300日圓

景觀

欣賞晚霞絕景的勝地
夕陽之丘 ●アカティーダバンタ

Akatida Banta在沖繩方言中意為「紅色太陽之崖」，是觀賞夕陽的著名景點。

Mapple Code 4701-3155　MAP 附錄② 11C-2

☎098-966-1280（恩納村商工觀光課）　⌚自由參觀　址恩納村恩納安富祖1583　距許田IC 10km　P免費

萬座毛 ④
洲際酒店
萬座海濱度假村

58
なかむらそば
58

⑤ Hawaiian Pancake House Paanilani

アカティーダ・バンタ
夕陽之丘
恩納岳

⑥ Mission Beach
⑦ 沖繩萬豪度假酒店

沖繩Kariyusi
海灘渡假海洋SPA

CLOSE UP

國道58號（山側）

與濱海兜風路線的國道58號相對，是另外一條靠山側行駛的國道58號。沿路上沒有紅綠燈，為熱門的捷徑路線。

104
329
金武IC
宜野座IC
329

咖啡廳 BEST

散發酪奶香氣的Q軟鬆餅
Hawaiian Pancake House Paanilani
●ハワイアン パンケーキ ハウス パニラニ

夏威夷風味的鬆餅專賣店。使用大量酪奶製成的原創鬆餅，份量十足。早上7時就開店營業的這點也很讓人開心。

培根排鬆餅
1000日圓

P.47

NEW SPOT!

恩納村文化資訊中心
○おんなそんぶんかじょうほうセンター

2015年開幕，附屬於恩納村博物館的設施。除了提供恩納村的觀光資訊外，還規劃有圖書館資訊區和展望室，能邊眺望海景邊享受閱讀的樂趣。停車場備有電動車充電器，可免費使用30分鐘。

能製作自己專屬地圖的「Field Navi」

Mapple Code 4701-3143　MAP 附錄② 11A-2

☎098-982-5432　⌚10:00～19:00（觀光區為～18:00，週六、日、假日為～17:00）　休週一、6月24日、假日翌日　費免費入館　址恩納村仲泊1656-8　距石川IC 4km　P免費

天氣晴朗時可從展望室遠眺伊江島和真榮田岬

西海岸度假區 是這樣的地方

絕景海岬

本島最著名的觀光景點萬座毛、白色燈塔很適合入鏡的殘波岬等絕景海岬散佈，能將鈷藍色的東海景致盡收眼底。也絕對不能錯過將大海染上艷麗色彩的日落美景。

飯店海灘

度假飯店的海灘，擁有管理完善、設備充實、水上活動豐富的魅力。即便非住宿客也能利用設施，不妨挑選個自己喜歡的海灘吧。

陶器

位於讀谷村的陶器之鄉，將陶藝工房、藝廊、傳統的登窯等全都齊聚一堂。可邊隨意閒逛，邊挑選一件作品當做旅遊的回憶。

BEST 景觀
白色燈塔與碧海相對
殘波岬 ●ざんぱみさき
斷崖絕壁綿延2km長的讀谷村海岬。
P.43

殘波岬

BEST 玩樂活動
以青之洞窟聞名的潛水聖地
真榮田岬
擁有潛水和浮潛著名景點的海岬，以及能入內一探究竟、擁有超高人氣的「青之洞窟」。清澈的海裡有許多熱帶魚悠游，可體驗餵餌食的樂趣。
P.43

海灘
感受濃郁的南國風情
Moon Beach
Hotel Moon Beach專屬的月牙形天然海灘。
P.44

海灘
耀眼奪目的天然白砂
Tiger Beach
沖繩蒙特利水療度假酒店附設的海灘。
P.45

BEST 景觀
沖繩本島屈指的美麗海景
萬座毛 ●まんざもう
本島最著名的絕景海岬，名稱出自琉球國王尚敬「可供萬人齊坐之地」的詠嘆。不論是可一覽蔚藍海景的白天，或是能欣賞壯麗景致的日落時分都很推薦。
P.40

BEST 美食
鮮魚店直營的正統派餐廳
大木海產物レストラン
能依個人喜好的烹調方式享用現撈現捕的近海鮮魚。
P.46
鹽水煮魚定食1728日圓（時價）

殘波入口

部瀬之郷

真榮田岬

青之洞窟

琉球村

山田

沖繩蒙特利水療度假酒店

富著卡福度假公寓・酒店

Tiger Beach

Moon Beach

カフェ土花土花

恩納

NEW SPOT!
恩納村文化資訊中心

BIOS之丘

石川岳

石川IC

屋嘉IC

CLOSE UP
恩納村文化資訊中心

伊良皆

喜名

東南植物樂園

沖繩北IC

登川

BEST 購物
恣意漫遊其間尋找心儀的器皿
陶器之鄉 ●やちむんのさと
從傳統的酒器到時尚的碗盤，沖繩的工藝品「陶器」樣式豐富。陶器之鄉內登窯、工房林立，鄰近一帶還設有讀谷村共同販賣中心等。
P.50

BEST 咖啡廳
超廣角的海景
カフェ土花土花
陶藝窯場附設的咖啡廳，地理位置絕佳可飽覽大海風光。
P.47

BEST 美食
賣相驚人的招牌沖繩麵
なかむらそば
面海而建的沖繩麵店。添加特產菁海菜（一重草）的湯麵入口後散發出滿滿的海味，風味獨特。從店內的大片玻璃窗即可眺望海景。
P.41
青海菜沖繩麵（中）700日圓

CLOSE UP
おんなの駅 なかゆくい市場
●おんなのえきなかゆくいいちば
除了火龍果、芒果等水果外，還售有海產、農作物、在地工藝家的作品。蔬果汁也很受歡迎。

Mapple Code 4701-0996
MAP 附錄② 11A-2
☎ 098-964-1188
🕙 10:00～19:00 休 無休
址 恩納村仲泊1656-9
🚗 距石川IC 4km
P 免費

熱帶水果冰山 1000日圓
龍珠1個100日圓

從國道58號眺望的海景超棒

39

白水木

林投

讓人驚豔的無敵海景視野

萬座毛

＆絕景海岬３選

西海岸地區面朝翠綠色的東海，有萬座毛與許多以景觀自豪的海岬。以下是最值得一遊的絕景海岬及各海岬的焦點介紹。

天然紀念物的植物群落

VIEW POINT

萬座毛一帶是由琉球石灰岩所組成，野生的石灰岩植物群落已被指定為沖繩縣的天然紀念物。結縷草群落、有鳳梨狀果實的林投等都十分顯眼，皆屬於萬座毛的特有種。

震撼力十足的斷崖絕壁

VIEW POINT

從斷崖往下俯瞰大海，直叫人心跳加速手心冒汗。崖高約20m，相當於6層樓高的大樓。為防止意外請勿跨越柵欄。

斷崖絕壁高聳險峻 本島數一數二的風景名勝

天然形成的斷崖與清澈透明的海水美得令人屏息

象鼻"即這個斷崖

危險！絕對禁止跨越柵欄

C

B

D

榕樹

石斑木

A

結縷草群落
一整片廣闊的草原，亦是「萬座毛」一名的由來

高麗芝群落

林投

E

林投

步道繞行一周約10分鐘，即使邊拍照邊慢慢逛，也只需20分鐘左右。

可容納50輛車的免費停車場。觀光旺季期間經常客滿。

停車場的兩側有許多沖繩伴手禮的商店

扶桑花西沙獅 800日圓

萬座毛磁鐵 500日圓

海岬導覽

步道繞行一圈約10～20分鐘。若從那霸開車過來，請於國道58號的恩納交叉路口左轉，接著往萬座毛入口的交叉路口左轉後再行駛約800m。觀光旺季期間停車場可是一位難求。

萬座毛

●まんざもう

隆起於海面的珊瑚礁斷崖，外型猶如象鼻。崖上覆蓋著一片天然草地，周圍則設有步道。腳底下的遼闊大海顏色千變萬化，日落時分的夕陽美景更是美不勝收。

Mapple Code 4700-0618 **MAP** 附錄② 11B-3

☎ 098-966-1280（恩納村商工觀光課）
自由參觀　恩納村恩納
距屋嘉IC 6km　免費

西海岸有多處絕景海岬

行經西海岸地區的國道58號周邊，海岬、海灘等景點連成一長串。邊眺望海景邊兜風真是無比的享受！

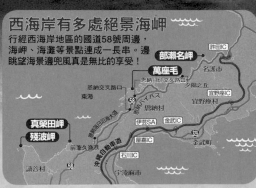

部瀨名岬

萬座毛

真榮田岬

殘波岬

許田IC

名護市

夕野座IC

宜野座村

金武IC

金武町

石川IC

讀谷村

座喜味麻市

40

車程10分內的 周邊美食景點

車程5分 散發濃濃海味的個性派沖繩麵

青海菜沖繩麵（中）700日圓

なかむらそば

面朝東海的沖繩麵店。自家製麵條吸附了濃郁的鰹魚湯頭，搭配的豬肉份量飽滿。推薦菜是添加特產青海菜（一重草）的青海菜沖繩麵。

☎098-966-8005　Mapple Code 4701-0454　MAP 附錄② 11C-3
⏰11:00～20:00　休無休　址恩納村瀬良垣1669-1
🚗距屋嘉IC 7km　P免費

車程3分 充滿幸福感的南國甜點

芒果山聖代 2000日圓（季節限定）

田中果実店
●たなかかじつてん

店內陳列著使用新鮮沖繩水果製作的聖代、果醬、夏威夷風彩虹刨冰等。夏天還有以一整顆芒果製成的奢侈甜點「芒果山聖代」，十分受歡迎。

☎070-5279-7785　Mapple Code 4701-2594　MAP 附錄② 11B-3
⏰11:00～19:00　休週二、三　址恩納村瀬良垣2503
🚗距屋嘉IC 7km　P免費

車程3分 可當零食享用的著名甜點

龍珠100日圓

琉球銘菓 三矢本舖 恩納店
●りゅうきゅうめいかみつやほんぽおんなてん

沖繩當地還有好幾家分店的開口笑專賣店本店，提供黑糖、巧克力、摩卡等多種風味。獨特彈牙口感深受好評的龍珠，一天只限量100個。

☎098-966-8631　Mapple Code 4701-2757　MAP 附錄② 11B-3
⏰9:00～18:00　休不定休　址恩納村恩納2572-2
🚗距屋嘉IC 6km　P免費

夕陽的名勝地 B 📷

VIEW POINT
萬座毛是知名的夕陽景點，能欣賞太陽緩緩沉入海平面的美景，眼前大海千變萬化的顏色也十分迷人。每當接近黃昏時分，就吸引許多來看夕陽的人潮。

查詢日落時刻

2015年12月	17:39	6月	19:23
2016年 1月	17:58	7月	19:24
2月	18:21	8月	19:05
3月	18:38	9月	18:33
4月	18:53	10月	18:01
5月	19:09	11月	17:39

從對岸看見的萬座海灘

VIEW POINT
步道的終點附近能看到對岸的洲際酒店萬座海濱度假村，飯店的右手邊就是擁有美麗淺藍色礁岩和白砂沙灘的萬座海灘。 D 📷

漂浮於海上的夫婦岩

將祭祀聖觀音和慈母觀音的兩座岩石以繩子相連而成的夫婦岩，以前還有座掛著「沉海」匾額的鳥居。

將萬座毛之歌獻給國王的女歌人

立有歌人恩納鍋的歌碑，她曾於尚敬王造訪萬座毛時即興吟詠了一首琉歌。恩納鍋是18世紀琉球最具代表性的女歌人。

VIEW POINT
琉球王國時代尚敬王「可供萬人齊坐之地」的詠嘆，即為萬座毛的名字由來。「毛」為草原之意，指的是斷崖上的平坦部分。 E 📷

曾經讓尚敬王讚嘆不已的名勝

位於The Busena Terrace 後方的
海岬公園

在熱帶魚悠游的海洋樂園享受度假氛圍

部瀨名岬

玻璃底板下的浩瀚海洋世界

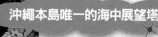

部瀨名海中公園
●ブセナかいちゅうこうえん

位於沖繩海岸國定公園的前端，瀰漫著南國度假氣氛的公園。有海中展望塔和鯨魚造型的玻璃底遊艇，不需要更換泳裝就能一窺海底世界的奧妙。

Mapple Code 4701-1353　MAP 附錄② 10D-2

☎0980-52-3379

🕐自由入場(海中展望塔為9:00～17:30、玻璃底遊艇為9:10～17:30，有季節性差異)
🈚無休　💴免費入場(海中展望塔1030日圓、玻璃底遊艇1540日圓，海中展望塔和玻璃底遊艇的套票2060日圓)　📍名護市喜瀨1744-1　🚗距許田IC 5km　🅿免費

海岬導覽

與飯店共用的停車場可容納200輛車，入場時告知要前往部瀨名海中公園，即可免費利用。園區內可步行遊逛或是搭乘接駁巴士，享受散步樂趣。

從停車場附近的海濱休息室到海中展望塔有免費的接駁巴士運行，依季節於9～18時左右每隔20分鐘一班車

VIEW POINT

搭乘底部為玻璃材質的獨特鯨魚造型遊艇，前往近海周遊一圈。可在清澈能見度高的海域中觀察約20分鐘，欣賞棲息在這片大海中的繽紛魚群，依當天海況還有機會能體驗餵食魚餌。

車程10分內的
周邊美食景點

步行3分鐘　到絕景咖啡廳休息一下

萬國津梁館Café Terrace
●ばんこくしんりょうかんカフェテラス

位於2000年舉行九州‧沖繩八國高峰會的主會場「萬國津梁館」內的咖啡廳。從窗戶即可眺望部瀨名岬的美景，據說當時也讓各國領袖都讚嘆不已。

Mapple Code 4701-1373　MAP 附錄② 10D-2

☎0980-53-3155

🕐10:00～16:30　🈚不定休　📍名護市喜瀨1792 萬國津梁館內　🚗距許田IC 5km　🅿免費

雅子王妃聖代
700日圓

沖繩本島唯一的海中展望塔

VIEW POINT

海中展望塔位於由海岬延伸170m的棧橋盡頭，沿著螺旋梯往下走就能看到熱帶魚的世界。即使天候稍微不佳也不會妨礙觀賞，因此相當推薦。

延伸至海上的棧橋同時也是一條散步道

那霸
大見特附錄
①

沖繩美麗海水族館
P.14

區域別
導覽

中部
P.56

首里
P.66

南部
P.74

山原
P.82

飯店導覽
P.88

夕陽美景有口皆碑
也吸引許多當地人造訪

殘波岬

餘暉染紅天際時的
美麗燈塔剪影

殘波岬
●ざんぱみさき

位於讀谷村西北端的海岬，聳立於斷崖上的白色燈塔相當醒目。周邊有規劃完善的殘波岬休憩廣場，設有步道和餐廳。同時也是遠近馳名的磯釣、潛水地點。

Mapple Code 4700-0547
MAP 附錄② 9A-1
☎098-958-0038
(殘波岬休憩廣場Ti-da33)
⌚自由參觀
📍讀谷村宇座1861 🚗距石川IC 14km
💰免費

海岬 導覽

海岬前有可容納270輛車的免費停車場。雖然也是著名的夕陽景點，但沿岸多為凹凸不平的岩塊所以請小心行走。支付200日圓即可進入燈塔內部參觀。

白浪滔滔的壯觀斷崖絕壁

廣場上轟立著高達8m的殘波大獅子

VIEW POINT

珊瑚礁隆起30m的斷崖絕壁連綿約2km，搭配波濤洶湧的浪濤聲形成一幅壯闊的美景。晴朗好天氣時，還能遠眺那霸、本部半島和慶良間諸島。

車程10分內的 周邊美食景點

步行6分鐘 水果刨冰專賣店

殘波果實冰店
●ざんぱかじつごおりてん

蓬鬆口感的刨冰上，搭配大量沖繩產芒果、鳳梨等新鮮水果。吸引許多潛水客光顧的店內熱鬧滾滾，並且洋溢著濃濃的南國氣氛。

Mapple Code 4701-2589 MAP 附錄② 9A-1
☎098-923-0013 ⌚11:00～17:00 休不定休(10月中旬～3月底停止營業) 📍讀谷村瀨名波950 🚗距石川IC 12km P免費(マリンサポートタイド殘波共用)

聚集全世界的潛水客
色彩繽紛的珊瑚海

真榮田岬

商店內也買得到水上活動用品

沖繩本島首屈一指的水上活動景點

VIEW POINT

離潛水和浮潛的人氣景點「青之洞窟」相當近，海水非常清澈、透明。拾階梯而下就能走到沙灘，從山丘上的展望台還有機會能看見遠海的座頭鯨身影。

車程10分內的 周邊美食景點

車程6分 在優質的用餐空間品嘗牛排

鉄板焼・ステーキ 琉
●てっぱんやきステーキりゅう

鉄板焼套餐
4860日圓～

能邊欣賞瀑布奔流的琉球庭園，邊品嘗套餐或全餐中的美味牛排。使用的食材皆經過精挑細選，肉為阿古豬和石垣牛、蔬菜則是農家直送的島蔬菜。

Mapple Code 4701-1999 MAP 附錄② 11A-4
☎098-965-3883 ⌚17:00～22:00
休週三 📍恩納村山田2681-1
🚗距石川IC 5km P免費

真榮田岬
●まえだみさき

突出於東海的海岬。琉球石灰岩隆起的斷崖上設有展望台，腳下就是清澈可見色彩斑斕的熱帶魚和珊瑚礁的美麗大海。

Mapple Code 4700-0596 MAP 附錄② 11A-4
☎098-982-5339(真榮田岬管理事務所) ⌚8:00～18:30 休無休
💰免費入場 📍恩納村真栄田469-1
🚗距石川IC 7km P1小時100日圓

海岬 導覽

可容納180輛車的停車場1小時收費100日圓。開門時間固定於7時，關門時間17時半～19時，會依季節而異。連同當日的游泳狀況會一併公布在官網上，請事先查詢確認。

從海面上就能看見熱帶魚的蹤影

愛上沖繩的蔚藍大海♥

西海岸飯店海灘

以設備充實為特長的飯店海灘，
對於第一次到海邊玩的人或是小小孩都很適合。
就在白砂海灘與藍色大海的環繞下盡情享受度假氣氛吧。

西海岸海灘MAP

⑥萬座海灘
萬座毛
許田
⑤Rizzan Sea-Park Beach
宜野座
⑧Tiger Beach
恩納村前
③Moon Beach
金武
②Renaissance Beach
58 石川
淺波岬
讀谷村 屋嘉
①Nirai Beach
329
宇流麻市
沖繩北

Hotel Moon Beach

① Moon Beach

白砂範圍廣達175m的天然海灘，林立在旁的椰子樹更
增添不少度假的氛圍。這片海灘也是眺望夕陽沉入海
平面的絕佳觀景位置。

Mapple Code 4701-1754　MAP 附錄② 11A-1

☎098-965-1020 (Hotel Moon Beach)
休 無休　址 恩納村前兼久1203　🚗 距石川IC 4km　P 一天500日圓

游泳期間 全年 (4～9月放生員常駐)
游泳時間 8:30～18:00 (旺季會彈性營業)
入場費 500日圓 (飯店櫃檯受理)

透過灣岸邊的南國風情
月形沙灘天然游灘

還有這個好康！
游泳池

入場費 1000日圓
時間 8:30～21:00 (冬天為13:00～)
挑高、具開放感的古典建築樣式
半戶外游泳池，從海灘可穿著泳
衣直接進入。

景海藍藍 海天藍藍
Nappu島小旅行
240分鐘　10800日圓～
前往飯店附近
的無人島觀
光，還可在島
上烤肉或來趟
生態之旅。

海洋活動
與海豚同樂
50分鐘　7560日圓
與海豚近距離
接觸，體驗與
海豚互動的樂
趣。非住宿客
只提供當天臨
櫃預約。

絕佳景色豐富多樣的水上活動
享受翡翠色的美麗大海

飯店海灘的
這點很方便！

① 設備充實
乾淨的洗手間、溫水淋浴間、寬敞舒適的更衣室等
設備齊全，實用性佳。

② 水上活動豐富
不僅有浮潛、體驗潛水等基本的水上活動，還有
乘船遊覽、離島之旅等多采多姿的選項。

③ 有救生員讓人安心
除了海灘意外，被波布水母螫傷的事件在沖繩海
域也很常見。飯店海灘在旺季期間都會有救生員
站崗，因此能夠安心游泳。

還有這個好康！
室內游泳池

入場費 3240日圓
時間 9:00～22:00
備有15m長滑水道的室內游泳
池。還附設室外游泳池，費用也
已經包含在入場費中。

游泳期間 全年
游泳時間 9:00～18:00
入場費 3240日圓 (附海水浴場設施)

Renaissance Okinawa Resort P93

② Renaissance Beach

位於恩納村的南端，在2008年舉辦的日
本環境省水質調查中獲選為「水質最優的
海水浴場」特選。全年皆備有40多種水
上活動。

Mapple Code 4701-1753　MAP 附錄② 11A-2

☎098-965-0707
(Renaissance Okinawa Resort)
休 無休　址 恩納村山田3425-2
🚗 距石川IC 5km　P 免費

最推薦！| 海洋活動
U型船 10分鐘 2160日圓～
能感受彷彿要飄起來般、超級刺激的U型船，是水上活動的大熱門。

最推薦！| 海洋活動
海灘獨木舟（2人）
30分鐘 1540日圓～
於清澈海面上輕鬆滑行前進的海灘獨木舟，不會弄濕身體，因此也很適合不擅長游泳的人。

於清澈的大海上盡情享受水上活動

在保有自然風貌的海灘樂園玩沙踏水

沖繩蒙特利水療度假酒店 P.92
4 Tiger Beach

游泳期間 4～10月（救生員常駐）
游泳時間 9:00～18:00
入場費 免費

綿延於飯店前的天然海灘。備有獨木舟、龍舟等多樣連新手也能輕鬆享樂的水上活動，可與家人、朋友一起盡興遊玩。

Mapple Code 4701-2756　MAP 附錄② 11A-1
☎098-993-7111（沖繩蒙特利水療度假酒店）
休開放期間無休　地恩納村富着1550-1
🚗距石川IC 5km　P一天500日圓

在白砂遍布的長形海灘感受濃濃的度假氣氛

最推薦！| 海洋活動
透明獨木舟（2人）
60分鐘 3300日圓
從Rizzan Sea-Park Beach出發，一路觀察海裡的珊瑚礁和熱帶魚。3歲以下免費。

沖繩Alivila日航渡假飯店 P.88
3 Nirai Beach

擁有自然美景的淺水海灘視野絕佳，天氣晴朗時還能遠眺慶良間諸島。不只海水浴，玩砂或漫步海濱也都樂趣無窮。

Mapple Code 4701-0327　MAP 附錄② 9A-1
☎098-982-9111（沖繩 Alivila日航渡假飯店）
休無休　地読谷村儀間600　🚗距石川IC 13km　P無費

游泳期間 全年（4～10月救生員常駐）
游泳時間 9:00～18:00（有事前註意事項）
入場費 免費（租借費用另計）

麗山海景皇宮渡假酒店谷茶灣
5 Rizzan Sea-Park Beach

位於沖繩海岸國定公園內，長達約800m的天然白砂海灘。屬於淺水海灘、波浪較為平緩，因此除了海水浴外在退潮時還能觀察潮間帶的生物。

游泳期間 4月下旬～10月底（救生員常駐）
游泳時間 9:00～18:00（含季節性差異）
入場費 免費

Mapple Code 4701-3047　MAP 附錄② 11B-1
☎098-964-6611
（麗山海景皇宮渡假酒店谷茶灣）
休開放期間無休　地恩納村谷茶1496
🚗距石川IC 6km　P一次500日圓

Relaxation Pool
入場費 2060日圓
時間 10:00～22:30
西班牙殖民建築樣式美命美桑的室內游泳池，游累了還可到附設的低溫三溫暖消除全身的疲勞。

可一望萬座毛的絕佳地理位置

最推薦！| 海洋活動
海灘浮潛！
60分鐘 4500日圓～
跟著教練從海灘下水游往海灣內的景點，新手也能放心參加。

灘上遊樂園 好玩！
萬座海洋公園

入場費 3000日圓～（有季節性差異）
時間 3月12日～11月30日的9:00～日落

水上漂浮彈簧跳床、溜滑梯、攀岩等遊樂器材，是可玩上一整天、全日本最大規模的海上運動設施。

洲際酒店萬座海濱度假村 P.92
6 萬座海灘 まんざビーチ

可一望恩納村最知名的風景勝地「萬座毛」。約220m長的白砂海灘，綿延在本島中數一數二漂亮的珊瑚礁海邊。水上活動也很多采多姿。

Mapple Code 4701-1755　MAP 附錄② 11B-3
☎098-966-1211
（洲際酒店萬座海濱度假村）
休無休　地恩納村瀬良垣2260
🚗距屋嘉IC 6km
P3～6月500日圓、7～10月1000日圓

游泳期間 全年（6～10月救生員常駐）
游泳時間 9:00～日落（高季節性差異）
入場費 免費

草蝦辣味義大利麵
1814日圓
使用招牌特製麵烹調而
成的義大利麵

金月沖繩麵 780日圓
保有小麥天然美味的
生麵與鮮甜湯頭的完
美搭配

惡魔風山原香草雞
1976日圓
帶濃郁辛香料風味的改
良版托斯卡尼料理

改良成地中海風的
繽紛沖繩料理

島豬活力肋排
2041日圓
淋上大量濃醇鹹甜風味
特製調味醬的人氣No.1
料理

只有這裡才吃得到
100%沖繩產小麥的沖繩麵

MENU
● 本日鮮魚義式生片
……1296日圓
● 阿古豬自製生火腿
……1382日圓

金月そば
● きんちちそば

有以100%沖繩產小麥費時費工製作的麵
條等，提供3種從原料就很講究的生麵任
君挑選的創意沖繩麵店。能按照自己的心
情、喜好，品嘗各式各樣的風味。

女性也能輕鬆入內的
簡約時尚裝潢

Mapple Code 4701-1943　MAP 附錄② 11C-1
☎098-958-5896　⏰11:00～17:00（賣完即打
烊）　休週一　地讀谷村喜名201　🚗距石川IC
10km　Ｐ利用喜名番所休息站的停車場

MENU
● 坦坦麵 ……780日圓
● 手作黑糖
焦糖烤布蕾 …250日圓

可俯瞰大海風光
的露天座

日落La Tida950
日圓（左）與藍
色珊瑚礁896日圓
（右）

Casa La Tida

店內有可以望見大海的露天座、以南法和
西班牙的民宅為藍本的座位區等，共分成
5個主題。能享用以新鮮沖繩食材烹調的
健康創作地中海料理。

Mapple Code 4700-1311　MAP 附錄② 11A-2
☎098-982-5858　⏰11:30～14:30、17:30～
23:00　休週三（7～9月無休）　地恩納村仲泊
1329-2-2　🚗距石川IC 3km　Ｐ免費

飽腹美食

SEA SIDE DRIVE-IN
● シーサイドドライブイン

從琉球回歸日本前到現在一直都沒變過的美
式休息站餐廳。除了可一望海景的店內座位
外，還設有24小時營業的外帶櫃台，吸引許
多本地人上門消費。

Mapple Code 4700-0988　MAP 附錄② 11A-2
☎098-964-2272　⏰8:00～23:30（週五、六
24小時，外帶櫃台24小時）　休無休
地恩納村仲泊885　🚗距石川IC 3km　Ｐ免費

MENU
● 紅燒牛尾 ……1700日圓
● 濱海三明治 ……460日圓

特製午餐
1500日圓

在美式餐廳享用
超大份量的料理

從窗邊座即可近距離
看到海景

肋眼牛排 1750日圓
放在熱滋滋鐵板上的牛
排，還另附湯、沙
拉、白飯or麵包、飲料

便宜價格直營才有的
鮮魚店飽足份量

鹽味燉魚定食
1728日圓（時價）
將濱鯛等白肉魚佐以鹽
巴調味的人氣料理

設有寬敞和式座位的店內

大木海產物レストラン
● おおきかいさんぶつレストラン

由鮮魚店經營的定食餐廳，每樣餐點的份
量都很多，讓人吃得滿足。將沖繩近海捕
獲的鮮魚以生魚片、奶油香煎或是紅燒等
調理方式提供，可依個人喜好選擇。

奶油煎魚定食的時價約
1500～1800日圓

Mapple Code 4701-1704　MAP 附錄② 9A-2
☎098-956-5692　⏰11:30～22:00　休舊曆盂
蘭盆節　地讀谷村大木427-2　🚗距沖繩北IC
11km　Ｐ免費

MENU
● 生魚片拼盤 …1620日圓
● 味噌炒章魚定食 …1296日圓

カフェ土花土花

●カフェどかどか

琉球燒的窯場「青風窯」附設的海景咖啡廳。可在開放空間的露天座，享用道地的窯烤披薩和塔可飯等沖繩料理。

 Mapple Code 4701-3144　MAP 附錄② 11A-2

☎098-965-1666
⏰11:00～19:00　休週日（陶器藝廊照常營業）　地恩納村前兼久243-1　🚗距石川IC 4km
P免費

海洋度
★★
本店雖然地處山丘上，離大海的距離較遠，但也因此坐擁能眺望真榮田岬的超廣角視野。

從高地露天座將整片藍色大海盡收眼底

座落在高台上的獨棟房

手作披薩土花土花
1342日圓

店內也有許多青風窯的作品！

琉球燒早餐杯盤組4000日圓

Best Time
11:00～12:00
推薦能欣賞到清澈海水的午前時段，最好一開店就立刻入內並直奔露天座。

美景與美食的雙重饗宴！

海濱景觀

國道58號是西海岸最具代表的兜風路線，沿路上有許多能小憩片刻的咖啡廳以及供應道地沖繩料理的餐廳。本篇將為大家介紹既可填飽肚子又能滿足心靈的推薦店家。

季節水果法國吐司佐楓糖奶油醬980日圓

讀谷炮炮套餐
520日圓

堅果鬆餅
800日圓

Best Time
14:00～16:00
在大海背景襯托下更璀璨繽紛色彩的熱帶飲品，最適合下午的點心時間享用。

紅芋綜合鮮果汁700日圓

Best Time
7:00～9:00
最好挑選觀光客較少的早晨。不妨走到海灘散散步，體驗當地的生活氣氛。

Best Time
當日的H番時間
能感受天空和海洋顏色變化的美麗夕陽絕對不可錯過。

染紅讀谷海面的夕陽美得讓人陶醉

海景與甜點的幸福組合

吃份鬆餅早餐讓一早就有好心情

Diamond Blue

海洋度
★★★
露天座的前方就是白砂海灘與蔚藍大海，能感受濃濃的度假氣氛。

●ダイヤモンドブルー

2014年開店，設在御菓子御殿恩納店內靠海側位置的咖啡餐廳。除了顏色鮮豔的甜點外，義大利麵、漢堡之類的西式餐點也很豐富。

Mapple Code 4701-3145　MAP 附錄② 11C-2
☎098-982-3388（御菓子御殿恩納店）⏰11:00～17:00（夏季為10:00～18:00）休無休　地恩納村瀬良垣100　🚗距屋嘉IC 9km　P免費

可愛淡雅色調的店內

Hawaiian Pancake House
Paanilani

海洋度
★
從店內雖然看不到，但其實店家的後方就是海灘。用完餐再前往欣賞海景吧。

●ハワイアンパンケーキハウスパニラニ

早上7時一開店就有很多當地外國人上門的人氣店。使用大量酪奶製作的獨家鬆餅，口感鬆軟又有嚼勁。口味有鹹有甜，約15種左右。

Mapple Code 4701-2331　MAP 附錄② 11C-2　佇立於國道58號旁
☎098-966-1154
⏰7:00～16:30　休無休　地恩納村瀬良垣698　🚗距屋嘉IC 9km　P免費

浜辺のキッチン
もめんばる

海洋度
★★★
庭園彼端就是沉靜的大海景色。頭等座位非木棧露台上的長型吧台座位莫屬。

●はまべのキッチンもめんばる

座落於木綿原遺址附近的咖啡餐廳。眼前即一整片的祕境海灘，能欣賞到海天一色的玫瑰紅晚霞。晚餐可點杯泡盛雞尾酒，搭配創意沖繩料理的好滋味。

Mapple Code 4701-2224　MAP 附錄② 9A-2
☎098-957-1533
⏰11:30～22:00（賣完即打烊，週日營業至日落為止）休週一　地読谷村渡具知502-1　🚗距沖繩北IC 11km　P免費

依海而建的獨棟建築

西海岸度假區飯店周邊的
沖繩餐廳

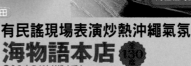

若選擇入住人氣飯店雲集的西海岸地區，那晚餐就到周邊的居酒屋餐廳吧。以下介紹幾家能享受度假氣氛和沖繩特有的菜色，不論情侶、女性、家庭客群都能輕鬆利用的餐廳。

離飯店很近　預算也不高　計程車資在1000日圓內

小小建議

☑黃金週和暑假期間務必事先預約　☑「有提供接送」時請確認接送涵蓋範圍　☑可請店家在結帳前幫忙叫計程車

本地生魚片5種拼盤
1550日圓
份量澎湃的現撈鮮魚

以鮮度自豪的人氣魚料理店
ととちゃんぷる

全46席　有提供免費接送

➡半包廂式的座位很適合約會或家庭聚餐

顏色鮮艷的近海魚每天皆由漁港進貨，能品嘗以奶油香煎、酥炸、鹽煮、生魚片等各種方式烹調而成的魚料理。使用沖繩蔬菜製作的健康餐點也很豐富多元。

☎098-982-3360　Mapple Code 4701-1855　MAP 附錄② 11B-3
營17:00～24:00　休無休
址恩納村恩納341-2
🚗距屋嘉IC 6km　P免費

預算 2500日圓(可使用信用卡)

推薦菜色！

白東坡肉	830日圓
酥炸烏尾鮗	710日圓
阿古豬排	780日圓

計程車資參考金額🚕
從洲際酒店萬座海濱度假村約500日圓

洲際酒店萬座海濱度假村
沖沖繩Kariyusi海灘渡假海洋SPA

部瀨名・恩納地區

季節生魚片拼盤
1166日圓～(時價)
有紅甘、卵頭鸚哥魚等每天都不一樣
海藻天麩羅
842日圓
使用大量沖繩縣產的極粗海蘊

蒸籠全餐(1人份)
3200日圓(照片中為4人份)
宮古島雪鹽能更凸顯出山原島豬肉的風味

蒸籠豬肉專賣店
沖繩料理しまぶた屋

全46席

●おきなわりょうりしまぶたや

將肉質鮮美的山原島豬肉等食材放入桌上的竹籠，蒸熟後即可享用。沾點口感溫和的宮古島雪鹽，更能提出豬肉的甜味。使用豬肉製作的單點菜色種類也很多。

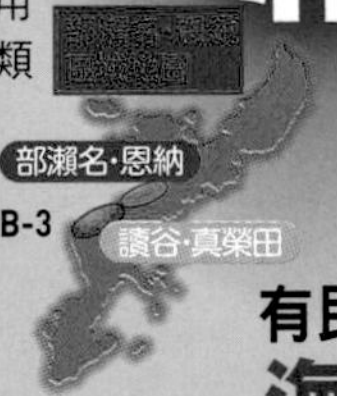

部瀨名・恩納
讀谷・真榮田

☎098-966-1450
Mapple Code 4701-1583　MAP 附錄② 11B-3
營17:00～23:00　休不定休
址恩納村恩納6369-1
🚗距屋嘉IC 4km　P免費

計程車資參考金額🚕
從洲際酒店萬座海濱度假村約900日圓

⬅店門口的小豬裝飾品很醒目

預算 4000日圓(可使用信用卡)

推薦菜色！

豆豉蒸阿古豬肋排	880日圓
しまぶた屋的豬肉飯	880日圓
什錦炒阿古豬肉	780日圓

⬆沉穩氛圍的店內

有民謠現場表演炒熱沖繩氣氛
海物語本店

全130席

●うみものがたりほんてん

位於恩納村的國道58號旁，除了吃得到使用本地鮮魚的當日菜色、在地食材的傳統沖繩料理外，還能欣賞民謠表演。臨場感十足的現場表演每天19～21時演出。

預算 2500日圓(可使用信用卡)

推薦菜色！

什錦炒苦瓜	734日圓
海物語海鮮沙拉	1058日圓
海膽醬燒扇貝	842日圓

計程車資參考金額🚕
從沖繩Kariyusi海灘渡假海洋SPA約500日圓

➡也有日式暖桌座位和包廂

➡炒熱沖繩氣氛的現場表演

☎098-983-3113
Mapple Code 4701-1474
MAP 附錄② 10D-2
營17:00～23:30
休不定休　址恩納村名嘉真2246
🚗距許田IC 6km
P免費

3780日圓～
可同時品嘗嚴選牛
肉和豬肉的風味

精肉店直營的沖繩肉類料理專賣店
ぎゅうとん合戰 60席
●ぎゅうとんがっせん

買下一整頭的石垣美崎牛、本部牛、阿古豬
後交由直營的精肉店處理，因此鮮度十足、
無可挑剔。從基本部位到稀有部位都吃得
到，愛吃肉的人絕對無法抗拒。

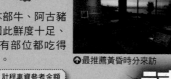
↑最推薦黃昏時分來訪

☎098-989-4133
Mapple Code 4701-2591　MAP 附錄② 11A-2
⏰18:00～22:30　休週三
🏠恩納村仲泊583-1
🚃距石川IC 4km　Ｐ免費

計程車資參考金額
從Renaissance
Okinawa Resort
約500日圓

預算 3000

推薦
平盆鍋 ……………2106日圓～
牛雜鍋 ……………2106日圓～
涮涮鍋 ……………2430日圓～

←位在海濱
的高地上

成熟品味人士的私密空間
Awamori Bar酎家 18席
●アワモリバーちゅうかー

提供以本地食材和自家栽種蔬菜烹調的多國
籍料理，以及60多款泡盛酒的餐廳酒吧。簡
約氛圍的室內擺設與店內流瀉的爵士樂，給
人安閒舒適的感覺。

☎098-958-2805
Mapple Code 4701-2348　MAP 附錄② 9A-2
⏰17:00～23:00
休週三　🏠讀谷村
波平1546-5
🚃距石川IC 15km
Ｐ免費

由古民家改造
而成的店家

綿羅超過
50種
的泡盛酒

計程車資參考金額
從沖繩Alvila日航渡假飯店約600日圓

預算 2500

推薦
香草烤山原雞 ……………………1600日圓
沖繩海鮮飯 ………………………1600日圓
醃豬肉與羅勒的瑪格麗特披薩 ……700日圓

時價
由老闆親自到漁港選
購的鮮魚保證美味

↑從靠窗座位即可欣賞
沉入海面的夕陽

遠離度假地喧囂的慢活空間
ロケーションダイニング 凪 80席
有提供
免費接送
●ロケーションダイニングなぎ

店內有能感受涼爽海風輕拂的
露天座和以紅瓦裝飾的桌椅
座。在最後一個步驟放上起司
的八重山麵鹽味炒麵等創意沖
繩料理，都會以陶製器皿擺盤
端上桌。

1275日圓
能品嘗油脂美味的五
花肉捲

☎098-964-5505
Mapple Code 4701-1604　MAP 附錄② 9B-1
⏰17:00～22:30　休週日　🏠恩納村
山田501-3 マリンク
ラブナギ2F
🚃距石川IC 6km
Ｐ免費

計程車資參考金額
從Renaissance Okinawa Resort約600日圓

預算 4000

推薦
沖繩白肉魚韃靼 ………………1242日圓
八重山麵起司鹽味炒麵 …………735日圓
阿古豬五花串燒 ………………1275日圓

四周
甘都是
蔗田和
大

使用沖繩食材的義式休閒餐廳
mintama 35席
●ミンタマ

將50多年歷史的紅瓦屋頂
民家改裝而成的義大利餐
廳。除了海鮮披薩等道地
義大利菜外，還吃得到什
錦炒苦瓜之類的沖繩傳統
料理。

☎098-958-6286
Mapple Code 4701-0643　MAP 附錄② 11B-1
⏰18:00～23:00　休週日
🏠讀谷村長浜1787-5
🚃距石川IC 12km　Ｐ免費

計程車資參考金額
從沖繩Alvila日航渡假飯店約700日圓

預算 3000

推薦
海鮮披薩 ………………1706日圓
什錦炒苦瓜 ………………734日圓
什錦炒素麵 ………………626日圓

↑設有吧檯座和桌椅席

1598日圓
鬼頭刀魚與香草、番茄
的味道相當契合

←店家前面矗立
著一棵大榕樹

讀谷・真榮田岬 地區
部瀨名・恩納
讀谷・真榮田

最靠近的飯店
Renaissance
Okinawa Resort
沖繩Alvila日航波假飯店

傳統技藝齊聚一堂

在讀谷陶器之鄉與器皿邂逅

綠意盎然的大自然、紅瓦屋頂登窯令人印象深刻的陶器之鄉，有許多工房、藝廊散佈其間。不妨在充滿沖繩風情的讀谷村裡恣意漫遊，享受與陶器不期而遇的樂趣吧。

遊逛方式重點

★ 村裡的移動可以開車，約一個半小時就能將本篇介紹的店家全部逛完

★ 入口附近有寬敞的免費停車場，將車子停放在這裡以步行方式遊逛也OK

陶器之鄉 MAP

橫田屋窯
讀谷山燒北窯
讀谷山燒北窯賣店
賣 ギャラリー 囍屋
讀谷山燒窯
讀谷山燒共同直賣店
食 ギャラリー森の茶家 やちむんの里
營 陶房
P 16輛
陶芸 城
ギャラリーうつわ家
殘波岬→
P 50輛
賣 宙吹ガラス工房 虹
讀谷村共同販賣中心
讀谷食堂 ゆいま～る
12
喜名
嘉手納町
58
恩納村→
N

網羅讀谷所有陶藝家的作品
讀谷村共同販賣中心
●よみたんそんきょうどうはんばいセンター

以在讀谷村建窯的陶藝家作品為主的共同販賣中心。日常器皿等價格實惠的商品眾多，很適合來挑選伴手禮。

Mapple Code 4700-0619
MAP 附錄② 11C-1
✆098-958-1020
🕘9:00～18:00
🚫週四
🏠讀谷村座喜味2723-1
🚗距石川IC 10km
Ⓟ免費

↻什錦炒苦瓜定食（限夏季）600日圓

↻志陶房夏至南風系列陶碗2808日圓

陶器之鄉
●やちむんのさと

村裡有讀谷山燒窯和讀谷山燒北窯的登窯，以及約20間的陶器工房林立。工房直營的商店、與窯場合作的共同經營店鋪都陳列著琳瑯滿目的器皿，從傳統紋樣到嶄新設計樣式應有盡有，不妨來這兒尋找自己心儀的陶器作品吧。

Mapple Code 4700-0553
MAP 附錄② 11C-1
✆098-958-6494
（讀谷村觀光協會）
🏠讀谷村座喜味2653-1
🚗距石川IC 10km
Ⓟ免費

那霸大見附特集錄！①

沖繩美麗海水族館 P.14

區域別導覽

西海岸渡假飯區

中部 P.56

首里 P.66

南部 P.74

山原 P.82

飯店導覽 P.88

赤繪茶杯
1560日圓

→帶著可愛笑容的魚紋和赤繪都深得好評，以輕鬆的著色風格為特色

陶芸 城
●とうげいしろ

由人間國寶金城次郎的後代金城敏德與敏幸兩父子所經營的工房與商店，店內羅列著金城敏德的西沙獅作品以及敏幸擅長的傳統赤繪魚紋器皿。

餐盤
小1120日圓

→隨著盤上的食物越來越少魚紋也會慢慢現身，有種溫暖的感覺

Mapple Code 4701-2347
☎098-958-5559 ⏰9:00～18:00 休無休 P免費

羅列著傳承名門的赤繪與魚紋系列

集結4位充滿個人風格的人氣窯主

2700日圓
→【宮城正享】色調沉穩卻十分有存在感

1620日圓
→【與那原正守】以藍綠色和深褐色搭配的半月皿，能讓料理看起來更有美感

3780日圓
↑【松田米司】圓胖造型與深邃藍的色美麗酒瓶

1080日圓
↑【松田共司】強而有力的筆觸極富魅力，價格便宜讓人忍不住想多買幾個

讀谷山燒北窯賣店
●よみたんざんやきたがまばいてん

店內販售讀谷山燒北窯四位窯主——松田共司、松田米司、宮城正享、與那原正守的陶器作品。從傳統紋樣到現代風格都有，種類豐富多元。

Mapple Code 4701-0254
☎098-958-6488 ⏰9:30～17:30 休不定休 P免費

手沖咖啡壺
110000日圓

←【金城光明】圖案令人印象深刻的手工錳釉咖啡壺，感覺喝起來有雙倍的美味

在釉燒窯燒成的大師級名陶器讓人一見傾心

茶杯
2000日圓

↑【大嶺寶清】顏色相當吸睛的波斯藍茶杯很有人氣，能讓餐桌更加繽紛

杯
各1500日圓

→【山田真萬】從傳統花紋到流行樣式都有，可盡情地挑選喜歡的款式

泡盛杯
2000日圓

→【元玉輝政】線條纖細又強而有力的刷毛目紋樣與鈷藍色相互映襯，頗有促進酒興之效

讀谷山燒共同直賣店
●よみたんざんやききょうどうちょくばいてん

網羅在陶器之鄉共用登窯製作的四位陶藝家——大嶺寶清、山田真萬、玉元輝政、金城明光的作品。從日常使用的器皿上，也能深深感受到品味與傳統。

Mapple Code 4701-0253
☎098-958-4468 ⏰9:30～12:00、13:00～18:00（11～4月的下午為～17:30）休週二 P免費

美麗的綠釉與實用性器皿吸引人目光

7寸皿
2480日圓

→白底加上藍色的孔雀紋樣，給人清新爽快的感覺

橫田屋窯
●ゆくたやがま

位於村落的邊陲地帶，擁有個人登窯的手作工房。窯主為綠釉作品深獲好評的知花實夫妻，堅持以傳統製法製作、充滿溫度感的器皿均擺放在屋簷下和庭院販售。

Mapple Code 4701-2127
☎098-958-0851 ⏰9:00～18:00 休週日 P免費

↑以傳統飛鉋技法製成的器皿，綠色的釉彩深具美感

8寸皿
3240日圓

ギャラリーうつわ家
●ぎゃらりーうつわや

讀谷壺屋燒的窯主——島袋常秀的藝廊。改良傳統的沖繩紋樣、融入現代生活的圖案和造型，每一樣原創器皿都讓人愛不釋手。

Mapple Code 4701-1337
☎090-1179-8260 ⏰9:00～18:00（週日為10:00～）休不定休 P免費

傳統與現代融合的設計很有人氣

←胖胖的造型以及不會過於甜美、帶成熟風格的點圖案十分漂亮

醬油瓶
2700日圓

香盒
各2160日圓

→放置薰香的附蓋容器，也可拿來放小東西

啤酒杯
1620日圓

→鮮豔菊唐草紋樣的啤酒杯，也很適合當筷筒或筆筒使用

陶器市集 Check

一年一度的陶器祭典
讀谷山燒陶器市集
●よみたんざんやきとうきいち

由讀谷山燒窯與讀谷山燒北窯每年共同舉辦的市集，約以平常價格的七八折就能買到。可邊享受與陶藝作家聊天的樂趣，邊慢慢尋找中意的器皿。

☎098-958-4468（讀谷山燒共同直賣店）
☎098-958-6488（讀谷山燒北窯賣店）
⏰12月中旬
地陶器之鄉內

提供多樣本地菜色的食堂
読谷食堂ゆいま～る
●よみたんしょくどうゆいまーる

緊鄰讀谷村共同販賣中心旁的沖繩家庭料理店。炒什錦、沖繩麵等份量充足的料理，皆以陶製器皿盛裝擺盤。

Mapple Code 4701-0250
MAP 附錄② 11C-1
☎098-958-6719 ⏰11:00～15:45 休週四 地読谷村座喜味2723-1 P免費

前往主題公園接受挑戰吧！

琉球村 體驗沖繩文化

提供許多節目讓遊客能輕鬆玩樂的主題公園，是近距離感受琉球文化的好去處。從傳統藝能到工藝體驗，不妨都試試看吧。

琉裝
袖口寬大、通風良好，是琉球王國時代王族穿著的服裝

坐下來吃個開口笑喝杯茶聊個天吧

挑選園內喜歡的場所拍照留念吧

EISA太鼓舞
已有400多年的歷史，為了送祖靈離開每年於舊曆盂蘭盆節期間所舉行的傳統舞蹈

觀賞著表演的國王和皇后

保佑五穀豐登的彌勒

中氣十足的吆喝聲與太鼓聲響徹全場

還有詼諧逗趣的獅子舞

體驗DATA　正統琉裝租借
費用 4000日圓～（門票另計 需預約）
所需 20～40分鐘著裝+60分鐘散步
可穿上傳統服裝在園內散步、拍照留念，襯裙的顏色可自行挑選。報名請至「沖繩車站Champuru」。

體驗DATA　遊行表演
費用 只需付入場費
所需 約30分鐘
（10:00～、16:00～）
琉球古典舞蹈、EISA太鼓舞、獅子舞等，集結所有沖繩的傳統祭典和儀式的藝能表演。

即使是初學者也能輕鬆上手

紅型
在東南亞和中國的影響下所發展出的傳統染色技法

塗上自己喜愛的顏色製作出獨一無二的原創作品

體驗DATA　紅型體驗
費用 2000日圓（門票另計）　**所需** 30分鐘
使用6色的專用顏料將桌巾染上顏色，也可以選擇只需20分鐘體驗時間的杯墊。

園內MAP
遊行表演在這舉行
紅型體驗在這
新興陶房むたびなー
萬國場家
舊比嘉家
園仲宗根家
舊島袋家
園內中央廣場
ポーポー屋
水車小屋
舊西石垣家
舊玉那霸家・神アシャギ拜所
舊大城家
舊花城家
入口
Champuru劇場
製糖工房（サーターヤー）
番所
大獅子
舊平田家
沖繩車站Champuru
Kijimuna食堂
出口
陶藝工房（ヤチムン屋）
正統琉裝在這租借

琉球村 ●りゅうきゅうむら

將紅瓦屋頂的古民家遷移至此地重現村莊的往日風貌，還可到各家體驗形形色色的沖繩文化。園內中央廣場一天會舉辦兩場精彩的遊行表演，能欣賞到EISA太鼓舞和獅子舞。

Mapple Code 4700-0348　MAP 附錄② 9B-1
☎098-965-1234
🕐8:30～17:00（7～9月為9:00～17:30）
休無休　¥門票1200日圓　址恩納村山田1130　距石川IC6km　P免費

其他的主題公園&體驗景點

於紅瓦道場挑戰沖繩空手道

體驗王國MURASAKIMURA
●たいけんおうこくむらさきむら
利用20年前NHK拍攝大河劇「琉球之風」時使用的佈景打造而成的主題公園。園內的規畫以15世紀初琉球王朝極盛時期的那霸為藍本，備有工藝、料理等多達101種的體驗活動。
Mapple Code 4700-0543　MAP 附錄② 9A-1
☎098-958-1111
🕐9:00～17:00（關園18:00，部分體驗～20:00）　休無休　¥門票600日圓　址読谷村高志保1020-1　距石川IC15km　P免費

體驗DATA　沖繩空手道教室
費用 2575日圓　**所需** 1小時
於「琉球武德殿」接受指導員傳授沖繩空手道的基本招式。※預約制，請著方便運動的服裝

在可一望大海的體驗空間製鹽

Gala青い海
●ガラあおいうみ
以讀谷村沿海的鹽為主題的景點。除了參觀製鹽工廠以平鍋燒柴薪熬煮製鹽的過程與自己動手製鹽外，也提供琉球玻璃和陶器等體驗。附設有餐廳。
Mapple Code 4701-1340　MAP 附錄② 9A-1
☎098-958-3940
🕐10:00～18:00（體驗受理為～17:30）　休無休　¥免費入場　址読谷村高志保915　距石川IC 15km　P免費

體驗DATA　製鹽體驗
費用 1500日圓　**所需** 40分鐘
用石鍋熬煮海水手作製鹽，還可將煮出的海鹽放入罐子中帶回國家。

世界遺產

矗立於高地上的曲線名城

座喜味城跡 完全導覽

座喜味城跡是以優美曲線城牆著稱的世界遺產。入場免費又24小時開放，因此能輕易地排入旅遊行程中。

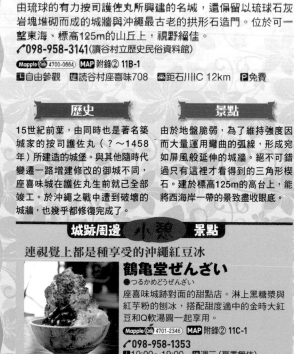

從城牆上眺望園內

並無設定閉園時間，可以悠閒地慢慢遊逛

勾勒出美麗曲線的厚重城牆

座喜味城跡 ●ざきみじょうあと

由琉球的有力按司護佐丸所興建的名城，還保留以琉球石灰岩塊堆砌而成的城牆與沖繩最古老的拱形石造門。位於可一望東海、標高125m的山丘上，視野絕佳。

℡098-958-3141(讀谷村立歷史民俗資料館)

Mapple 4700-0664 MAP 附錄② 11B-1

自由參觀　讀谷村座喜味708　距石川IC 12km　免費

歷史

15世紀前葉，由同時也是著名築城家的按司護佐丸（？～1458年）所建造的城堡。與其他隨時代變遷一路增建修改的御城不同，座喜味城在護佐丸生前就已全部竣工。於沖繩之戰中遭到破壞的城牆，也幾乎都修復完成了。

景點

由於地盤脆弱，為了維持強度因而大量運用彎曲的弧線，形成宛如屏風般延伸的城牆。絕不可錯過只有這裡才看得到的三角形楔石。建於標高125m的高台上，能將西海岸一帶的景致盡收眼底。

城跡周邊 小憩 景點

連視覺上都是種享受的沖繩紅豆冰

鶴龜堂ぜんざい ●つるかめどうぜんざい

座喜味城跡對面的甜點店。淋上黑糖漿與紅芋粉的刨冰，搭配甜度適中的金時大紅豆和Q軟湯圓一起享用。

Mapple 4701-2346 MAP 附錄② 11C-1

℡098-958-1353
10:00～19:00　週三（夏季無休）
讀谷村座喜味248-1　距石川IC 12km
免費

紅芋黑糖紅豆冰580日圓

座喜味城跡攻略 5大重點

拱門上方的楔石

① 拱門

正面的拱門以石塊堆砌而成，為沖繩最古老的拱門。曲線優美的外觀，有如西洋建築般。

② 曲線美

座喜味城的城牆厚度約5m，因此可爬上城牆登高眺望美景。

③ 武者隱身處

看起來像是為了將敵人逼到死角而設計出猶如迷宮般的空間，但實際上座喜味城並沒有任何爭戰的紀錄。

④ 建築遺址

從主郭挖掘出的建築遺址。由於座喜味城並沒有設置聖地，因此應該是專門作為軍事要塞的用途。

⑤ 琉球松林

沖繩特有樹種、同時也是沖繩縣樹的琉球松生長茂密，一路綿延至座喜味城跡的城門，增添不少旅遊的氣氛。

★ 推薦景點
西海岸度假區
にしかいがんリゾート
西海岸度假區
AREA GUIDE Nishikaiganresort
那覇機場

★ 大啖品牌黑豬肉涮涮鍋
沖繩居酒屋 アダン
美食

能吃到各式各樣以沖繩縣內飼育的5種品牌豬肉為食材的料理。10年來從沒變過湯頭配方的人氣阿古豬涮涮鍋（1人份）1250日圓，是最推薦的招牌菜。

☎098-982-3272
Mapple Code 4701-1584
MAP 附錄② 11 B-3
⏱17:00～23:00　休無休
🏠恩納村恩納2585
🚗距屋嘉IC 6km
Ⓟ免費

➡涮涮鍋的高湯極為鮮甜美味，最後以沖繩麵做結尾

★ 讓人耳目一新的創意沖繩料理
沖繩の食 る・それいゆ
美食

由原法國菜主廚大展手藝的拿手菜，有海蘊海葡萄蛋包飯780日圓、酸奶油塔可飯680日圓等。能品嘗沖繩食材的嶄新風味。

☎098-966-8517
Mapple Code 4701-0262
MAP 附錄② 11 C-2
⏱17:00～23:00
休週三
🏠恩納村瀬良垣1416-1　🚗距屋嘉IC 7km
Ⓟ免費
➡呈現沉穩氣氛的店內

★ 在亞洲風空間中享用沖繩創意料理
我空我空
美食

花生豆腐486日圓、阿古豬肉手工煎餃648日圓等店家自製料理廣受好評，泡盛酒、雞尾酒之類的飲品選項也很豐富。還有島唄現場表演，並提供來回鄰近飯店的接送服務。

☎098-965-1017
Mapple Code 4701-1734
MAP 附錄② 11 A-2
⏱11:00～14:30、17:00～23:30　休週三
🏠恩納村前兼久258 なかどまinn 1F　🚗距石川IC 3km　Ⓟ免費

➡店內營造出宛如亞洲度假村般的時尚氛圍

★ 琳瑯滿目的創意料理
亞門
美食

從基本的沖繩料理、和食、西餐，到原創性十足的亞洲風味創意料理都有極高評價，總共有100多道餐點。週五、六建議預約為佳。

☎098-956-6691
Mapple Code 4701-2001
MAP 附錄② 9 A-2
⏱17:30～24:00
休週日（逢假日前日則營業）
🏠讀谷村楚辺1091
🚗距沖繩北IC 11km
Ⓟ免費

➡上面放著沖繩東坡肉的石燒島人蓋飯1050日圓

★ 採入沖繩食材的自家製麵有口皆碑
番所亭
美食

薑黃麵條加上排骨、豬腳、三層肉等配料的山賊沖繩麵，飽足感十足。還有添加紅芋或艾草的麵條。

☎098-958-3989
Mapple Code 4701-0641
MAP 附錄② 11 C-1
⏱11:00～19:30
休週三（逢假日則營業）
🏠讀谷村喜名473
🚗距石川IC 10km
Ⓟ免費
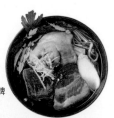
➡配料豪華的招牌山賊麵910日圓

★ 沖繩料理與運用在地食材的家常菜
膳
美食

出身京都的主廚嚴選無農業蔬菜和在地食材所烹調出的創作家常菜，屬於溫潤的和風口味。看起來極具美感的料理，搭配陶器擺盤更加顯得出色。

☎098-958-0555
Mapple Code 4701-2000
MAP 附錄② 11 B-1
⏱12:00～14:00、18:00～22:00
休週二（週三僅夜間營業）
🏠讀谷村瀬名波628
🚗距石川IC 12km
Ⓟ免費

➡海葡萄島豆腐沙拉850日圓和蒜燒阿古豬排骨1380日圓

★ 份量飽滿的沖繩麵
花織そば
美食

有豬腳麵、韭菜豬肝麵等豐富菜色，放上大量炒蔬菜的蔬菜麵也很受歡迎。寬敞的店內還設有和式座位，能在輕鬆自在的氛圍中用餐。

☎098-958-4479
Mapple Code 4701-0330
MAP 附錄② 9 A-2
⏱11:00～21:30　休週三
🏠讀谷村波平2418-1
🚗距沖繩北IC 14km
Ⓟ免費
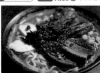
➡以三層肉和排骨為配料的花織沖繩麵700日圓

★ 能吃到大量本地蔬菜的料理
島やさい食堂てぃーあんだ
美食

由民宅整修而成的海邊餐廳。使用讀谷山燒陶器盛裝的繽紛料理，有店家費時兩天自製的沖繩東坡肉等多道功夫菜。除了4種定食外，還有單點料理和甜點。

☎098-956-0250
Mapple Code 4701-1880
MAP 附錄② 9 A-2
⏱11:00～15:00、18:00～20:00（夜間僅週五、六、日營業，一日前需預約）　休週四　🏠讀谷村都屋448-1　🚗距沖繩北IC 13km　Ⓟ免費

➡くぇーぶ一定食1458日圓

★ 參觀從甘蔗精製成黑糖的過程
沖繩黑糖
景點

從甘蔗榨成糖汁的工序到熬煮、成型、裝袋一貫化作業的黑糖工廠。可以參加黑糖的製作體驗（預約制），也有販售黑糖製品。

☎098-958-4005
Mapple Code 4701-0178
MAP 附錄② 11 C-1
⏱8:30～17:00　休無休
💴免費參觀（體驗為850日圓～）
🏠讀谷村座喜味2822-3
🚗距石川IC 10km
Ⓟ免費

➡將採收的甘蔗放入壓榨機

★ 西沙獅的彩繪體驗
ゆしびん
玩樂

老闆為同時具有陶藝家身分的諸見里剛，店內展示販賣使用舊紅瓦片製作的灰泥西沙獅等作品。還提供不需預約的迷你西沙獅彩繪體驗1500日圓，約需40分～1小時。

☎098-964-6926
Mapple Code 4700-0989
MAP 附錄② 11 A-1
⏱10:00～17:30
休不定休
🏠恩納村前兼久1
🚗距石川IC 3km
Ⓟ免費

➡迷你西沙獅的彩繪體驗

★ 適合度假夜晚的推薦餐廳
ダイニング&泡盛Bar うら庭 恩納村本店
美食

洋溢濃郁南國氣息的店內，能品嘗將沖繩近海魚、縣產品牌肉融合日式西式調理手法的創作料理。從週一到週六都會安排現場表演，能近距離欣賞三線琴的演奏等。

☎098-964-6601
Mapple Code 4701-0992
MAP 附錄② 11 B-1
⏱18:00～23:00　休週四　🏠恩納村富着256
🚗距石川IC 4km　Ⓟ免費

➡烤紅豬里肌肉 2100日圓

那霸大見特集錄！①

沖繩美麗海水族館 P.14

區域別導覽

西海岸渡假區

中部 P.56

首里 P.66

南部 P.74

山原 P.82

飯店導覽 P.88

→店內陳列的器皿和杯子都是精細手工之作

→安里貴美枝的餐盤6寸3800日圓，為LOTTA限定品

→小林美風的馬克杯3024日圓

☆ 蔥威夷的經典甜點

マラサダドーナツのお店 読谷店

咖啡廳

夏威夷甜甜圈的專賣店，鬆軟富嚼勁的口感廣受大家喜愛。將充分揉過、口感Q彈的麵糰，與做麵包一樣加入酵母菌使其發酵，再經過長時間慢慢熟成才能做出鬆軟的好滋味。

☎098-923-2408　Mapple Code 4701-3024　MAP 附錄② 9 A-2
⏰11：00~19:00（賣完即打烊）　休不定休　地讀谷村大木326-6　➡距沖繩北IC 12km　P免費

→原味150日圓、紅芋200日圓

☆ 雙胞胎姊妹麗蔷特色的陶器工房

うつわとzakka 双子堂

購物

由外國人住宅改造而成，為雙胞胎陶藝家的工房兼藝廊。有許多以沖繩野花、蝴蝶等圖案裝飾、色彩鮮明的日常器皿。

☎090-5976-6557　Mapple Code 4701-3031　MAP 附錄② 9 A-2
⏰11：00~17:00　休不定休（需洽詢）　地讀谷村大湾662 D-202　➡距沖繩北IC 10km　P免費

☆ 充滿讀谷元素的商店＆咖啡廳

LOTTA

購物

店內精選的玻璃和陶器皿，都是由與讀谷村深厚淵源的工藝家所創作。咖啡廳提供以在地食材烹調的墨西哥料理，也備有素食餐點。

☎098-956-2818　Mapple Code 4701-2937　MAP 附錄② 9 A-2
⏰10:00~18:00（咖啡廳為11:30~17:30）　休週一、二　地讀谷村都屋272-6　➡距沖繩北IC 15km　P免費

↑墨西哥塔可午餐800日圓

☆ 正統鬆餅專賣店

JAKKEPOES PANCAKE HOUSE

咖啡廳

改裝自外國人住宅的鬆餅專賣店，口味從甜到鹹約有10種。以原創配方製成的餅皮，甜度適中、Q軟蓬鬆的口感讓人眼睛為之一亮。週末常可見到許多攜家帶眷的外國人光顧。

☎098-894-4185　Mapple Code 4701-2004　MAP 附錄② 9 A-2
⏰10:00~16:30（週六、日為8:00~15:30）　休週二、三　地讀谷村都屋436　➡距沖繩北IC 13km　P免費

→淋上滿滿店家自製果醬的草莓鬆餅750日圓

☆ 以傳統製法打造而成的玻璃作品

琉球ガラス工房 glacitta'

購物

以傳統方法製作琉球玻璃的工房兼店面，除了自有品牌外還網羅沖繩縣內其他工房的作品。

☎098-966-8240　Mapple Code 4701-1201　MAP 附錄② 11 B-3
⏰11：00~18:30左右　休不定休　地恩納村恩納6347　➡距嘉IC 4km　P免費

→陳列著造型簡單又可愛的玻璃器皿

☆ 所有紅芋糕點一應俱全

御菓子御殿 読谷本店

購物

沖繩伴手禮的熱門商品，元祖紅芋塔10個裝1080日圓、鹽芝麻金楚糕、餡餅等糕點皆可於店內試吃選購。還能參觀部分的製造過程。

☎098-958-7333　Mapple Code 4701-1449　MAP 附錄② 9 A-1
⏰8:30~21:00（8、9月為21:30），餐廳為11:00~21:15　休無休　地讀谷村宇座657-1　➡距石川IC 13km　P免費

→高掛在入口處的花笠相當醒目

☆ 能飽覽大海風光的高地咖啡廳

アートクラフト喜器

咖啡廳

能飽覽海景的療癒系咖啡廳，供應沖繩料理、特製咖哩、島蔬菜御膳1300日圓、喜器御膳1300日圓等菜色。

☎098-958-0399　Mapple Code 4701-1338　MAP 附錄② 11 B-1
⏰11:30~17:00　休週一　地讀谷村長浜735-1　➡距石川IC 11km　P免費

→蔬菜咖哩950日圓

☆ 獨創的設計吸引人目光

ガラス工房 清天

購物

利用廢棄瓶製作出樸實氛圍的琉球玻璃，加入扭轉紋樣的獨創性設計很受好評。店內還羅列著許多日常生活中可使用的作品。

☎無
Mapple Code 4701-1777　MAP 附錄② 11 C-1
⏰9:00~17:00（體驗為~16:30）　休不定休　地讀谷村座喜味1352-1　➡距石川IC 11km　P免費

→S波紋玻璃杯1836日圓

☆ 將漁港捕撈的海蘊炸成天麩羅

いゆの店

購物

由讀谷村漁會負責營運的天麩羅和鮮魚店。點餐後才下鍋油炸的天麩羅有海蘊、魚、花枝3種，隨時都能吃到熱呼呼的現炸美味。

☎098-956-1640（讀谷漁會）　Mapple Code 4701-2192　MAP 附錄② 9 A-2
⏰9:00~17:00　休不定休　地讀谷村都屋33　➡距沖繩北IC 14km　P免費

→酥脆口感的天麩羅（1個）60日圓

☆ 能悠閒眺望大海風光的高地咖啡廳

songbird cafe

咖啡廳

可眺望西海岸風景、提供天然有機食物的咖啡廳，在當地外國人間也很受歡迎。能品嘗到用讀谷食材製作的午餐和早餐、水果果昔和完全無農藥的濾泡式咖啡。

☎098-923-2773　Mapple Code 4701-3030　MAP 附錄② 9 A-2
⏰10:00~18:00（週六、日為8:00~）　休週一、第2·3週二（逢假日則翌日休）　地讀谷村都屋161-2　➡距沖繩北IC 14km　P免費

→芒果柑橘果昔（右）和冰鳳梨酸奶（左）各570日圓

☆ 以沖繩為概念的飾品

Grand Blue 恩納本店

購物

以沖繩為概念的銀飾品設計店，有以傳統工藝八重山織為主題的作品、裝入天然星砂的飾品等多種商品。

☎098-964-3422　Mapple Code 4701-1364　MAP 附錄② 11 A-1
⏰10:00~20:00　休第3週三　地恩納村前兼久124　➡距石川IC 3km　P免費

→裝入天然星砂的star_a 9936日圓（不含鍊子）

☆ 沖繩傳統工藝×皮革手工藝的結合

HANAHANA工房

購物

結合紅型與讀谷山花織的工藝元素，製作出原創的植物鞣革手工藝品。色調豐富的植物鞣革與沖繩特有的主題，搭配起來很有質感。

☎098-958-4230　Mapple Code 4701-3033　MAP 附錄② 9 A-1
⏰11：00~19:00（冬季為~18:00）　休不定休　地讀谷村宇座361-2　➡距石川IC 15km　P免費

→手染紅型附鹽鑰匙圈各2800日圓

享受美國風的兜風和購物

中部地區

中部地區設有大規模的美軍基地，還有美濱美國村和港川外國人住宅等，洋溢濃濃的美國風情。不要錯過在勝連半島和四座島嶼間的海中道路兜風。

最佳兜風路線看這裡!

7	6	5	4	3	2	1
16:00	14:30	12:50	11:45	10:50	10:15	10:00
夕陽海灘	美濱美國村	港川外國人住宅區	チャーリー多幸壽 アベニュー店	海中道路	勝連城跡	沖繩北IC
←即到	←30	←30	←25	←10	←15	

‥‥‥‥ 兜風路線

KING TACOS

咖啡廳
享受海風與海浪聲
SOUPÇON beach side cafe P.61
● スープソンビーチサイドカフェ
仿造70年代加州海灘風格的咖啡廳。正統道地的餐點非常受到好評。

自製的鄉村肉醬佐甜酸黃瓜700日圓，與一杯500日圓的葡萄酒堪稱絕配

SOUPÇON beach side cafe

COCO GARDEN RESORT OKINAWA

BEST 景觀
迎著清爽的海風在海上公路愜意奔馳 P.60
海中道路 ● かいちゅうどうろ
連接勝連半島與平安座島的海上公路，全長約4.7km。可以360度欣賞透明清澈的海洋，是絕佳的兜風路線。由於周圍都是淺灘，在潮汐變化時可以看見不同的景色。

宇堅海灘

景觀 **世界遺產**
悠然矗立在面朝海洋的高地上 P.61
勝連城跡 ● かつれんじょうあと
勝連城跡在勝連半島向太平洋突出的高地上。如今描繪出優雅曲線的階梯式城郭是近年修復的成果。

中部 是這樣的地方

美國風情
美濱美國村和港川外國人住宅區為中部地區帶來濃濃的異國情懷。在暢貨中心享受購物，或是到外國人住宅區精緻的咖啡店坐坐，來一趟美國風的旅行吧。

海中道路
到沖繩兜風觀光不容錯過的美景路線。途中的海中道路道路服務區，有附設物產館與餐廳的海之驛AYAHASHI館。讓舒爽的海風拂過身旁，享受一趟跳島旅行。

購物
沖繩縣最大的度假購物中心——永旺夢樂城沖繩來客夢、美濱美國村等全都聚集在中部地區。一踏進這個購物天堂，就會燃起購物慾。

古民家食堂 てぃーらぶい

購物
蔚為話題的沖繩最大度假購物中心
永旺夢樂城沖繩來客夢 P.58
● イオンモールおきなわライカム
主打充滿南國情調「度假型購物城」的新型購物中心。設施內的兩個舞台每天都會表演沖繩音樂的現場演奏和EISA太鼓舞。

美食
味道濃厚的沖繩家常菜 P.61
古民家食堂 てぃーらぶい
● こみんかしょくどうてぃーらぶい
定食中採用大量沖繩產蔬菜而頗受好評的食堂。

來趟暢快的兜風吧～♪

58

329

金武IC

屋嘉IC

石川IC

沖繩北IC ①

16 33

② 勝連城跡 10 ③ 海中道路

CLOSE UP

チャーリー多幸 アベニュー店

●チャーリーたこすアベニューてん

在KOZA十分熱門的墨西哥捲餅店。柔軟的餅皮包著豐富的配料，加上獨家的微辣醬汁，堪稱絕配。餡料共有牛肉、雞肉、鮪魚等3種可以選擇。

餅皮Q軟的墨西哥塔可專賣店

中部是TACO的激戰區！

TACOS V.S. TACORICE

絕配的墨西哥風肉醬和米飯

墨西哥捲餅（3個）650日圓

KING TACOS

●キングタコス

沖繩當地美食「塔可飯」的創始店。餐點除了大碗白飯配上墨西哥風肉醬，灑上生菜絲和起司的「塔可飯」之外，也有許多份量十足的餐點。

起司蔬菜塔可飯 600日圓

Mapple Code 4700-1306　MAP 附錄② 10D-4

☎090-1947-1684
⏰10:30～翌1:00　休無休
址金武町金武4244-4
🚗距金武IC 2km　🅿免費

P.62

BEST 購物

一整天都玩不膩的濱海度假村

美濱美國村

●みはまアメリカンビレッジ

瀰漫美國西海岸風情的人氣景點。度假村中設有摩天輪，電影院、進口雜貨店、餐廳、飯店等。

P.62

景觀

悠閒的叢林巡航

BIOS之丘

●ビオスのおか

重現出沖繩原有森林面貌的廣闊植物園。除了水牛車觀光外，也可以搭船在湖上賞景。

Mapple Code 4700-1082　MAP 附錄② 9B-1

☎098-965-3400　⏰門票710日圓　址うるま市石川嘉手苅961-30　🚗距石川IC 7km　🅿免費

BIOS之丘

BEST 美食

當地人暱稱為「Enda」的名店

A&W 牧港店

●エイアンドダブリューまきみなとてん

美式速食店，也有可以在車上享用美食的得來速服務。

Mapple Code 4700-0685　MAP 附錄② 7C-1

莫札瑞拉起司堡490日圓

☎098-876-6081
⏰24小時　休無休　址浦添市牧港4-9-1
🚗距西原IC 4km　🅿免費

海灘

令人愛上夕陽的浪漫海灘

夕陽海灘

位在美濱美國村內，交通十分方便的海灘。由於相當靠近美軍基地，因此時常可以見到攜家帶眷的歐美人和當地人。不需預約的BBQ行程也很受歡迎。

P.62

BEST 咖啡廳

美式冰淇淋吧

Blue Seal牧港本店

●ブルーシールまきみなとほんてん

Blue Seal冰淇淋直營一號店。使用紅芋等沖繩食材所製的冰淇淋也相當暢銷。

Mapple Code 4700-0663　MAP 附錄② 7C-1

☎098-877-8258
⏰9:00～24:00　休無休　址浦添市牧港5-5-6　🚗距西原IC 5km　🅿免費

雙磚冰淇淋 560日圓

美食

懷舊風建築改建的精美商店林立

港川外國人住宅區

●みなとがわがいこくじんじゅうたくがい

一眼望去滿是方型與平房的水泥房屋，外國人住宅區是主打懷舊魅力的人氣地區，聚集大量咖啡廳與雜貨店在此開業。

[oHacorté] 港川本店的水果塔 566日圓～

P.62

Blue Seal 牧港本店

牧港

A&W 牧港店

港川外國人住宅區

西原IC

COSTA VISTA OKINAWA HOTEL & SPA

PLOUGHMAN'S LUNCH BAKERY

北中城IC

中城城跡

永旺夢樂城 沖繩來客夢

沖繩南IC

沖繩最大的度假購物中心

永旺夢樂城 沖繩來客夢

2015年開張

約有1000條魚倚伴其中的 Rycom Aquarium

與沖繩的自然合而為一 赤瓦屋頂的巨大宮殿

2015年4月開始營運的巨大購物城，當中售有各式沖繩當地名產與料理，同時也是充滿沖繩特色的景點。以下介紹這座當紅的度假購物中心內值得一逛的地方。

入口有大大的西沙獅迎接客人

永旺夢樂城沖繩來客夢的 4個特色

① 美食&購物
包含初次在沖繩設點的114家店，共有235家專門店集結於此。更有64家提供世界美食，以及受到當地居民喜愛的店，種類豐富且十分多元。

② 娛樂&文化
除了365天每天都有活動以外，大水族箱「Rycom Aquarium」和散佈在境內的西沙獅等擺設，在在讓人感受到滿滿的沖繩味。

③ 空間
如高地上舒爽涼風徐徐的「Rycom Village」等處，擅長打造能讓遊客充分享受沖繩度假氣氛的空間。

④ 服務
可以在旅客服務中心請櫃檯人員為您設計旅遊行程。

廣域MAP

嘉手納町　沖繩市　大眾食堂ミッキー　チャーリー多幸寿 アベニュー店　沖繩南IC　北谷町　美濱美國村　ライカム　永旺夢樂城沖繩來客夢　ETC北中　PLOUGHMAN'S LUNCH BAKERY　北中城村　宜野灣市　北中城IC　A Danian CAFE　中城村

「來客夢」是？地名的由來
來客夢（Rycom）其實是美軍託管時，設置在北中城村比嘉地區的「琉球美軍司令部」（Ryukyu Command headquarters）的通稱，據說是因為周邊視野良好，才在此設立司令部。

ライカム Rycom

境內MAP

KOZA十字路　ライカム　イオンモール アライバル通り　島袋　比屋橋　未來屋書店　OKINAWA 100series shop ichi-maru-maru　イオンモール南通り（東西線）　イオンモール東通り（南部延伸線）　T-SHIRT-YA.COM　加油站　Rycom Aquarium

免費P 4000輛

永旺夢樂城沖繩來客夢
●イオンモールおきなわライカム

於2015年正式營業，占地17萬5000㎡的巨型商場。這間巨大無比的商場特色是坐擁230家以上的專門店，以及約有2200個座位的美食區，並天天舉辦可以體驗沖繩文化的活動和音樂表演。

Mapple 4701-3107　MAP 附錄② 9B-4
098-930-0425
10:00～22:00（因店而異）　無休　北中城村アワセ土地区画整理事業区域内4街区　距北中城IC 5km　P免費

那霸
大見
特附
錄集
！①

沖繩美麗海水族館
P.14

西海岸度假區
P.38

區域別導覽

中部

P.56

首里
P.66

南部
P.74

山原
P.82

飯店導覽
P.88

購物後的樂趣
中部地區的美食景點

分成兩個區域介紹距永旺夢樂城沖繩來客夢車程10分鐘內的美食景點

沖繩市

大快朵頤
美式風味和沖繩美食

KOZA有名的墨西哥塔可店

チャーリー多幸寿
アベニュー店

●チャーリーたこすアベニューてん

在KOZA十分熱門的墨西哥塔可店。柔軟的餅皮包著滿滿的配料，再加上美味的獨門辣醬。有雞肉、牛肉、鮪魚等3種配料可供選擇。

Mapple Code 4700-0681 MAP附錄② 9B-3
☎098-937-4627 🕙11:00～20:50
休週五(逢假日則營業) 🏠沖繩市中央4-11-5 🚗距沖繩南IC 2km 🅿有特約停車場

墨西哥塔可（3個）650日圓

大眾食堂ミッキー
也受到歐美人喜愛

●たいしゅうしょくどうミッキー

座落於沖繩市區公園大道上的食堂。歐美客人不少，日文和英文並列的菜單也十分具有異國風情。

Mapple Code 4701-2586 MAP附錄② 9B-3
☎098-939-9663 🕙11:00～21:00
休週日 🏠沖繩市中央3-1-6 🚗距沖繩南IC 2km 🅿1小時50日圓

家常菜600日圓

北中城村

在外國人住宅的
咖啡廳中歇歇腳

座落於高台上的麵包店&咖啡廳

PLOUGHMAN'S
LUNCH BAKERY

●ブラウマンズランチベーカリー

矗立在可以看見海的小山丘上的白色外國人住宅。中午前會擺滿各式各樣令人垂涎三尺的麵包。2015年店鋪翻修過後，推出了6種三明治盤餐。

Mapple Code 4701-1937 MAP附錄② 9B-4
☎098-979-9097 🕙8:00～15:00 休週三
🏠北中城村安谷屋927-2 🚗距北中城IC 1km
🅿免費

酪梨單面三明治950日圓
（附沙拉與湯）

A Danian CAFE
在和諧的空間中
讓海景舒緩心靈

●アダニアンカフェ

從窗戶可以欣賞庭園綠意和大海，是間現代自然風的咖啡廳。大量使用沖繩與北海道蔬菜的湯咖哩中，帶有番茄與羅勒的風味。受到當地居民喜愛的鬆餅也不能錯過。

Mapple Code 4701-2359 MAP附錄② 9B-4
☎098-935-0188 🕙11:00～18:00(週三～14:30) 休週四 🏠北中城村安谷屋638-1
🚗距北中城IC 1km 🅿免費

巧克力香蕉鬆餅700日圓

沖繩伴手禮
精選品項

琉球木偶娃娃
各4320日圓
高30公分，穿著琉裝的人偶，最適合送人

手工整顆
芒果果醬
864日圓
使用位於沖繩南部的白川農園所生產的芒果製作的果醬

紅型化妝包
3888日圓
紅型工房トコトコ製作。便於日常使用的現代紅型作品

未來屋書店
永旺夢樂城沖繩來客夢店

●みらいやしょてんイオンモールおきなわライカムてん

座落於書店一角的「みらいやSANGO」以來自沖繩的禮品為主題，網羅各式各樣的商品。平價商品很多這點也是優點之一。可以在閒適的氛圍中慢慢逛，挑選喜歡的商品。

Mapple Code 4701-3130
☎098-931-9373 🕙10:00～22:00

八島黑糖
各108日圓
將伊江島、波照間島等沖繩的八個島嶼的黑糖分袋包裝

Okinawa 100series Shop
ichi-maru-maru

●オキナワひゃくシリーズショップイチマルマル

主要介紹沖繩縣內咖啡廳和雜貨店的人氣叢書《100シリーズ》內刊載的作家和店家，販賣各種雜貨和飾品的複合精品店。「僅此一件」的商品很多，所以看到喜歡的建議立刻買下。

Mapple Code 4701-3146
☎098-989-3484 🕙10:00～22:00

a paper.

紙耳環
珊瑚
1944日圓
用紙和樹脂掛勾做成的耳環。對金屬過敏的人也可以配戴的藝術飾品

琉球帆布 船型托特包 4320日圓
結合紅型創作家RYUKA的布料製成的小巧型托特包

T-SHIRT-YA.COM
永旺夢樂城沖繩來客夢店

●ティーシャツヤドットコムイオンモールライカムてん

陳列在店裡的T恤和沖繩花襯衫通通都是獨家設計。以沖繩的食物等元素為題材的T恤，不只有大人款式，也有90公分的兒童用尺寸。

Mapple Code 4701-3147
☎098-923-5783 🕙10:00～22:00

KISS
3024日圓
上有黃綠龜殼花和貓鼬親吻圖樣的可愛襯衫，適合親子裝

阿巴西苦瓜
2700日圓
將代表沖繩的蔬菜──苦瓜，用現代藝術的方法呈現

在海上暢快奔馳

海中道路&宇流麻諸島

穿過從勝連半島延伸出去的海中道路，前方便是具備各自風格的四座島嶼。天然沙灘外的廣闊大海與赤瓦屋頂的聚落、莊嚴肅穆的聖地等，島上才有的景點相當多。

夜間點燈也很美

推薦漲潮時兜風

在舒爽的海風吹拂下
享受全海景兜風

海中道路
（かいちゅうどうろ）

連結勝連半島與平安座島的這座長橋是沖繩中部的人氣兜風路線。半島和島之間為淺灘，以前在退潮時還可以步行往來。推薦於風景優美的漲潮時前往兜風。

Mapple Cafe 4700-0542　MAP 附錄② 8E-3
☎098-965-5634(宇流麻市商工觀光課)
¥免費通行　址うるま市与那城屋平
🚗沖繩北IC至海中道路西入口10km

暢遊道路服務區

自助式午餐990日圓

位於海中道路中央段的道路服務區，最適合兜風途中的休息。服務區內的海之驛AYAHASHI館設有特產品販賣處和餐廳。

海之驛AYAHASHI館
●うみのえきあやはしかん

Mapple Cafe 4701-1360　MAP 附錄② 8E-3
☎098-978-8830
🕐9:00～19:00(有時期性差異)
休無休　址うるま市与那城屋平4
🚗距沖繩北IC 14km　P免費

宇流麻市的琳瑯滿目

將津堅島特產的甘甜紅蘿蔔揉進麵裡
紅蘿蔔麵 410日圓

可以喝到特產海蘊的海蘊湯
10包裝1600日圓

炸黃金芋片
210日圓

海灘休息一下

道路服務區附近的海灘整備完善，可以享受海水浴或撿拾貝殼。以Sabani（小船）作為原形的長椅是不錯的休息地點。

在長椅上歇歇腳

平安座島
（へんざじま）

守護傳承古老傳統儀式的島嶼

漁港附近留存了歷史悠久的聚落，傳承了祈求航海平安的划龍舟大賽和各種照著舊曆舉辦的傳統活動。景色絕佳的咖啡廳和海鮮食堂散見於島上。

BOULANGERIE CAFE Yamashita
●ブロンジェリーカフェヤマシタ

沖繩海鹽紅豆麵包Q彈口感帶著點淡淡的鹹味，圓麵包則是從麵糰揉製時就加入了海蘊。有許多別出心裁麵包的烘焙坊。

Mapple Cafe 4701-2933　MAP 附錄② 8F-3
☎098-977-8250　🕐11:00～19:00　休週一、二
址うるま市与那城平安座425-2 2F
🚗距沖繩北IC 21km　P免費

每隻表情都不一樣的刺蝟麵包
194日圓

濱比嘉島
●はまひがじま

在宛若時空靜止般的島上 接觸琉球的神話

從平安座島跨過在蔚藍大海上的濱比嘉大橋後，抵達的另一座小島。島上留有跟琉球始祖女神阿摩美久、男神志仁禮久有關的遺址。

沿著陸路便可走到的島上遺址

阿摩美久之墓
●アマミチューのはか

位在海上的岩石島上，有祭拜阿摩美久與志仁禮久的陵墓。直至今日，這裡依然是當地居民許願的場所，散發神秘的氣息。

MAP 附錄② 8F-3

志仁禮久
●シルミチュー

兩位神明的神居遺址。穿過鳥居後踏上108階的石梯，便可抵達安置靈石的洞穴。是很多求子的人會來參拜的靈地。

MAP 附錄② 8F-4

綠意盎然的開運景點

海岸的てぃーらぶい定食1100日圓

聚落中的獨棟民宅

古民家食堂 てぃーらぶい
●こみんかしょくどうてぃーらぶい

屋齡83年的民宅改裝成的餐廳。料理來自於島民的獨特創意，以使用當地無農藥蔬菜燉煮的湯菜類定食為主。 **MAP** 附錄② 8E-3

Mapple (Code) 4701-2320
☎098-977-7688
⏰11:00～16:00 休週二、第4週三 地うるま市勝連浜56 🚗距沖繩北IC 19km ℗免費

伊計島
●いけいじま

在又名ICHIHANARI的 小島悠閒享受度假時光

當地人以沖繩方言暱稱這座宇流麻市最東邊的島為「ICHIHANARI」，意為「最遠的島」。在周長7公里的這座平坦的島中央，有著傳統的聚落。

重現當時的村落

仲原遺跡
●なかばるいせき

位在伊計島中央的繩文時代聚落遺址，也是沖繩最大的豎穴式穴居遺址。曾出土過人骨、土器和石斧。

Mapple (Code) 4701-3150 **MAP** 附錄② 8F-2
☎098-978-3149（宇流麻市與那城民俗資料館）
⏰自由參觀 地うるま市與那城伊計
🚗距沖繩北IC 28km ℗免費

宮城島
●みやぎじま

擁有廣大甘蔗田的 風光明媚小島

位在平安座島與伊計島的中間，以前被稱為「TAKAHANARI（高離）」。只要沿縣道行駛，就能看見甘蔗田彼端一望無際的大海開闊景色。

草莓牛奶冰700日圓（左）與芒果冰650日圓（右）

馬克杯（小）3000日圓

瑠庵＋島色
●るあんプラスしまいろ

陶藝家島袋克史的藝廊「島色」跟刨冰店「瑠庵」合體後，在2015年5月開張。淋在刨冰上的自製糖漿味道十分濃郁。

Mapple (Code) 4701-3148 **MAP** 附錄② 8F-3
☎050-3716-4282 ⏰10:00～17:30
休週三 地うるま市与那城桃原 428-2
🚗距沖繩北IC 21km ℗免費

ぬちまーす觀光製鹽工廠 ぬちうなー
●ぬちまーすかんこうせいえんファクトリーぬちうなー

可以參觀、學習與享用ぬちまーす（生命之鹽）的設施。除了觀光工廠以外，也有海景餐廳和主打鹽和點心的商店。

Mapple (Code) 4701-1691 **MAP** 附錄② 8F-3
☎098-983-1140
⏰9:00～17:30
休無休
🎫免費入場
地うるま市与那城宮城 2768 🚗距沖繩北IC 25km
℗免費

沖繩鹽蘇打216日圓

園區內的開運景點，果報斷崖

再從 **海中道路** 走遠一些！ **宇流麻** 的 **吸睛景點**

探訪世界遺產的城堡遺址

勝連城跡
●かつれんじょうあと

聳立於勝連半島向太平洋突出的高地上，修復後的階梯式城郭呈現優雅的曲線。從城牆上可以眺望中城灣與金武灣。

Mapple (Code) 4700-0345 **MAP**
☎098-978-7373
⏰自由參觀（休憩所為9:00～17:30）休無休 地うるま市勝連南風原3908 🚗距沖繩北IC 8km ℗免費

SOUPÇON beach side cafe
●スープソンビーチサイドカフェ

從露臺可以眺望金武灣的海景咖啡廳。在以加州海灘為主題的店內享用蘋果派與拿鐵咖啡，過個舒適的咖啡時光吧。

Mapple (Code) 4701-2321 **MAP**
☎098-964-3864
⏰12:00～22:00，週日為12:00～15:30 休週一、第1、3週二 地うるま市石川曙1-6-38 #221 🚗距石川IC 3km ℗免費

逛逛外國人住宅咖啡廳&商店

はらいそ

展示在宇流麻市定居的十一名作家的作品。活用外國人住宅區的特性，純白簡潔的店家，就像是座美術館。

Mapple (Code) 4701-3149 **MAP**
☎098-989-3262（monobox）⏰11:00～17:00 休週三、日 地うるま市石川曙1-24 #137 🚗距沖繩北IC 3km ℗免費

美濱美國村 & Depot Island

海風徐徐的海灘城

購物之旅

位在海岸邊像是主題樂園般的街區，從時尚商品到雜貨、沖繩伴手禮和美食應有盡有。吹著清爽舒適的海風，享受購物的樂趣吧。

美 美國村

入手美系商品吧！

可享受多種樂趣的度假商城

美濱美國村

帶著美國西海岸風情的人氣景點。除了摩天輪之外，還有電影院和舶來雜貨專賣店、餐廳和飯店等設施。外國旅客和當地居民都很常來此一遊。

Mapple Code 4700-1339 MAP
☎098-926-5678 (北谷町觀光情報中心)
營業店而異 址北谷町美濱16-2
交距沖繩南IC 6km 泊免費

美國玩具 **各280日圓**
從美國直接進口的鮮豔玩具

改造款
吊帶背心
1500日圓～
夏威夷襯衫或裙子改造成的獨一無二商品

american depot ○アメリカンデポ

充滿玩心的店裡滿是美國風休閒服和雜貨。二樓則有歐美進口、充滿年代感的二手衣和軍裝。

Mapple Code 4700-1291
☎098-926-0888 ⏰10:00～21:00
休無休 址american depot A館

美濱美國村 MAP

american depot B館
american depot C館
american depot A館
桑江
這裡是 Depot Island
美濱美國村的象徵，擁有搶眼摩天輪的嘉年華樂園
有七個廳的電影院 7PLEX
北谷町觀光資訊中心
58
P63
可免費停1500輛車的北谷町營停車場
宜野灣市
什麼都有賣
永旺北谷店
沖繩最高層的飯店
沖繩海濱Tower飯店

美軍轉售的軍裝

軍用毛帽 **2300日圓**
隊徽是重點的帽子，有紅色、深藍色等豐富顏色

黏貼徽章
各100日圓
藏著稀少品的中二手徽章

U.S. MARINES
D FLORIDA

SOHO ○ソーホー

從地下一樓到地上二樓，整整三層樓的店裡擺滿了日常用品、雜貨、重製商品等等的美國風商品。軍用裝備也很充實。

Mapple Code 4701-2460
☎098-982-7785 ⏰10:00～21:00
休無休 址american depot C館

軍用背包 **9800日圓**
最受軍事迷喜愛的厚實感100%的背包

充滿異國風情的公營海灘

夕陽海灘

Mapple Code 4700-0546 MAP
☎098-936-8273
4月中旬～11月的9:00～22:00 (游泳～19:00，有時期性差異)
開放期間無休 址北谷町美濱2 交自沖繩南IC 6km P免費

那霸
大見特附集錄！①

沖繩美麗海水族館
P.14

西海岸度假區
P.38

區域別導覽

中部

首里
P.66

南部
P.74

山原
P.82

飯店導覽
P.88

Depot Island

ペタルーナ 北谷サンセット店
●ペタルーナちゃたんサンセットてん

除了販售只使用天然成分製成的「Addiction Naturale」的香皂之外，也提供香氛精油和香氛膏。使用月桃等的沖繩特產所做成的商品也不少。

📞098-989-9989　🕚11:00～21:00
休無休　🚇Oak Fashion棟 1F

しかますハイビスカス
Shikamasu Hibiscus

香皂 Noosa（120g）
1242日圓
以森林、海洋和沙灘為意象的香皂

香皂 沖繩方言系列（90g）
972日圓
以沖繩方言命名的系列，全部共四種

陶醉於天然香氛中

沖繩夾腳拖
1600日圓
19色的底座、12色的鞋帶任君挑選組合

全世界僅此一雙的沖繩夾腳拖

I ♥ OKINAWA 5趾夾腳拖
2800日圓
適合拿來當伴手禮與贈品的獨創設計相當熱門

沖繩げんべい
●おきなわげんべい

沖繩版海灘鞋「沖繩夾腳拖」的專賣店。可以買到原創的沖繩夾腳拖，天然橡膠製成的鞋帶穿起來十分舒適。便於行走，也很耐穿。

📞098-926-1133　🕙10:00～21:00
休無休　🚇Depot Island E棟 1F

開洞五趾襪
KARABISA SOCKS
1620日圓
在日本國內縫製，穿起來就像沒穿襪子般自然

別出心裁的沖繩T恤

Habu Box アカラ店
●ハブボックスアカラてん

創業三十多年，以沖繩的風土和文化為主題的獨特設計T恤相當搶手。也有店家限定的雜貨和小物。

📞098-936-8239　🕚11:00～21:00
休無休　🚇AKARA棟

沖繩花樣T恤
3564日圓
印有沖繩夾腳拖和沖繩麵等沖繩象徵的T恤

以沖繩為題材的小物雲集

女用 山原水雞T恤
3564日圓
女版剪裁的T恤上是陶藝家香月礼的插畫

紅型托特包
6480日圓
印上紅型作家賀川理英的設計

蝴蝶結胸針
1316日圓
紅型作家賀川理英充滿現代感的手染紅型

琉球ぴらす 美濱Depot Island店
●りゅうきゅうぴらすみはまデポアイランドてん

以文化或生物等「沖繩」特有的主題商品為主打的店。店裡常備有100項以上的獨創商品，可愛的雜貨和飾品也不能錯過。

📞098-926-6262　🕚11:00～21:00
休無休　🚇Depot Island C館 1F

位在海岸邊的購物天空

Depot Island

正像是來到了異國一樣，整條街上鱗次櫛比的洋風建築中滿是商店和美食景點。集結了100家以上的商店，提供服飾、雜貨、餐點、美術品的購物中心。

Mapple Code 4701-2072　MAP 附錄② 8D-1
📞098-926-3322
營業時間因店而異　址北谷町美浜9-1
距沖繩南IC 6km　免費

新景點誕生

Distortion Seaside大樓

Depot Island MAP

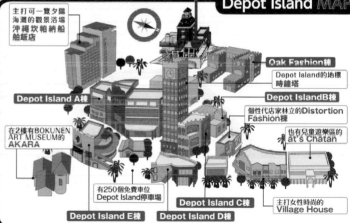

主打可一覽夕陽海灘的觀景浴場 沖繩坎帕納船舶飯店

Oak Fashion棟

Depot Island的地標 時鐘塔

Depot IslandB棟

個性代店家林立的Distortion Fashion棟

也有兒童遊樂區的at's Chatan

Depot Island A棟

在2樓有BOKUNEN ART MUSEUM的AKARA

有250個免費車位 Depot Island停車場

Depot Island C棟

主打女性時尚的Village House

Depot Island E棟　Depot Island D棟

稍微休息一下

午餐&點心

份量十足的美式漢堡
JETTA BURGER MARKET
●ジェッタバーガーマーケット

主打100%牛肉的自家製漢堡肉。咬下德州EXTRA堡，漢堡肉、培根、起司和蛋的美味便會在口中一起爆發。

Mapple Code 4701-3152
📞098-989-5123
🕚11:30～22:00
（週六日、假日至23:00）　休無休
址Distortion Fashion棟 2F

巨大漢堡700日圓

優雅且味道溫和的沖繩麵
かめぜん食堂
●かめぜんしょくどう

打造成令人懷念的沖繩食堂景象。沖繩麵使用以當地品種的阿古豬熬出來的清爽湯頭，跟獨特的細麵味道絕配。

Mapple Code 4701-3153
📞098-926-6653
🕚11:00～21:30
休無休
址Depot Island C棟 2F

豪華沖繩麵850日圓

用大量水果打成的健康飲料
琉冰 北谷美浜店
●りゅうぴんちゃたんみはまてん

除了使用契約農戶收購的水果製成的獨門刨冰之外，還有可以邊走邊喝、加入寒天的新口感凍飲，相當暢銷。

Mapple Code 2701-4432
📞080-2742-9002
🕚11:00～19:00
（7～9月為～21:00）
休不定休
址Depot Island E棟 1F

勝山香檬的凍飲400日圓（左）與火龍果&香檬的凍飲450（右）

尋找中意的 Cafe&Zakka 之旅

港川 外國人住宅區 一同探險去 ♥

Why? 港川
過去在沖繩中部曾設有大規模的美軍基地，因此周邊也陸續興建了住宅用建築。約有60間住宅櫛次鱗比的港川，現今多已翻修為時髦的咖啡廳和店家，成為熱門的觀光地區之一。

What? 外國人住宅區
指的是專為駐留美軍建造的箱型平房式水泥住宅。特徵在於天花板較高、隔間寬敞。大多數建築物的屋齡在40～50年間，復古式的造型非常具有魅力而備受矚目。

浦添市的港川外國人住宅區，近年越來越受到注目。建議可以一邊漫步在以美國地名命名的道路上享受港川特有的街景氛圍，一邊尋找自己喜歡的店家。

Car info
☆由於店家都集中在狹小的區域，行人眾多，駕駛時請多加留意
☆大多店家停車位偏少。請遵守規矩，不要停靠在路邊或是別家店的停車位上，好好享受散步的樂趣
☆步行5分的位置設有付費停車場「サンパーキング港川駐車場」。推薦給想悠哉散步的旅客使用

這裡就是港川外國人住宅區

Nets
北谷
沖繩海邦銀行
58
最近的付費停車場
P
きらきら保育園
HONDA
スーパーかねひで
建議由此進入
GS
日產
那覇
港川中學校
港川小學校
港川幼稚園

前往港川的交通方式
西原IC行經國道330號、縣道153號、國道58號往北谷方向開車約5km。若目標店鋪沒有出現在汽車導航上，建議可將港川小學或港川幼稚園當地標。

↗人氣極高的土司，1份310日圓（照片中為4份1240日圓）

↘四周綠葉圍繞的時髦招牌，就是店家的標誌

使用嚴選食材口感軟Q的土司

ippe coppe
ippe coppe open 12:30-18:30 closed 火 水 第3水曜

↑上：鄉村麵包420日圓、左：白無花果與奶油起士260日圓、右：原味貝果210日圓

OREGON st.
牧港
ZZERIA NDA
MICHIGAN st.
ARIZONA st.
cafe&dining Rich'epi

TAKEOUT
ippe coppe
●イッペコッペ

→可以用可愛的包裝帶回家

使用北海道產的小麥粉和大宜味村喜如嘉的天然水等，來自日本各地的嚴選素材製成的天然酵母麵包，廣受喜愛。由於麵包採用低溫慢慢發酵，能帶出特有的美味及Q彈口感。

Mapple Code 4701-1942　MAP 附錄② 7C-1
☎098-877-6189　🕐12:30～18:30（賣完即打烊）　休週二、三，第3週一　址浦添市港川2-16-1 #26　🚗距西原IC 5km　P免費

↑人氣麵包欲購請趁早

CAFE
Cafe bar Vambo・Luga
●カフェバーバンボルーガ

店面善加利用了房間數量多的外國人住宅，除了有吧台座之外，還設有包廂。以蔬菜為中心的沖繩炒什錦盤餐附有湯品、沙拉、飲料、甜點，非常受歡迎。

悠閒用餐舒適沉穩的店內在瀰漫亞洲風情

Mapple Code 4701-3140
MAP 附錄② 7C-1
☎098-878-0105
🕐12:00～23:00
休週二　址浦添市港川2-16-8 #21
P免費

↑kopi kara 500日圓，是款使用椰子口味的牛奶加上自製咖啡冰淇淋的飲料

↑平日限定的沖繩炒什錦盤餐1050日圓，擺盤是使用由印尼進口的花朵型盤子

↘火龍果搭配香檬的ごちそう刨冰580日圓

私房菜 ニワトリ

「ippe coppe」於4～9月限定開放的庭園樹陰露天席。使用當季水果的「ごちそう刨冰」非常具有人氣，有許多的顧客都是為此而來。

CAFE
Cafe Restaurant La Vita
●カフェレストランラヴィータ

義式咖啡廳善用季節食材加以變化

午間義大利麵套餐（附前菜、湯品、麵包、飲料）1000日圓～每個月都能享用到不同口味的義大利麵

以白色為基調的店家，空間十分寬敞舒適。使用沖繩縣產食材製作的義大利麵和鮮魚料理都頗受好評，受到廣泛年齡層的顧客喜愛。使用當季水果製作的甜點也十分值得推薦。

Mapple Code 4701-2228　MAP 附錄② 7C-1
☎098-878-9808
🕐11:30～21:00（週二～15:00）
休無休　址浦添市港川2-15-3 #31　🚗西原IC 5km　P免費

↓簡約且空間開闊的店內

↓可在庭院裡的義天席上享用美點

區域別導覽

中部

亦可當作咖啡廳利用

如同寶石般閃閃發亮的水果塔十分誘人

時尚的外觀充分展現出老闆的品味

在悠閒的氣氛中享受正宗拿坡里披薩

PIZZERIA ONDA
ピッツェリアオンダ

在休閒的空間中，享用正宗拿坡里披薩。從燒窯到起士、小麥粉都是由義大利進口，非常講究。義大利產的葡萄酒品項也相當豐富。

義大利製的燒窯，點餐後現烤

附飲料與沙拉的瑪格麗特披薩1200日圓（午餐）

Mapple Code 4701-2762　MAP 附錄② 7C-1
☎098-943-2960
🕐11:30～14:30、18:00～22:00
休週三　🏠浦添市港川2- 13-7 #41　🚗距西原IC 5km　🅿免費

TAKEOUT [oHacorté] 港川本店
オハコルテみなとがわほんてん

大量使用當季水果，直徑長達7cm的水果塔，隨時都有12～15種不同口味可供選擇。有些水果塔會配合水果的特性來調整派皮和奶油等，店家在這方面可說是下足了功夫。

Mapple Code 4701-1939　MAP 附錄② 7C-1
☎098-875-2129　🕐11:30～19:00　休無休
🏠浦添市港川2-17-1 #18　🚗距西原IC 5km　🅿免費

色彩艷麗的水果塔560日圓～

本日鮮魚料理1000日圓～，可以讓顧客品嘗到最新鮮的沖繩縣產鮮魚

使用沖繩食材的空間中品嘗華麗法式餐點

在時髦休閒的空間中品嘗使用沖繩食材的華麗法式餐點

每條巷弄都有取自美國地名的路名。走過時請千萬別錯過！

N

MAIN st.

R58<<<

Cafe Restaurant La Vita

VIRGINIA st.

NEVADA st.

FLORIDA st.

TEXAS st.

INDIANA st.

[oHacorté] 港川本店

Cafe bar Vambo-Luga

ippe coppe

PORTRIVER MARKET

原創的格子花紋值得一看。一翠窯方盤2592日圓

CAFE cafe&dining Rich épi
カフェアンドダイニングリッチエピ

讓顧客可在時尚休閒的氣氛當中，品嘗使用沖繩縣產的新鮮魚、肉、蔬菜製成的法式創意餐點。能抱著輕鬆的心情，享受全餐式午餐也是店家的魅力所在。

Mapple Code 4701-2928　MAP 附錄② 7C-1
☎098-943-1713　🕐12:00～21:00
休週一、第1、3週二　🏠浦添市港川2-12-7 #50　🚗距西原IC 5km　🅿免費

店內將五彩繽紛的椅子，擺設得十分寬敞舒適

ZAKKA PORTRIVER MARKET
ポートリバーマーケット

商品從包包和飾品，到器皿和食品都有，並且都是老闆以「衣住食」為主題精心挑選而出。留住食材原味的縣產水果奶昔、酵素果汁也都很受歡迎。

Mapple Code 4701-2936　MAP 附錄② 7C-1
🕐12:30～18:00
休週日、假日　🏠浦添市港川2-15-8 #30　🚗距西原IC 5km　🅿免費

店內充滿各式各樣品味超群的商品

店家老闆親自精挑細選沖繩出產的「優質商品」

繽紛可愛的ハロイナ耳環1296日圓～

最佳散步路線看這裡！

7 15:00	6 14:30	5 13:20	4 12:45	3 11:40	2 9:35	1 9:30
金城町石板道＆大茄苳	石疊茶屋 真珠	首里琉染	玉陵	首里ほりかわ	首里城公園	首里站

步行即到｜步行10分｜步行3分｜步行5分｜步行3分｜步行約5分

⋯⋯散步路線

CLOSE UP

請多加利用計程車

搭乘單軌電車從首里站前往首里城公園距離約1.5 km，距離有些遙遠，因此在移動的時候，推薦可以搭乘常駐在車站前方的計程車。只要跳錶一次即可抵達，中型車的車資大約在500日圓左右，相當便宜。
→P.16

儀保站

世界遺產 →P.68

景觀

曾做為小説和電影背景的朱紅色王宮
首里城公園 ●しゅりじょうこうえん

位在可眺望那霸市的山丘上，除了首里城正殿之外，廣大的公園中還散佈著許多史蹟。首里城過去是政治、外交、文化的中心，在琉球王國的繁榮歷史中佔非常重要的地位。

美食

在赤瓦的民宅品嘗琉球料理
琉球茶房 あしびうなぁ

瑞饕御膳4104日圓（限晚餐）
可以一邊欣賞琉球式庭園，一邊享用食材新鮮的琉球料理。
→P.72

琉球茶房 あじびうなぁ

豆腐花定食 570円

美食

份量十足的定食琳瑯滿目
あやぐ食堂 ●あやぐしょくどう

深受當地民眾喜愛的食堂。店內牆壁上貼滿了大約100種類的菜單，相當引人注目。在這裡可以用親民的價格，品嘗到份量飽滿的沖繩家庭料理。

Mapple Code 4701-1574
MAP 附錄② 16D-2
☎098-885-6585
□10:30~20:30 休週三
那霸市首里久場川町2-128-1
單軌電車首里站步行5分
免費

あやぐ食堂

29

82

美食

大排長龍的人氣店
首里そば ●しゅりそば

湯頭口味細膩高雅，搭配彈力十足的麵條，堪稱絕配。
首里麵（中）500日圓

首里站①

首里そば

赤田風

美食

琉球王國的味道傳承至今
赤田風 ●あかたふう

可以品嘗到技術純熟的廚師花費功夫烹調出的琉球料理。菜色只有三種全餐可以選擇。彷彿融化於口中的琉球東坡肉以及色澤光鮮的雜炊都堪稱一絕。

全餐 6264日圓

Mapple Code 4701-0955
MAP 附錄② 16C-3
☎098-884-5543
□12:00~14:00、18:00~22:30（預約制，白天限4名以上）
休週日 那霸市首里赤田町1-37 單軌電車首里站步行7分 免費

②首里城公園

赤田風

首里 是這樣的地方

悠閒自在體驗歷史之旅 GO！

首里城

談到沖繩觀光的王道行程，首先想到的肯定是首里城。首里城周邊擁有許多值得欣賞的景點，其中最不容錯過的非本殿莫屬了。朱紅色的王城，就連細節的設計都充滿匠心，至今仍持續散發出毫不褪色的光輝。

世界遺產

世界遺產「琉球王國的御城及相關遺產群」的9處史蹟當中，「首里城跡」「園比屋武御嶽石門」「玉陵」「識名園」等4處都在首里地區。可以一次巡覽多處世界遺產，也是這個地區的魅力之一。

傳統文化

供應琉球王國宮廷料理的餐廳、能體驗琉球傳統染布「紅型」的店家等，在這裡可以透過美食和體驗來了解當地歷史文化，擁有許多只有在古都首里才能享受到的遊玩方式。

購物

歷史悠久的首里泡盛酒廠
瑞泉酒造 ●ずいせんしゅぞう

過去曾是首里城收藏泡盛的酒窖之一，並擁有「瑞泉」、「おもろ」等品牌。酒窖部份有開放參觀，也可試喝、購買古酒。

BEST

Mapple Code 4701-0226
MAP 附錄② 16C-3
☎098-884-1968
□9:00~17:20 休週日、假日、第2、4週六 那霸市首里崎山町1-35 單軌電車首里站步行10分 免費

瑞泉酒造

82

那霸IC

沖繩自動車道

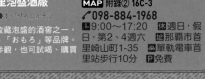

那霸大見特附集錄！①

沖繩美麗海水族館 P.14

西海岸度假區 P.38

中部 P.56

區域別導覽

南部 P.74

山原 P.82

飯店導覽 P.88

BEST 玩樂活動

前往染色工坊尋找中意商品

首里琉染 ●しゅりりゅうせん

可以觀賞到染色製作流程的合掌式房頂的工坊，還能體驗沖繩傳統的染色技法「紅型」，以及這家店特有的珊瑚染技法，採預約制1人3240日圓。店內也有販售許多原創商品。

Mapple Code 4700-0726 | MAP 附錄② 16B-2

☎098-886-1131
🕐9:00～18:00 休無休 地那霸市首里山川町1-54 交單軌電車儀保站步行15分 P免費

景觀

（那霸市）

瀰漫歷史魅力的王室之墓

世界遺產

玉陵 ●たまうどぅん

琉球王朝第二尚氏王統的陵墓，據說是由第三代國王尚真在文龜元（1501）年所建造，特徵在於採用博風板的設計，對現今的沖繩墓造型帶來了不小的影響。

Mapple Code 4700-0666 | MAP 附錄② 16B-2

☎098-885-2861 🕐9:00～17:30
休無休 ¥入場費300日圓 地那霸市首里金城町1-3 交單軌電車首里站步行15分 P無

BEST 美食

藏身於巷弄內的私房沖繩麵店

首里ほりかわ ●しゅりほりかわ

嚼勁十足的自製細麵與山原阿古豬的清爽高湯堪稱絕配。由於位在首里城公園附近，建議可在散步前後前往品嘗。

招牌麵 630日圓

咖啡廳

在這裡可以品嘗泡泡茶

楽茶陶房ちゅらら

Mapple Code 4701-2383 | MAP 附錄② 16C-2

☎098-886-5188
🕐10:00～18:00 休週二、三 地那霸市首里当藏町1-14 交單軌電車儀保站步行10分 P無 泡泡茶套餐700日圓

泡泡茶是過去王宮在舉辦祭祀和儀式時才能飲用的茶。身穿琉裝的老闆會將香片茶、玄米、白米放入茶碗中，親自為顧客泡茶以及講解喝法。

楽茶陶房ちゅらら

CLOSE UP

世界遺產

識名園 ●しきなえん

世界遺產「琉球王國的御城以及相關遺產群」的其中一處。擁有紅瓦屋頂的御殿以及寬廣的庭園。可以遊覽池塘一圈，欣賞呈現四季變化的風景。最靠近的車站雖然是單軌電車首里站，不過仍有一段距離，建議搭乘計程車前往。

Mapple Code 4700-0668 | MAP 附錄② 14E-3

☎098-855-5936
🕐9:00～18:00 (10～3月～17:00)
休週三 (逢假日則翌日休)
¥入園費400日圓 地那霸市真地421-7
交單軌電車首里站搭計程車10分
P免費

（那霸市）

交通方式

●距首里站3km、搭計程車10分
●距那霸2km、車程6分

首里城公園・玉陵
29
首里站
那霸IC
82
222
沖繩自動車道
識名園
222
82
識名隧道
N

那霸格蘭城堡日航飯店

首里琉染

29

咖啡廳

位在首里高地的咖啡廳

位在石板坡道上，景觀良好的咖啡廳。從眺望良好的露天席可將那霸市的模樣盡收眼底。店內除了甜點之外還有供應塔可飯等嶄新餐點。

芒果刨冰750日圓

守禮門

園比屋武御嶽石門

3
4
6
7
49

金城町的行儀道路大茄苳

美食

獨棟餐廳品嘗琉球料理

うちなー料理 首里いろは庭

●うちなーりょうり しゅりいろはてい

首里金城町石板道附近的琉球料理專賣店。

守禮定食3240日圓

景觀

散步於風情萬種的街道

首里金城町石板道

●しゅりきんじょうちょういしだたみみち

以琉球石灰岩鋪成的石板路。兩旁林立許多古老石牆與沖繩特有的赤瓦房舍。

うちなー料理 首里いろは庭

Dessert Labo Chocolat

咖啡廳 **欣賞綠意盎然的森林小憩一下**

Dessert Labo Chocolat ●デザートラボショコラ

店家的巧克力類甜點會視食材挑選搭配巧克力的種類，並且在加工上耗費不少功夫，在當地人之間頗受好評。使用芒果、水蜜桃等季節性水果的蛋糕也非常值得留意。

Mapple Code 4701-2764 | MAP 附錄② 16C-3

☎098-885-4531
🕐10:00～20:30 休第4週一
地那霸市首里金城町4-70-4
交單軌電車首里站搭計程車5分
P免費

金城水塘

蛋糕套餐750日圓

景觀

宛如守護神般的氛圍

金城町的大茄苳

●きんじょうちょうのおおアカギ

彷彿鎮守著御嶽的5棵大樹聳立於此。列入天然紀念物。

點綴著**朱紅色**的王宮

世界遺產 首里城

首里城是沖繩代表性的觀光勝地。紅瓦、朱紅色塗漆的外牆、
金黃色裝飾點綴地光燦耀人的正殿等，在這裡介紹各個景點的特色。

正殿以及稱為御庭的中庭。御庭的條紋圖樣是在此
舉辦儀式時讓參仙者排列隊的標記

首里城公園 ●しゅりじょうこうえん

位在可以俯看全那霸市的山丘上，是以沖繩
戰中一度燒毀的首里城為主，進行修復並加
以整頓的國營公園。修復工程至今仍持續進
行著，並於2014年開放過去禁止男性進入
的區域"御內原"。園內分為正殿等首里城
中樞的付費參觀區域以及免費參觀區域。

Mapple Code 4700-1410
MAP 附錄② 16C-3

☎098-886-2020
(首里城公園管理中心)
休7月第1週三及翌日
¥免費入園，付費區域(正
殿、北殿、南殿・番所、書
院、鎖之間、黃金御殿、近
習詰所、奧書院、奉神門)
入館費820日圓
址那霸市首里金城町1-2
單軌電車首里站步行
15分 P2小時320日圓

世界遺產

期間	付費區域的開館時間
4〜6・10・11月	8：30〜19：00(最後入館18：30)
7〜9月	8：30〜20：00(最後入館19：30)
12〜3月	8：30〜18：00(最後入館17：30)

御差床(うさすか) 2樓
位在二樓中央，同時也是設置國王玉座的空間。鑲有螺鈿裝飾的椅子，光彩奪目

玉御冠(たまのおかんむり) 2樓
金、銀、水晶、珊瑚材質的珠子光芒四射的王冠。此處所展示的為複製品

正殿的內部竟然如此豪華！

1樓是國王主持政治及儀式的場所，2樓是國王及其家人、身份較高的女官使用的空間。豪華絢爛的程度簡直無與倫比，讓人不禁屏息。

おせんみこちゃ 2樓
祭祀琉球守護神「火之神」，同時也是國王和女官每天早上面朝東方祭拜的空間

おちょくい 1樓
國王專用，連結2樓與1樓的樓梯，只要打開玉座後方的拉門即可看到

遺構(いこう) 1樓
從玻璃地面的部份可以欣賞到正殿修復前的遺址模樣，其實這些遺址才是真正的世界遺產。

1日6次的導覽行程帶入神祕世界

巡覽付費區域約50分鐘的「首里城免費導覽」。1日舉辦6次、限優先報名前15個名額。饒富趣味的解說深受好評。

值得一看的琉球舞踊竟可免費觀賞

下之御庭會上演每週幾日限定1日3次的傳統琉球舞踊。表演時間約30分鐘有4個曲目可免費欣賞。

早上開門儀式、晚上夜間點燈都不容錯過

每天早上，付費區域在開館的5分鐘前，會有打扮成衛役的工作人員在奉神門登場。一邊敲打銅鑼、一邊大喊「御開門」並將大門開啟。此外，每晚還會舉行夜間點燈。

單軌電車的乘客可享入場費優惠

只要出示單軌電車的自由乘車券（一日券、二日券），原價820日圓的入館費只需660日圓。

事前預習！小知識　精選介紹能讓首里城巡覽更加有趣的資訊。

首里城的"大奧"已修復
位在正殿深處的御內原，曾是除了王族以外「男性禁入」的區域，同時也是多數女官工作的場所。自2014年開始「黃金御殿、奧書院、近習詰所」開放參觀。

曾為國王和王妃客廳和寢室的黃金御殿。現在則展示著美術工藝品

琉球的傳統樂器 三線琴
系慶座、用物座會舉辦三線琴體驗活動。時間約30分鐘，講師會教導沖繩民謠。1日2次，限優先報名的前5個名額。

每週六、日、假日的11:40～、14:40～

首里城是這樣的地方 之1

延續450年琉球王國的一大象徵

沖繩過去曾被稱為琉球王國，並在15～19世紀之間的450年以獨立國家的形式存在著。首里城是國王的居城，同時也是政治、外交的舞台，可說是王國繁榮的證明。現在的首里城是依照考古資料的記載進行修復的建築。

首里城是這樣的地方 之2

融合日中樣式的絕無僅有建築

正殿是堪稱"首里城門面"的建築。設計方面參考了中國的紫禁城，軒前則採用唐博風等日本建築的要素，形成了琉球特有的造型。

日本常見的唐博風樣式。裝飾品則是琉球特有的設計

首里城是這樣的地方 之3

飛龍起舞！高貴華麗的裝飾四處可見

正殿當中點綴著龍、獅子、瑞雲、火焰寶珠、牡丹唐草等色彩豐富的裝飾。據說是象徵國王的龍，包含正殿內外共多達33條。

龍的裝飾在屋頂和柱子上隨處可見

2小時可逛完 首里城公園

完美巡覽行程

首里城曾是琉球王國的政治與文化中心，雖然於2019年10月發生火災，但修復工程目前仍在進行中。結合了8個重點介紹最佳遊覽路線。

起點從首里杜館開始

首里杜館位在公園入口，內部設有綜合服務處、餐廳、咖啡廳、停車場等設施，可多方位使用。

↻ 這裡是遊覽園內的起點

Check point ①

穿過鮮艷朱紅色的守禮門即可正式登城！

↻ 2000日圓紙鈔上熟悉的圖案

首里城公園迎接來訪遊客的大門，同時也是首里城燒毀後最先重建的部份，成為持續至今修復工程的開端。兼具風格和美觀的琉球獨特設計，非常適合拍照留念。MAP 附錄② 16B-2

↻ 至今也吸引眾多人來此祈禱的景點

Check point ②

園比屋武御嶽石門

誠心祈禱

名字中雖然帶有"門"字，但是無法通行，因為據說門後的森林深處有神明居住。從前國王要出城時，都會來此祈禱一路平安。MAP 附錄② 16B-2

歡迎光臨！

↻ 別忘了找衙役裝扮的工作人員拍照留念

歡喜門

御嶽是指神明降臨的聚地

↻ 每年節慶時會展示國王裝扮

Check point ③

不要錯過清澈流水源源不絕的龍樋

過去曾用來當作王宮飲用水的湧泉。石製的龍口是距今約500年前從中國購入的裝飾，至今仍保持著當時的模樣。由於位在往瑞泉門方向的石梯途中，較容易漏看，請多加留意。

→ 擁有瑞泉（出色、吉利的泉水）之美稱

Check point ④

從西阿佐那欣賞城內外的景緻

阿佐那意指可眺望遠處的地方。海拔130m的城牆上設有瞭望台，除了城內以外，還可望見那霸市區和港口，天晴時甚至連遙遠的慶良間諸島都可看得到。

瑞泉門
漏刻門
廣福門
下之御庭

MEMO
付費區域的入場券在此購買

↻ 設置於海拔約130m城牆上的瞭望台

首里城公園MAP

黃金御殿　奧書院　近習詰所
⑧北殿　⑦正殿　南殿　書院
淑順門　　　　　御庭　　　　　⑥鎖之間
西掖門　　供屋　　　　　　番所
圓覺寺遺跡　日影台　　　　奉神門　南殿‧番所入口
　　　　　　久慶門　　　　　首里森御嶽　下之御庭
弁財天堂　　　系圖座‧用物座
龍潭　　　　　　③龍樋　京之內
②園比屋武御嶽石門　　　木曳門
①守禮門　　　　　　　　　　④西阿佐那

綜合服務處
首里杜館
起點&終點
往首里站　　地下停車場入口
N

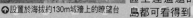
首里城公園管理中心

■付費區域　■免費區域
←路線

70

那霸
見附錄①

大見特集！/①

沖繩美麗海水族館 P.14

西海岸度假區 P.38

中部 P.56

區域別導覽

↑以琉球松樹、蘇鐵、琉球石灰岩所佈置的庭園

清爽怡人茶屋記
琉球點心品嘗體驗（213日圓）

↑身穿若眾（冠禮前少年）服飾的服務人員

從此一直到北殿都是付費區域

奉神門
御庭
番所
南殿

Check point 6　一邊欣賞別具一格的庭園 一邊在鎖之間品茶

曾為王子們的準備室的鎖之間，如今成為如同咖啡廳般的空間，供旅客品嘗金楚糕和香片茶等琉球王國時代的傳統點心和茶水。建議可以在此欣賞綠意盎然的庭園，稍事休息。

番所
奧書院
近習詰所
黃金御殿

Check point 5　在清爽怡人空氣瀰漫的京之內享受散步之樂

◆樹木枝繁葉茂，瀰漫神秘的氣氛

這一帶四周由城牆環繞且綠意盎然，據說是首里城發祥的聖域，同時也是過去神女們祈禱王家繁榮、五穀豐收的祭祀空間。一邊享受清爽怡人的空氣，一邊散步於蔥鬱茂盛的步道上。

Check point 8　從北殿看出壯觀慶典的模樣

此處曾是衙役工作的行政設施，偶爾也會當做迎賓館使用。2000年舉辦的工業國高峰會晚宴也是在此舉行。現在會透過立體模型和影像，來解說王政的構造以及儀式等。

↑透過立體模型重現元旦儀式

若狹門
久慶門

Check point 7　細節也精美無比的正殿 令人不禁讚嘆

終於抵達首里城公園的觀光重點——正殿。1樓和2樓在同樣地點設有御差床的設計極為罕見。由於內部的柱子和橫樑上都有著精雕細琢的裝飾，請記得要細細欣賞其中奧妙。

◆王妃造型的裝扮會在重大節慶亮相

↑1樓的御差床。後方設有國王專用的樓梯

行程最後到首里杜館挑選伴手禮

◆西沙獅造型的書籤432日圓

◆內含10個黑砂糖的巾著黑糖540日圓

◆彩繪玻璃鏡子1512日圓

◆草莓和椰子口味的雪鹽泡芙紅白組合720日圓

彷彿歷史畫軸般的三大慶典

↑首里城公園中秋之宴

每年3次，大規模地重現琉球王國時代當時的模樣。新春之宴的元旦儀式、中秋之宴的傳統技藝都不容錯過，首里城祭則是大遊行最值得一看。

每年1月1~3日（預計）	首里城公園新春之宴
2016年9月中旬（預計）	首里城公園 中秋之宴
2016年10月下旬~11月初	首里城祭

首里杜館 步行5分

石疊茶屋 真珠
●いしだたみちゃやまだま

位在首里金城町石板道附近。可以品嘗到使用芒果和黑糖的甜點。

Mapple Code 4701-1361
MAP 附錄② 16B-3

☎098-884-6591
⏰10:00~16:30 休週二
🏠那霸市首里金城町1-23
🚃單軌電車首里站步行15分
🅿無

◆芒果刨冰750日圓

首里杜館 步行7分

金城町的大茄苳
●きんじょうちょうのおおアカギ

↑彷彿能帶給人能量

彷彿鎮守著大小2座御嶽的5棵大樹矗立於此。樹齡已超過200年。

Mapple Code 4701-2593
MAP 附錄② 16B-3

☎098-917-3501
（那霸市文化財課）
🏠自由參觀 🏠那霸市首里金城町 🚃單軌電車首里站步行20分 🅿無

首里杜館 步行5分

首里金城町石板道
●しゅりきんじょうちょういしだたみみち

→散步在富有風情的古道

1522年左右完工的長約4km道路，其中只有約300m躲過戰火，保存至今。

Mapple Code 4700-1265
MAP 附錄② 16B-3

☎098-917-3501
（那霸市文化財課）
🏠那霸市首里金城町 🚃單軌電車首里站步行20分 🅿無

在首里品嘗

琉球傳統美食

琉球料理和沖繩麵的名店雲集，首里地區除了泡泡茶、金楚糕等以外，還可品嘗到王國時代的傳統茶點，請盡情享受古都首里特有的口味。

在首里城下的獨棟建築品嘗外觀也令人大飽眼福的琉球料理

3240日圓
吃得到沖繩東坡肉、豬腳等14道沖繩代表性料理的招牌菜色

琉球料理

琉球時代延續至今的傳統料理。名稱當中雖然有豆腐二字，可是沒有使用沖繩縣產食材獨有味道調理出的溫馨口味，必定能讓品嘗的人身心備感溫暖。

うちなー料理 首里いろは庭

うちなーりょうりしゅりいろはてい

位在首里金城町石板道附近的沖繩料理店。推薦菜色有包含14道沖繩代表性料理的守禮定食，以及將木薯粉、番薯粉、紅芋混和後油炸而成的紅芋天麩羅。

Mapple Code 4700-0779　MAP 附錄② 16B-3
☎ 098-885-3666
🕐 11:30〜15:00、18:00〜21:00
休 週三　址 那霸市首里金城町3-34-5　🚃 單軌電車首里站搭計程車5分　P 免費

這一道也很推薦！
石板定食（限午餐）…1620日圓
紅芋天麩羅………540日圓

➡ 設有分開的座席和日式暖桌席

花生豆腐
花生榨汁搭配蕃薯粉製成的料理，名稱當中雖然有豆腐二字，可是沒有使用大豆

酥炸烏尾鮗
沖繩的縣魚──烏尾鮗的口味清淡，十分適合油炸。店家通常都是豪爽地將整尾魚拿去炸

豬腳
豬腳用高湯、醬油、泡盛酒經過長時間燉煮的料理。膠質豐富、口感軟嫩

沖繩東坡肉
豬肉的帶皮三層肉，使用泡盛酒和醬油燉煮成甜中帶鹹的料理，類似東坡肉

庶民料理與宮廷料理

現代的琉球料理繼承了庶民料理與宮廷料理兩種流派。
庶民料理當中最具代表性的就是將各種食材混在一起炒的「沖繩炒什錦」，特徵在於營養價值高，並且利於保存。相較之下，宮廷料理雖然曾是用於儀式以及招待他國貴賓的高級料理，但沖繩東坡肉、豆腐乳、海蛇湯、黑芝麻豬排等，現在已成為在餐廳和家裡都吃得到的菜色而廣受當地人喜愛。

豆腐乳
將豆腐用紅麴和泡盛酒等醬汁，長時間浸泡而成的發酵食品。口感如同起司一般並帶有泡盛酒的強烈風味

海蛇湯
用煙燻海蛇和鰹魚熬製高湯，再加入肉和蔬菜的湯品。據說有強身健體的效果

黑芝麻豬排
使用黑芝麻、醬油、砂糖等製成醬汁，鋪滿在豬排上後再蒸熟的菜色。含有大量黑芝麻，有益健康

琉球茶房 あしびうなぁ

りゅうきゅうさぼうあしびうなぁ

利用首里城三司官宅邸遺跡的赤瓦民宅重建而成的餐廳。可以一邊欣賞琉球庭園，一邊品嘗使用新鮮沖繩食材製作的琉球料理。

Mapple Code 4701-1154　MAP 附錄② 16C-2
☎ 098-884-0035　🕐 11:30〜15:00、17:00〜22:00　休 不定休　址 那霸市首里当蔵町2-13　🚃 單軌電車首里站步行10分　P 有契約停車場

這一道也很推薦！
豬腳麵定食（限午餐）……972日圓
墨魚炒麵………702日圓
結宴席料理（限晚餐）……5400日圓

➡ 可以望見美麗庭園的迴廊席

在瀰漫沖繩情懷的宅邸中盡情享受古早味的琉球料理

4104日圓（附飲料）
大量使用沖繩縣產食材，由3道前菜14道小菜組成的琉球御膳

那霸大見附集錄！①

沖繩美麗海水族館 P.14

西海岸度假區 P.38

中部 P.56

區域別導覽

首里

南部 P.74

山原 P.82

飯店導覽 P.88

泡盛酒熬煮的三層瘦肉、魚板、蔥花、薑絲

清澈透明的湯頭，是用豬瘦肉和鰹魚熬煮出的第一道湯汁為基礎。口味十分高雅

使用槓桿原理施加壓力製作出的自製麵條，不僅彈力十足並且口感實在

沖繩麵

沖繩每天約會消費15萬碗沖繩麵，可說是沖繩縣民的代表性食物。一起到首里的店品嘗沖繩麵的精緻好味道。

準備工作花費7小時的傳統口味沖繩麵

首里そば ●しゅりそば

繼承過去首里名店手藝的沖繩麵店。由於有數量限制，有時候甚至才開店2小時左右就賣完，可說是首里首屈一指的名店。

Mapple Cafe 4701-0960　MAP 附錄② 16C-2
☎098-884-0556
🕚11:30～14:30（賣完即打烊）
休週日、不定休　址那霸市首里赤田町1-7　🚃單軌電車首里站步行5分　Ｐ免費

這一道也很推薦！
沖繩炊飯……200日圓
紅豆湯圓水……250日圓

首里 ほりかわ ●しゅりほりかわ

位在狹窄巷弄內的時髦麵食咖啡廳。附紅芋飯糰的沖繩麵套餐、柔軟Q彈的自製花生豆腐都十分推薦。

Mapple Cafe 4701-2102　MAP 附錄② 16B-2
☎098-886-3032
🕚11:00～17:45　休週四　址那霸市首里真和志町1-27　🚃單軌電車首里站步行15分　Ｐ有契約停車場

舒適的內裝營造出安穩的空間

這一道也很推薦！
招牌麵套餐………1100日圓
花生豆腐………210日圓

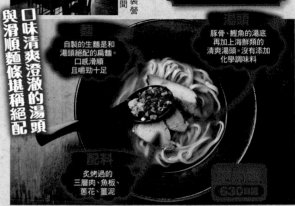

口味清爽澄澈的湯頭與滑順麵條堪稱絕配

自製的生麵是和湯頭絕配的扁麵。口感滑順且嚼勁十足

豚骨、鰹魚的湯底再加上海鮮類的清爽湯頭。沒有添加化學調味料

配料
炙烤過的三層肉、魚板、蔥花、薑泥

↑人氣好到白天幾乎座無虛席

沖繩麵的基礎

麵條只使用小麥粉製作，完全不添加蕎麥粉，比一般的拉麵麵條更粗。湯底以鰹魚與豬肉高湯為主流。配料有豬的三層肉、魚板、蔥花，以及調味的泡盛辣椒（泡盛酒醃漬沖繩的辣椒）是最典型的沖繩麵吃法。

金楚糕

曾是琉球王國的祝賀糕點，如今則成為來到沖繩必買的伴手禮。雖然有許多商家爭相製作，但"元祖"金楚糕的店家就在首里地區

新垣カミ菓子店 ●あらかきカミかしてん

承襲王家的傳統製法至今，皆採用手工製作。使用國產小麥等優質材料製成的金楚糕，在首里城公園的商店即可購得。

守護王家的傳承製法

Mapple Cafe 4701-0495　MAP 附錄② 16C-2
☎098-886-3081
🕚9:00～18:00　休週日
址那霸市首里赤平町1-3-2　🚃單軌電車儀保站步行5分　Ｐ免費

↑（16個入）
756日圓

金楚糕的元祖

沖繩的必買伴手禮金楚糕，是過去王族和貴族在慶祝宴會上食用的點心。新垣淑康從首里城的最後一位御廚新垣淑規繼承製作方式，在點心店販賣後才廣為流傳至今。因此源於新垣流派的「新垣カミ菓子店」、「有限会社新垣菓子店」、「本家新垣菓子店」可說是金楚糕的元祖

金楚糕的標準口味

↑（10個入）
648日圓～

新垣ちんすこう 有限会社 新垣菓子店 寒川店 ●あらかきちんすこう ゆうげんがいしゃ あらかきかしてんさむかわてん

現今金楚糕外型呈現鋸齒狀的設計，便是起源於這間店舖。除了首里以外也設有店面和工廠，並獲得廣大民眾的支持。

Mapple Cafe 4701-3139　MAP 附錄② 16B-3
☎098-886-6236
🕚9:30～18:30（週日～17:30）
休不定休　址那霸市首里寒川町1-81-8　🚃單軌電車儀保站搭計程車5分　Ｐ免費

從王國時代承襲至今的傳統茶

自古以來，只有在慶祝宴席及招待貴賓時才會提供泡泡茶。請品嘗這一度從歷史上消失的「夢幻茶品」。

泡泡茶

嘉例山房 ●かりーさんふぁん

讓顧客自行烹煮泡泡茶，並且可以視喜好調整口味的咖啡廳。在大碗裡加入煎米湯與香片茶後，再自己打出泡泡即可。「嘉例」意指祈求旅人能有好運降臨。

Mapple Cafe 4701-0219　MAP 附錄② 16B-2
☎098-885-5017
🕚10:00～18:00　休週二、三（逢假日則營業）
址那霸市首里池端町9　🚃單軌電車儀保站步行10分　Ｐ免費

↑所在之處非常適合白天在城下町散步時小憩

捲土重來的泡泡茶

泡泡不斷冒出，從外表來看泡泡茶這名稱可說是名符其實。以一定的比例加入米湯和茶後打出泡泡。味道不甜，但碎花生和泡沫之間的絕妙組合十分有趣。雖然在戰後遺失了製作方式，但在幾經研究和情報收集，終於將其重現。

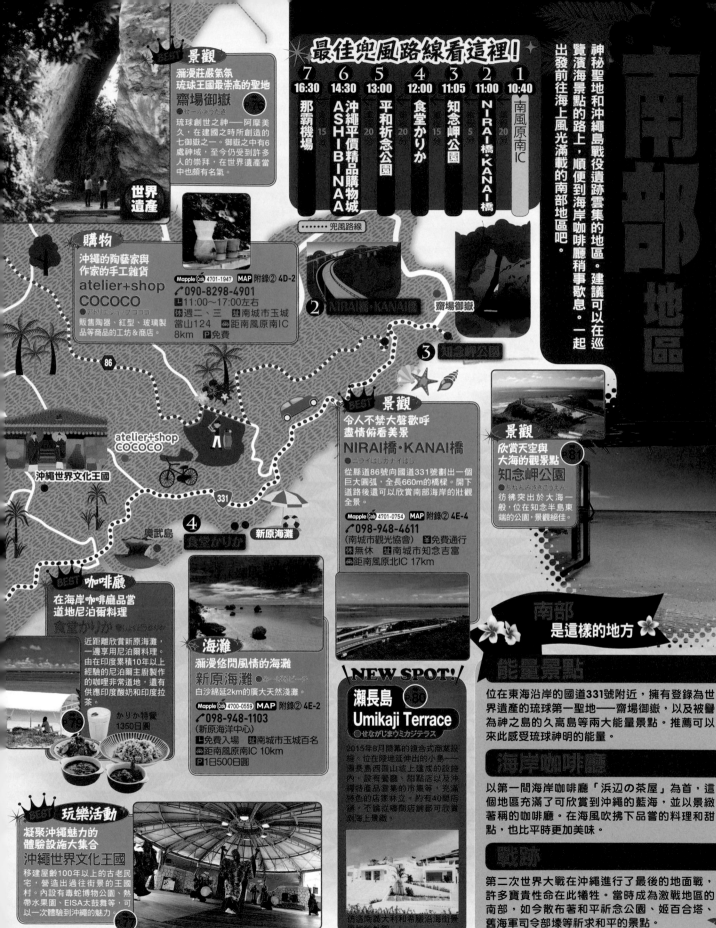

神秘聖地和沖繩島戰役遺跡雲集的地區。建議可以在巡覽濱海景點的路上，順便到海岸風光滿載的南部地區吧。一起出發前往海上咖啡廳稍事歇息。

最佳兜風路線看這裡！

1	2	3	4	5	6	7
10:40	11:00	11:05	12:00	13:00	14:30	16:30
南風原南IC	NIRAI橋·KANAI橋	知念岬公園	食堂かりか	平和祈念公園	ASHIBINAA沖繩平價精品購物城	那霸機場
	20	5	15	20	20	15

······ 兜風路線

景觀
彌漫莊嚴氣氛
琉球王國最崇高的聖地
齋場御嶽
●せーふぁうたき
琉球創世之神——阿摩美久，在建國之時所創造的七御嶽之一。御嶽之中有6處神域，至今仍受到許多人的崇拜，在世界遺產當中也頗有名氣。

世界遺產

購物
沖繩的陶藝家與作家的手工雜貨
atelier+shop COCOCO
●アトリエ＆ショップココ
販售陶器、紅型、玻璃製品等商品的工坊＆商店。
Mapple Code 4701-1947　MAP 附錄② 4D-2
☎090-8298-4901
🕐11:00～17:00左右
休週二、三　址南城市玉城當山124
➡距南風原南IC 8km　P免費

景觀
令人不禁大聲歡呼
盡情俯看美景
NIRAI橋·KANAI橋
●ニライはしカナイはし
從縣道86號向國道331號劃出一個巨大圓弧，全長660m的橋樑。開下道路後還可以欣賞南部海岸的壯觀全景。
Mapple Code 4701-0754　MAP 附錄② 4E-4
☎098-948-4611（南城市觀光協會）
¥免費通行
休無休　址南城市知念吉富
➡距南風原北IC 17km

景觀
欣賞天空與大海的觀景點
知念岬公園
●ちねんみさきこうえん
彷彿突出於大海一般，位在知念半島東端的公園。景觀絕佳。

咖啡廳
在海岸咖啡廳品嘗道地尼泊爾料理
食堂かりか
●しょくどうかりか
近距離欣賞新原海灘，一邊享用尼泊爾料理。由在印度累積10年以上經驗的尼泊爾主廚製作的咖哩非常道地，還有供應印度酸奶和印度拉茶。

かりか特餐 1350日圓

海灘
彌漫悠閒風情的海灘
新原海灘
●みいばるビーチ
白沙綿延2km的廣大天然淺灘。
Mapple Code 4700-0559　MAP 附錄② 4E-2
☎098-948-1103（新原海洋中心）
🕐免費入場　址南城市玉城百名
➡距南風原南IC 10km
P1日500日圓

NEW SPOT!
瀨長島
Umikaji Terrace
●せながじまウミカジテラス
2015年8月開幕的複合式商業設施。位在陸地延伸出的小島——瀨長島西面山坡上建成的設施內，設有餐廳、甜點店以及沖繩特產品眾多的市集等等，充滿特色的店家林立。約有40間店鋪。不論從哪間店鋪都可欣賞到海上景緻。

打造南義大利和希臘濱海街景風格的外觀

玩樂活動
凝聚沖繩魅力的體驗設施大集合
沖繩世界文化王國
移建屋齡100年以上的古老民宅，營造出過往街景的王國村。內設有毒蛇博物公園、熱帶水園、EISA太鼓舞等，可以一次體驗到沖繩的魅力。

南部 是這樣的地方

能量景點
位在東海沿岸的國道331號附近，擁有登錄為世界遺產的琉球第一聖地——齋場御嶽，以及被譽為神之島的久高島等兩大能量景點。推薦可以來此感受琉球神明的能量。

海岸咖啡廳
以第一間海岸咖啡廳「浜辺の茶屋」為首，這個地區充滿了可欣賞到沖繩的藍海，並以景緻著稱的咖啡廳。在海風吹拂下品嘗的料理和甜點，也比平時更加美味。

戰跡
第二次世界大戰在沖繩進行了最後的地面戰，許多寶貴性命在此犧牲。當時成為激戰地區的南部，如今散布著和平祈念公園、姬百合塔、舊海軍司令部壕等祈求和平的景點。

那霸 大見特附集錄！①

沖繩美麗海水族館 P.14

西海岸度假區 P.38

中部 P.56

首里 P.66

區域別導覽

南部

山原 P.82

飯店導覽 P.88

CLOSE UP

豐崎休息站 ●みちのえきとよさき

可以入手沖繩全域觀光資訊的休息站，並且售有許多使用「芒果之鄉」，豐見城的芒果製成的各式商品。同時也有提供班機的運行資訊。

布丁CESS芒果
（4個入）1200日圓

とろなま芒果布丁
350日圓

Mapple Code 4701-1824 MAP 附錄② 5A-1

☎098-850-8760(JA菜々色畑)
🕘9:00～18:00(部份設施～19:00)、餐廳～17:00 休無休
址豐見城市豐崎3-39
距那霸機場IC 7km P免費

瀨長島Umikaji Terrace

NEW SPOT!

⑦ 那霸機場

BEST 購物

充滿度假村風情的暢貨中心

沖繩平價精品購物城 ASHIBINAA

●おきなわアウトレットモールあしびなー

位在機場附近，沖繩唯一的暢貨中心。除了可以用親民價格購買到國際知名品牌的時尚配件，還有許多沖繩的伴手禮。

Mapple Code 4701-0432 MAP 附錄② 5A-1

☎098-891-6000
(餐飲店因店而異) 🕘10:00～20:00
休無休
址豐見城市豐崎1-188
距那霸機場7km
P免費

① 南風原南IC

⑥ 沖繩平價精品購物城 ASHIBINAA

豐崎休息站

海灘

最接近機場的海灘

豐崎美麗 SUN海灘
●とよさきちゅらSUNビーチ

位在豐崎海濱公園內，全長約700m的沙灘。

Mapple Code 4701-2071 MAP 附錄② 5A-2

☎098-850-1139
🕘開放游泳4～10月的9:00～18:00
(7·8月～19:00)
休開放期間無休
址豐見城市豐崎5-1
距那霸機場7km P免費

豐見城·名嘉地IC

豐見城IC

那霸機場自動車道

豐崎美麗SUN海灘

CLOSE UP 豐崎休息站

糸滿休息站

331

BEST 美食

至今仍留有沖繩原來的景緻充滿風情的沖繩料理店

茶処 真壁ちなー

非常適合用餐或喝咖啡的店家。赤瓦屋頂、石牆等房屋和腹地整幃都登錄為日本有形文化財，充滿情懷的造型令人印象深刻。可以品嘗到沖繩麵、沖繩東坡肉等沖繩家庭料理。

ちなー御膳（附甜點）1940日圓

Mapple Code 4701-0445 MAP 附錄② 5B-3

☎098-997-3207
🕘11:00～16:00 休週三、每月1日不定休、農曆盂蘭盆節 址糸滿市真壁223 距那霸機場13km P免費

507

茶処 真壁ちなー

CLOSE UP

糸滿休息站 ●みちのえきいとまん

沖繩縣最大、擁有9000坪腹地的休息站，是販售當地產蔬菜的市場、魚貨中心、伴手禮販賣處「遊食來」等靈集的複合設施。

Mapple Code 4701-1894 MAP 附錄② 5A-2

☎098-992-1030(糸滿市物產中心遊食來)
🕘9:30～19:00(因設施而異)
休無休(因設施而異)
址糸滿市西崎町4-19-1
距那霸機場10km
P免費

しかま三明治
1200日圓

糸滿美美海灘

玩樂活動

在玻璃工廠製作屬於自己的琉球玻璃

琉球玻璃村 ●りゅうきゅうがらすむら

琉球玻璃的製作工坊。除了展售許多現代名匠的作品，還售有多種常用的生活雜物和首飾。同時也可到玻璃工廠參觀及體驗製作過程（需預約）。

琉球玻璃村

⑤

景觀

從本島最南端的海峽眺望美麗的湛藍大海

喜屋武岬 ●きゃんみさき

劃分太平洋和東海的海峽，是由陡峭斷崖絕壁與湛藍大海景緻形成的景觀勝地。斷崖上設有燈塔和瞭望台，最前端則立有作為慰靈碑的和平之塔。

姬百合塔

喜屋武岬

景觀

祈求和平與鎮魂之塔

姬百合塔 ●ひめゆりのとう

紀念在沖繩島戰役往生的姬百合學生和教師的慰靈碑。

Mapple Code 4700-0554 MAP 附錄② 5B-4

☎098-997-2100
(姬百合和平祈念資料館)
🕘自由參觀 址糸滿市伊原671-1 距那霸機場14km P免費

景觀

祈禱世界和平的場所

和平祈念公園 ●へいわきねんこうえん

設在曾為沖繩島戰役最大激戰地區的寬廣公園。

Mapple Code 4700-0565 MAP 附錄② 5C-4

☎098-997-2765(沖繩縣和平祈念財團)
🕘8:00～22:00 休無休 免免費入園(沖繩和平祈念堂、沖繩縣和平祈念資料館需付費) 址糸滿市摩文仁444 距那霸機場17km P免費

和平祈念公園

能量療癒POINT
琉球創世神話中出現過的琉球第一聖域

三庫理
さんくーい
位在參道深處，穿過2塊巨石形成的三角形洞門後，是齋場御嶽當中最神秘的場所

京之花
チョウノハナ
位在三庫理深處的重要拜所之一。聞得大君曾在此供奉香爐，祈求國泰民安

世界遺產 齋場御嶽
●せーふぁうたき
傳說是琉球祖神阿摩美久在建國之時所創造的七御嶽之一，齋場御嶽在沖繩的御嶽當中是規格最高、最受崇拜的一座。御嶽內共有6處拜所，參道在茂密樹蔭的圍繞下通往御嶽深處。

瀰漫莊嚴氣息的琉球神話中的聖地

☎098-949-1899（綠之館・Sefa）
Mapple Code 4700-0665　MAP 附錄② 4F-4
⏰9:00～17:30　🚫2016年6月5～7日、10月31～11月2日　💴入場費200日圓。入場券於南城市地域物產館(P.81)販賣(至17:15)　🚌南城市知念久手堅　🚗南風原北IC往南城市地域物產館16km、步行7分至齋場御嶽　🅿免費(可利用南城市地域物產館停車場)

齋場御嶽MAP
■ 祭壇　← 路線

艦砲穴
寄滿
大庫理
三角岩
三庫理
京之花
久高島遙拜所
Shikiyodayuru與Amadayuru之壺
御門口
綠之館・Sefa
↙南城市地域物產館
N

導覽健行
請多加利用
每週六、日、假日都會舉辦導覽健行。需要先往南城市地域物產館購入場票及導覽票。

洽詢 ☎098-949-1899（綠之館・Sefa）

集合時間	需電話確認
所需時間	約50分
預約	可預約
費用	1人300日圓

※可配合要求日期進行導覽健行。1班(達10人)2000日圓・預約制。

南部的聖地巡禮 兩大能量療癒景點
齋場御嶽＆久高島

列入世界遺產的琉球第一聖地──齋場御嶽，以及被譽為神之島的久高島等，南部散布著許多能量療癒景點。推薦可以到南部最具代表性的兩大聖地，實際體驗其神秘的力量。

御門口
うじょうぐち
由於是進入御嶽內的參道入口，請先稍微禮拜後再進入。位在右側的6個香爐是代表內部擁有的拜所數量

神之島就在眼前！

久高島遙拜所
くだかじまようはいじょ
從茂密群木間，可眺望蔚藍海上久高島的遙拜所，這幅光景彷彿有洗滌身心的力量

寄滿
ゆいんち
琉球王國時代，此處是海產、山珍、交易品聚集的地方，因此「豐收物滿聚之地」便轉變成「寄滿」這個地名

⊕此處設有板子說明國王們在此舉行儀式

大庫理
うふぐーい
從御門口進入參道後，位在左側的第一個拜所。名字意指大廳堂、首座，巨岩的前方是一片鋪滿平石板、如同廳堂一般的空間

眼前蔚藍美麗的沙灘

ハビャーン（Kaberu岬）
★カベール
島嶼最北端的海峽，是傳說中阿摩美久降臨的神聖之地。周遭棕櫚樹和露兜樹叢生的森林皆是聖地

前往久高島的交通方式
距離齋場御嶽約2km處的安座真港與久高島的德仁港之間有渡輪及高速船運行。建議將車子停在安座真港的停車場，以步行或租借腳踏車的方式遊覽。

渡輪 單程670日圓(需時20分)　高速船 單程760日圓(需時15分)
1天6班，德仁港出發的最後船班為17:00 (10～3月為16:30)
☎098-948-7785(久高海運安座真事務所)

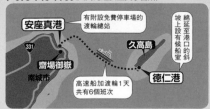
有附設免費停車場的渡輪總站
綿延至港口的斜坡上設有候船室
安座真港
331
齋場御嶽
南城市
久高島
德仁港
高速船加渡輪1天共有6個班次

前往從齋場御嶽可望見的「神之島」

能量療癒POINT
距離對岸聖地Niraikanai最近的小島

整座島都是聖地 整個繞上一圈
久高島
★くだかじま

位在知念半島東方約5km處的海上，是座人口共約300人、周長8km的小島。傳說此處是阿摩美久最先降臨的神之島，歷代國王也都曾來此參拜過。至今仍保留著數處與神話相關的場所，並且每年都會舉行數十次傳統祭祀活動。

☎098-946-8817(南城市觀光商工課)
Mapple Code 4700-0562　MAP 附錄② 3
🚌南城市知念久高

琉球大氣的祈祷依宗流過延續舉行

那霸大見特附集錄！①

沖繩美麗海水族館 P.14

西海岸度假區 P.38

中部 P.56

首里 P.66

區域別導覽

山原 P.82

飯店導覽 P.88

↑充滿沖繩情懷的琉球王國城下町

可以邂逅沖繩的文化與自然

EISA大進擊是？
當地類似盂蘭盆舞的傳統技藝。在舊曆盂蘭盆節的晚上，男女會在村落跳舞一邊列隊移動，祭拜祖先的靈魂。

展現在眼前的表演非常具有震撼力

一起炒熱氣氛！SUPER EISA

最後一曲炒是是經典的琉球手舞

沖繩世界文化王國
★おきなわワールド

移建屋齡超過100年的古民宅，重現從前城鎮風情的琉球王國城下町、耗費30萬年光陰才形成的鐘乳石洞「玉泉洞」、毒蛇博物公園、熱帶水果園等設施的大型主題樂園。可以一次體驗到沖繩的魅力。

☎098-949-7421　Mapple Code 4700-0341　MAP 附錄② 4D-2
⏰9:00～17:00　休無休　¥通票1650日圓，玉泉洞·王國村1240日圓，王國村620日圓　址南城市玉城前川1336　距南風原南IC 6km　P免費

觀眾也一起加入炒熱氣氛

盡情享受島嶼文化及自然！
沖繩世界文化王國

在可以體驗玻璃製作、琉球手舞等沖繩特有文化的主題樂園，盡情享受這裡獨特的文化及自然。

體驗DATA SUPER EISA
費用 免費　所需時間 25分
（10:30～、12:30～、14:30～、16:00～）
EISA加上琉球舞蹈等組成的表演秀，還可體驗到獅子舞、民謠等。觀眾可以一起參與琉球手舞。

好美♥

琉球玻璃是？
戰後利用美國人帶來的空瓶回收再利用所製作出的玻璃製品，特色在於樸實的外觀。

↑作品將會在日後寄出

↑到琉球玻璃王國工坊體驗製作

體驗DATA 琉球玻璃體驗
費用 1190日圓～（運費另計）
所需時間 3分～
在專家指導下，將空氣吹入燒溶的玻璃當中，調整外型後製成玻璃杯或盤子。

位在Gangala山谷內

CAVE CAFE
★ケイブカフェ

利用Gangala山谷入口處洞窟打造的咖啡廳。可以在神秘的氛圍當中，品嘗使用風化珊瑚慢慢烘培的35COFFEE等餐點。

☎098-948-4192
（Gangala山谷）
Mapple Code 4701-2265　MAP 附錄② 4D-2
⏰10:00～17:30　休無休
址南城市玉城前川202 Gangala山谷內　距南風原南IC 6km　P免費

35COFFEE350日圓，咖啡豆550日圓（80g）

在神秘的洞窟咖啡廳歇歇腳

店內瀰漫沁涼的空氣

沖繩世界文化王國步行即到

Gangala山谷
★ガンガラーのたに

數十萬年前的鐘乳石洞崩壞後形成的山谷，當中四散著巨大榕樹、祈求生命誕生的洞窟等景點，挖掘調查作業仍在進行中，僅限參加行程的旅客參觀。

☎098-948-4192
Mapple Code 4701-1834　MAP 附錄② 4D-2
⏰櫃台9:00～18:00　休無休　¥導覽行程2200日圓　址南城市玉城前川202　距南風原南IC 6km　P免費

一起穿梭時空回到遠古沖繩

推測樹齡150年的大主榕樹

求子與祈禱子女順利成長的洞窟──Ikiga洞

佇立在海岸線上
海岸咖啡廳

est ime
當天的漲潮時海面會上升至窗戶正下方，彷彿漂浮在海上一般。極力建議調查好漲潮時間再前往。

☕ 手工司康餅和琉球華茶的套餐800日圓

⬆ 夾滿沖繩蔬菜水果的歐式鄉村麵包三明治550日圓

海洋度
☆☆☆
海岸的風貌會隨季節、氣候、漲退潮而不斷變化，隨時借事受限前知道一般的絕讚景緻。

浜辺の茶屋
◎はまべのちゃや

沖繩為數眾多的海岸咖啡廳中如同創始者般的存在。建築物彷彿突出於海上一般，吧台席敞開的窗戶讓整個視野都被海洋填滿。除了滿潮時的景色，退潮時可窺探海底的海藻、生物也十分夢幻。可以來此一邊賞景，一邊品嘗口味獨特的烘培咖啡和甜點。

Mapple Cafe 4700-0575 **MAP** 附錄② 4E-2
☎ 098-948-2073　🕙 10:00～19:30（週一14:00～）
🚫 無休　🏠 南城市玉城字玉城2-1
🚗 距南風原IC 10km　Ｐ 免費

⬆ 漲潮時海浪會近在眼前

⬆ 位在海岸邊的沙灘席

⬆ 可仰望藍天的屋頂吧台席

絕佳的地理位置！

真的好想去！

浜辺の茶屋&
精選4間南部海岸咖啡廳

沖繩代表性的人氣海岸咖啡廳「浜辺の茶屋」等，南部地區散布著許多擁有極致美景的咖啡廳。這裡一舉介紹海岸風光令人感動的推薦咖啡廳。

那霸
大見特附集錄！①

沖縄美麗海水族館
P.14

西海岸度假區
P.38

中部
P.56

首里
P.66

區域別導覽

南部

山原
P.82

飯店導覽
P.88

位在綠意盎然高地上的時髦洋館

est ime
11:30～15:00
可以清楚看見大海色彩漸層最為鮮明的景緻。

桌上的紅色遮陽傘和景觀堪稱絕配

海洋度
☆☆☆

由身穿凝裝飾的老闆親自設計。從慧用盆裁設置的露天席可以賞見久高島和Kome島，讓人彷彿沉浸在度假村的氛圍之中。

オリーヴの木
◎オリーヴのき

位在小山丘上的咖啡廳。全6種的午餐菜色頗受好評，其中手工義大利麵和使用當地蔬菜的盤餐最具人氣。芒果布丁和輕乳酪蛋糕等自製甜點也十分值得推薦。

↓當日手工蛋糕套餐（附飲料）700日圓

→彷彿位在英國鄉村般的獨棟建築

Mapple Code 4701-1375　MAP 附錄② 4E-4
☎098-948-4220　⏰11:30～16:30
休週五、不定休　📍南城市知念吉富391
🚗距南風原北IC 17km　Ｐ免費

面迎太平洋的全景景緻十分壯觀

露天席可欣賞到大海另一端的久高島

est ime
12:00～15:00
中午過後一直到傍晚的時段，可以清楚看到久高島的輪廓。

海洋度
☆☆☆

色彩鮮豔的大海和天空不禁令人聯想到地中海景緻，尤其是露天席的景觀堪稱一絕。

カフェくるくま

眼前可欣賞到太平洋全景的亞洲香料餐廳。可品嘗到泰籍主廚精心製作的道地泰式料理。使用新鮮的無農藥香料、份量十足的菜色頗受好評。

→一次享受3種咖哩的美味，くるくま特餐1570日圓

←木造的店內全面禁煙

Mapple Code 4701-0459　MAP 附錄② 4F-1
☎098-949-1189　⏰10:00～19:00
（週二～17:00、10～3月～18:00）
休無休　📍南城市知念字知念1190
🚗距南風原北IC 19km　Ｐ免費

在海灘上品嘗道地的尼泊爾料理

est ime
17:00～19:00
傍晚天氣轉涼時，大海會呈現出與白天不同的美麗。

可以從沙灘上的座位欣賞新原海灘的景色

海洋度
☆☆☆

位在海灘內，絕佳地理位置無庸置疑。彷彿獨占了整個白色沙灘和大海的景緻。

食堂かりか
◎しょくどうかりか

近距離欣賞新原海灘，一邊享用尼泊爾料理。由在印度累積10年以上經驗的尼泊爾主廚製作的咖哩非常道地，還有供應印度酸奶和印度拉茶等，就連飲料也十分道地。

↑可以品嘗到兩種尼泊爾咖哩的かりか特餐1350日圓

←甜品店風的外觀，用貝殼裝飾地很可愛

Mapple Code 4701-2527　MAP 附錄② 4E-2
☎050-5837-2039　⏰10:00～20:00、週二～16:00
休無休　📍南城市玉城百名1360
🚗距南風原南IC 10km　Ｐ免費

欣賞海灘風光的同時享受悠閒咖啡時光

共有10席可將百名海灘一覽無遺的露天席

est ime
11:00～日落
天氣好時能整天都欣賞到碧海藍天以及盎然綠意。

海洋度
☆☆☆

從高處俯瞰太平洋和當地的傳統麻或露天席，可將百名海灘的美景盡收眼底。

Cafeやぶさち
◎カフェやぶさち

白色為主色調、瀰漫南歐風情的咖啡廳。整面都是玻璃的店內以及露天席皆可欣賞到美麗湛藍的海景。可品嘗到帶有法式＆義大利風格的料理和甜點。

←塔可飯的午間套餐（附沙拉・湯品・飲料）1200日圓

←鶴與稻穗的店徽是咖啡廳的標誌

Mapple Code 4701-1214　MAP 附錄② 4E-2
☎098-949-1410　⏰11:00～日落
休週三（逢假日則營業）
📍南城市玉城百名646-1
🚗距南風原南IC 11km　Ｐ免費

上飛機前一定要來一趟！

瀨長島 Umikaji Terrace

距離那霸機場車程10分鐘的小島‧瀨長島。遊客們可以到熱門的複合設施享受購物，或到咖啡廳品嘗咖啡，好好地利用等待回國班機的閒暇時間。

2015年8月OPEN！

1 充滿度假村氣氛的人氣新景點
瀨長島Umikaji Terrace
◆せながじまウミカジテラス

利用瀨長島西側山坡建立的複合式商業設施，內設有餐廳、甜點店以及美容髮廊、美甲店等，共有33間各具特色的店舖。

📞098-851-7446（瀨長島tourism協會）
Mapple Code 4701-2605 MAP 附錄② 5A-1
🕐因店而異 休無休
🏠豐見城市瀨長島瀨長174-6
🚗距那霸機場5km P免費

↑仿造南義大利和希臘海濱街廊風格的外觀

TESHIGOTO
◆テシゴト

販售使用帆布、皮革的手工原創商品，令人看不膩的設計非常具有魅力。

📞098-996-5393
🕐11:00～20:00
休不定休

帆布背包 36720日圓
帆布手拿包 9180日圓

MA-SAN MICHEL 沖繩瀨長島 Umikaji Terrace 店
◆マーサンミッシェルせながじまウミカジテラスてん

販賣使用沖繩食材製作且色彩繽紛的巴黎薄片、生軟牛奶糖、果汁等。

📞098-996-5125
🕐10:00～19:00
休無休

生軟牛奶糖 580日圓

MA-SAN巴黎薄片 580日圓

BRANCHES
◆ブランチズ

利用天然石等素材，並以石垣島的自然風土為設計主題的首飾專賣店。

📞098-996-5390
🕐11:00～19:00
休無休

手環 4860日圓
串珠耳環 5400日圓

簡便美食

Quickly 瀨長島本店
◆クイックリーせながじまほんてん

源自台灣的珍珠飲品專賣店。共有超過40種的飲料可以選擇。珍珠加量則另需50日圓。

📞098-987-4660
🕐10:00～20:00
休無休

芒果&優格奶昔 400日圓
加有珍珠的人氣飲料

氾濫バーガー チムフガス
◆はんらんバーガーチムフガス

店名チムフガス是沖繩方言，是指讓顧客滿足的意思。在這裡可品嘗到肉汁滿溢的漢堡。

📞098-851-8782
🕐11:00～20:00
休無休

氾濫漢堡套餐 1600日圓
裝中夾著特大號肉排，份量十足

瀨長島是什麼樣的地方？

位在那霸機場南方，可開車前往的小島。島上有可以享受購物、美食&甜點的複合設施和咖啡廳，若距離回國飛機起飛前有空閒的話，非常建議大家來到這裡。也可以到位在高地上景觀絕佳的溫泉，一邊泡湯一邊欣賞藍天碧海，療癒一下旅途的疲勞也不錯。

從海邊仰望飛機非常具有震撼力

可欣賞到日落東海的極致美景

禁止通行
琉球溫泉 龍神之湯
飛機會從正上方通過，震撼力十足
瀨長島 Umikaji Terrace
海灘
2 琉球溫泉瀨長島賓館
棒球場
國道331號→
坐在長椅上悠閒享受海景風光
展望廣場
瀨長島369CAFE

瀨長島 ◆せながじま

位在機場南方，周長1.5km的小島。由於位在飛機降落航線下方，可清楚看見飛機從頭上飛過，對飛機愛好者來說是個絕不容錯過的景點。尤其是日落時分特別浪漫。

📞098-856-8766（豐見城市觀光協會）
Mapple Code 4700-1139
🏠豐見城市瀨長 🚗距那霸機場5km
MAP 5A-1

3 位在島嶼入口處，飛機愛好者必訪的咖啡廳
瀨長島369CAFE
◆せながじまミルクカフェ

可品嘗到微甜的人氣法式土司、熱騰騰的沖繩天麩羅、每日替換菜色的午餐、塔可飯等。並提供有外帶餐點，令人開心。

📞098-987-7369 Mapple Code 4701-3042 MAP 附錄② 5A-1
🕐11:00～18:30 休無休 🏠豐見城市瀨長174
🚗距那霸機場4km P免費
→法式土司230日圓
天麩羅70日圓～等

2 在可欣賞大海景緻的天然溫泉放鬆身心
琉球溫泉 龍神之湯
◆りゅうきゅうおんせんりゅうじんのゆ

琉球溫泉瀨長島賓館（P.101）泉源豐富的溫泉，並提供純泡湯。由於位在島嶼的高地上，因此在享受蒼天岩石浴場、立湯、寢湯時，都可以欣賞到湛藍大海和慶良間諸島的景緻。

📞098-851-7167
Mapple Code 4701-2777
MAP 附錄② 5A-1
🕐11:00～23:00
休無休 ¥泡湯費1330日圓（週六日、假日為1540日圓）
🏠豐見城市瀨長174-5 琉球溫泉 瀨長島賓館1F
🚗距那霸機場5km P免費

↑包含壺湯在內，共有9種的浴池和三溫暖可享受

那霸
大見特附集錄！①

沖繩美麗海水族館 P.14

西海岸度假區 P.38

中部 P.56

首里 P.66

區域別導覽

南部

山原 P.82

飯店導覽 P.88

令人放鬆的翠綠庭園咖啡廳
cafe 森のテラス
☕ 咖啡廳

位在花費10年打造的巨大庭園「香格里拉」一隅的咖啡廳。室外露天席可以看到「神之島」久高島的正面，能欣賞到由庭園、大海、島嶼交織而成的極致美景。

📞 098-949-1666
Mapple Code 4701-2400　MAP 附錄② 4 E-4
🕚 11:00～17:30
休 週二
址 南城市知念字知念143-3
🚗 距南風原北IC 17km
🅿 免費

→ 可以感受到海風吹拂的木造桌椅

南城市的資訊發源地
南城市地域物產館
🛍 購物

併設齋場御嶽入場券販售處的物產館。售有許多地區特產、南城市吉祥物「なんじぃ」的周邊商品，也請多加利用可以眺望南部海景的咖啡廳和餐廳。

📞 098-949-1667
Mapple Code 4701-2754　MAP 附錄② 4 F-4
🕘 9:00～18:00
休 無休
址 南城市知念久手堅539
🚗 距南風原北IC 16km
🅿 免費

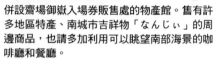

↑ なんじぃ的牛奶甜塔1080日圓等

品嘗現炸天麩羅
中本てんぷら店
🛍 購物

由鮮魚店所經營的天麩羅專賣店，十分受歡迎。以食材的新鮮度為傲，有魚、花枝、海藻各65日圓～等5種口味。

📞 098-948-3583
Mapple Code 4701-1788
MAP 附錄② 4 E-2
🕙 10:00～18:30（10～3月～18:00）　休 不定休
址 南城市玉城奧武9
🚗 距南風原南IC 11km
🅿 免費

可以當咖啡廳的紅型商店
TIDAMOON
🛍 購物

古典花紋、原創花紋等魅力十足的作品雲集，長山びんがた的直營店。可以體驗製作紅型、環保袋、桌墊等，還可以在併設的咖啡廳享受餐點和茶品。

📞 098-947-6158
Mapple Code 4701-1763　MAP 附錄② 4F-1
🕙 10:00～18:00，週日11:00～15:00　休 週三
址 南城市佐敷手登根37
🚗 距南風原北IC 10km
🅿 免費

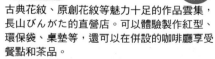

→ 四周綠意盎然，彷彿世外桃源

將大海盡收眼底的體驗設施
がんじゅう站 南城
🌺 玩樂

可以嘗試漁民體驗和製作金楚糕（500日圓～）等的體驗設施。位在內庭裡的幸福之橋，由於位處齋場御嶽和久高島的正中間，因此成為頗受矚目的能量景點。

📞 098-948-4611（南城市觀光協會）
Mapple Code 4701-2399　MAP 附錄② 4 F-4
🕘 9:00～18:00
休 無休
💰 免費入場
址 南城市知念久手堅541
🚗 距南風原北IC 16km
🅿 免費

→ 幸福之橋上的景觀千萬別錯過

添加岩藻的健康麵條
もずくそばの店 くんなとぅ
🍴 美食

使用從對岸奧武島採取的新鮮岩藻作為製麵材料、配菜的麵食是店家的招牌菜色。午餐時段（至14時）還會供應免費的岩藻飯。岩藻天麩羅（1個55日圓）也頗受好評。

📞 098-949-1066　Mapple Code 4701-1155　MAP 附錄② 4 E-2
🕚 11:00～19:00　休 不定休
址 南城市玉城堅原460-2
🚗 距南風原南IC 10km　🅿 免費

→ 帶有海潮味的岩藻麵700日圓

可歇歇腳的海景咖啡廳
沖繩まんまるカフェ
☕ 咖啡廳

從吧台透過面朝海洋的大窗戶可以欣賞到絕美景色。在這裡可以品嘗到使用自家工廠的招牌金楚糕製成的甜點、天然酵母麵包、自家烘培咖啡。

📞 098-948-4050　Mapple Code 4701-2170　MAP 附錄② 4F-3
🕥 10:30～18:00　休 無休
址 南城市知念安座真1106-1　距南風原北IC 15km
🅿 免費

→ 可以俯看安座真SunSun海灘

欣賞海景的同時品嘗黑糖甜點
黑糖工房·青空喫茶 八風畑
☕ 咖啡廳

黑糖工房併設的庭園咖啡廳。所有座位幾乎都可望見湛藍大海，建議在海風的吹拂下，品嘗店家自製披薩、黑糖紅豆刨冰（500日圓）等甜點。

📞 098-948-3525　Mapple Code 4701-1887　MAP 附錄② 4 F-1
🕚 11:00～17:30　休 週三（逢假日則營業）　址 南城市知念字知念1319　🚗 距南風原北IC 19km　🅿 免費

→ 可以欣賞到久高島和Komaka島在藍色大海上的景色

推薦景點
南部
なんぶ
AREA GUIDE　Nanbu

那霸機場　南部

可望見碧海的本島最南端海峽
喜屋武岬
🐬 景點

穿過喜屋武聚落和甘蔗園後，即可看見本島最南端的海峽。險峻斷崖峭壁搭配湛藍大海的震撼景觀令人驚豔。海峽最前端立有慰靈碑「和平之塔」。

📞 098-840-8135（糸滿市商工觀光課）
Mapple Code 4701-0227　MAP 附錄② 5 A-4
址 糸滿市喜屋武
🚗 距那霸機場16km　🅿 免費

→ 東海與太平洋的分歧點

四周環海的海峽公園稍事歇息
知念岬公園
🐬 景點

彷彿突出大海一般，位在知念半島東端的海峽公園。園內設備維護周到，並設有眺望廣場和遊步道，近在眼前的大海景緻十分美麗，甚至還可以遠眺到Komaka島和久高島。

📞 098-948-4611（南城市觀光協會）
Mapple Code 4701-0755　MAP 附錄② 4 F-4
🕘 自由入園
址 南城市知念久手堅
🚗 距南風原北IC 16km　🅿 免費

→ 可以欣賞美麗大海一邊享受散步

製作專屬於自己的琉球玻璃
琉球玻璃村
🌺 玩樂

除了展示許多現代名匠的作品，還設有商店和餐廳。在工坊內可見識到琉球玻璃從頭到尾的製作工序，並能體驗製作專屬於自己的作品（1620日圓、預約制）。

📞 098-997-4784　Mapple Code 4700-0586　MAP 附錄② 5 B-4
🕘 9:00～18:00　休 無休
址 糸滿市福地169
🚗 距那霸機場13km　🅿 免費

→ 可以一邊欣賞工匠的技術一邊挑戰製作玻璃製品

保留豐富自然的天然區域

山原地區

從紅樹林和亞熱帶森林，一直到最北端海峽欣賞壯觀海景，在此介紹森林＆海洋的美景巡禮兜風，說不定還能邂逅罕見的山原秧雞。

最佳兜風路線看這裡!

7 17:00	6 16:00	5 15:30	4 14:30	3 13:00	2 11:00	1 10:00
沖繩Okuma日航渡假飯店	茅打斷崖	大石林山	邊戶岬	カフェ水母	慶佐次灣的紅樹林	許田IC
35	10	10	10	30	1小時40分	1小時

‧‧‧‧‧‧ 兜風路線

景觀 BEST 沖繩本島最北端的海峽眺望海景
邊戶岬 ●へどみさき

Mapple Code 4700-0617
MAP 附錄② 2
☎0980-41-2101 (國頭村企劃商工觀光課)

隆起由珊瑚礁形成的斷崖絕壁，四周由碧藍海水包圍的景點。海峽的最前端曾是祈求回歸日本而升起狼煙的場所，並立有回歸祖國的石碑。

国頭村辺戸 距許田IC 59km 免費

咖啡廳 BEST 海洋景緻盡收眼底的自然派咖啡廳
カフェ水母 (?)

Mapple Code 4701-3037
MAP 附錄② 2
☎0980-50-4040
11:00～18:00
週二、三
国頭村楚洲150-1
距許田IC 69km 免費

位在本島北端、面朝楚洲海岸的景觀咖啡廳。店內的所有室內擺飾都是由老闆親手打造，推薦來此品嘗自製料理和甜點。

塔可飯 800日圓

玩樂活動 BEST 位在亞熱帶森林中的複合式自然體驗設施
山原學習之森 ●やんばるまなびのもり

位在山原地區的森林，提供有專屬導遊帶路的森林散步行程、叢林獨木舟行程、夜間健行等。並設有露營地、住宿設施、咖啡廳。

☎0980-41-7979 Mapple Code 4701-1578 MAP 附錄② 2
9:00～16:30(咖啡廳為11:30～14:00) 無休 自然散步道入場費300日圓 国頭村安波1301-7 距許田IC 60km 免費

中部 是這樣的地方

亞熱帶森林
海拔503m的與那霸岳四周由大型蕨類茂密生長的亞熱帶森林所環抱，已成為山原秧雞、野口啄木鳥等稀有動物的寶庫。山中還散布著綠意盎然、療癒身心的咖啡廳。

紅樹林
山原地區的東海岸，慶佐次川擁有沖繩本島最遼闊的紅樹林，建議可以隨著熟悉山原的導遊一起體驗獨木舟、健行，懷抱著冒險的心情探索紅樹林一番。

壯觀海景
森林之綠和海洋之藍點綴著的山原地區，位在沖繩本島的最北端。擁有能感受壯觀大自然的邊戶岬，近距離欣賞廣大珊瑚礁的茅打斷崖等，可欣賞到令人感動且與南部不同的壯觀海景。

山原學習之森

58　2　70

那霸
大見特集錄！①
沖繩美麗海水族館 P.14
西海岸度假區 P.38
中部 P.56
首里 P.66
南部 P.74
區域別導覽
飯店導覽 P.88

ⒸLOSE UP

大宜味休息站 ●みちのえきおおぎみ

專門販售香檬、赤土蘿蔔等季節蔬菜與水果。建築面朝湛藍的海水，休息站旁邊還有一座小瀑布。

Mapple (Code 4701-0487) **MAP** 附錄②2

📞 0980-44-3048
🕐 8:30～17:30（食堂11:30～16:30）
休 無休（因店而異）
址 大宜味村根路銘1373
🚗 距許田IC 27km 🅿免費

迷你丼套餐 850日圓

海葡萄

BEST 景觀

近距離欣賞珊瑚礁之海的美景
茅打斷崖 ●かやうちハンタ

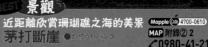

Mapple (Code 4700-0610) **MAP** 附錄②2

位在宜名真隧道上方，景觀良好的斷崖。名字源自於將一把茅草丟下斷崖，即會被強風吹得四處飄零的景緻。從瞭望台欣賞到的景觀也十分壯觀。

址 国頭村宜名真（國頭村企劃商工觀光課）
🚗 距許田IC 57km 🅿免費

玩樂活動

前往2億年的奇岩巨石之林
大石林山 ●だいせきりんざん

能眺望亞熱帶森林和美麗海瞭望台，並能享受登山之趣。

Mapple (Code 4701-0433) **MAP** 附錄②2

📞 0980-41-8117
🕐 9:00～17:00（有時節性變動）
休 無休 ¥ 入場費820日圓
址 国頭村宜名真1241
🚗 距許田IC 56km 🅿免費

咖啡廳

聆聽野鳥的歌聲 度過悠閒時光
小春屋 （こはるや）

如同芭蕉布之鄉・喜如嘉聚落一般，建築四周由芭蕉園圍繞。在此可以一邊聆聽野鳥的鳴叫，一邊品嘗山原地區特有的香檬果汁等。

Mapple (Code 4700-1137) **MAP** 附錄②2

📞 0980-44-3363
🕐 11:00～日落
休 週一、四
址 大宜味村喜如嘉2234
🚗 距許田IC 33km 🅿免費

小春愛す冰 540日圓

海灘

盡情享受海灘度假村
奧間海灘

狹長的白色沙灘綿延不絕。水上活動也十分充實。

Mapple (Code 4701-1603) **MAP** 附錄②2

📞 0980-41-2222
（沖繩Okuma日航渡假飯店）
🕐 遊泳9:00～18:00（有時期性變動）休 無休 ¥ 設施使用費750日圓 址 国頭村奧間 🚗 距許田IC 34km 🅿1次500日圓

❼

ⒸLOSE UP

ゆいゆい国頭休息站
●みちのえきゆいゆいくにがみ

併設有販售國頭村農產品和當地限定甜點的特產專區，以及介紹罕見動植物和村莊民俗文化的專區等。

國頭甜甜圈（1個）162日圓

豬肉麵 800日圓

Mapple (Code 4700-0932) **MAP** 附錄②2

📞 0980-41-5555
🕐 9:00～18:00（餐廳11:00～16:30）
休 無休 址 国頭村奧間1605
🚗 距許田IC 36km 🅿免費

BEST 美食

品嘗份量飽足的牛肉麵

1972年開業以來使成為招牌菜色的牛肉麵，是在沖繩麵的上面豪邁地放上大量胡椒炒牛肉和豆芽菜，辛辣刺激的口味令人食慾大振。

Mapple (Code 4701-1348) **MAP** 附錄②2

📞 0980-44-2025
🕐 11:00～17:00（售完即打烊）
休 週四、第二週四
🚗 距許田IC 32km 🅿免費

牛肉麵 700日圓

購物

東村的特產雲集
サンライズ ひがし

東村平良550-23

Mapple (Code 4701-1898) **MAP** 附錄②2

📞 0980-43-2270
🕐 9:00～18:00 休 無休
址 東村平良550-23
🚗 距許田IC 33km 🅿免費

販售特產的鳳梨（4月後半至9月）以及鳳梨加工品。

サンライズひがし

前田食堂

海灘

保留沖繩原有的風景
Uppama海灘

綿延1km的白色沙灘，形成自然景觀豐富的天然海灘。

Mapple (Code 4701-1577) **MAP** 附錄②2

📞 0980-43-2265（東村企劃觀光課）
🕐 自由入場 址 東村慶佐次292-5 🚗 距許田IC 31km 🅿免費

Uppama海灘

BEST 景觀

本島最大規模的 紅樹林近在眼前
慶佐次灣的紅樹林 ●けさしわんのヒルギはやし

位在慶佐次川下游，沖繩本島規模最大的紅樹林。岸邊設有遊步道和瞭望台，獨木舟行程也很有人氣。

Mapple (Code 4701-0304) **MAP** 附錄②2

📞 0980-51-2655
（東村觀光推進協議會）
🕐 自由參觀 址 東村慶佐次 東村ふれあいヒルギ公園周邊
🚗 距許田IC 33km 🅿免費

奧間海灘

ゆいゆい国頭休息站

小春屋

大宜味休息站

58

331

14

18

329

331

70

2

❶ 許田IC

美麗海享樂 水上 玩樂活動

沖繩最不能錯的就是體驗潛水和浮潛等代表性的水上活動。預約流程以及物品準備方面只要抓住重點，即使是初次嘗試的旅客也不必擔心。來看看受到歡迎＆注目的水上活動吧。

能在海上
快速前進的
立式單槳衝浪
➡P.87

初次體驗的水上玩樂活動 從預約到當日的流程

1 選擇想體驗的活動！
從體驗潛水、浮潛等標準水上活動，到海上泛舟、立式單槳衝浪等個性派玩樂方式都有，在沖繩能體驗到的水上活動十分豐富。請先考慮好自己想體驗什麼樣的活動。

2 事先計畫行程表
決定好想體驗的活動後，再來就要調整日程。為了防止激烈的氣壓變化導致潛水夫病發生，請避免在搭飛機前進行潛水活動。但下飛機後的潛水活動則沒有大礙，請妥善安排整體行程。

3 打電話給挑選好的店家
可以按照「離飯店近」、「是否有青之洞窟行程」等特色來決定店家，建議將目標設定在3個左右。將人數和日期告知對方後，先互相討論看看。確認項目可參考下表。

CHECK!
- 集合地點在店家？當地？
- 必備的物品和服裝？
- 是否有人數或年齡限制？
- 天候不佳時如何處理？
- 器材租借和保險費？

4 做好萬全準備迎接活動當日！
預約完成後，再來就只要期待當天來臨。若要在參加水上活動前用餐，建議在3小時前解決。由於颱風來臨的前後浪潮高漲，很有可能即使天氣晴朗也不適合出遊，請隨時確認與店家的聯繫。

初次體驗的水上玩樂活動 基本的服裝＆器材

重點1 潛水鏡＆呼吸管
戴上潛水鏡後用鼻子吸氣，若能自然貼緊臉部即代表是合適尺寸。

重點2 蛙鞋
分為赤腳穿著的類型、套在潛水鞋上後可用帶帶調整尺寸的類型。

重點3 潛水鞋
可以穿著直接進入海中。潛水鞋能防止腳部遭到尖銳的岩石或珊瑚刮傷。

重點4 救生衣
能增加浮力的輔助道具，不會游泳的人請務必穿著，而會游泳的人穿上後也能大幅減少體力的消耗。

重點5 潛水衣‧防曬衣
除了可調節體溫，還能防止紫外線以及保護身體免於受傷害的必要著裝。

初次體驗水上活動 便利道具清單

- ☐ 可順便阻擋日曬的**太陽眼鏡**
- ☐ 保護肌膚免受烈日曝曬的**防曬乳**
- ☐ **帽子**最好附有繩子
- ☐ 為智慧型手機和相機準備**防水殼**會更加便利
- ☐ 有備無患的**暈船藥**
- ☐ **防曬衣**在搭乘船隻移動時非常重要
- ☐ 盡可能準備一條**海灘巾**

水中數位相機
可免費租借

搭乘店家的
專用船隻
安心&輕鬆
參加行程

神秘度倍增的
早晨行程
盡情探索
青之洞窟

色彩繽紛的道具
令人雀躍度UP!

人氣第一的王道玩樂行程

青之洞窟
體驗潛水

不容易受到海潮影響的店家專用船，擁有連續5年提供頂級的導覽實績。船隻會筆直朝向青之洞窟前進，並在洞窟內讓遊客開始潛水。店家分別為男女準備不同的道具、設有女性專用化妝室、應對秋冬的保暖對策也萬無一失。服裝方面只要事先告知尺寸就沒問題。大團體的預約也很便捷。

在熱帶魚的包圍下
體驗令人興奮的
餵食時光

青之洞窟
是這樣的地方

位在沖繩本島中部真榮田岬的「青之洞窟」，是一座距離海岸有些距離的天然洞穴。洞窟深度約有40m，在陽光的折射下，海水看起來會散發出藍色的光芒。這項能欣賞神秘景緻的水中行程，一整年都有遊客慕名前來，非常受到好評。

適合這樣的人！
● 希望能欣賞青之洞窟的水上活動新手
● 注重道具和設備清潔感的女性

體驗DATA 所需時間 約2小時 集合地點 店家集合

青之洞窟體驗潛水＋
珊瑚礁熱帶魚餵食

費用 9500日圓（6:00~和7:00~需+700日圓，道具、水中數位相機、毛巾、海灘拖鞋免費租借，包含設施使用費、乘船費、保險費、設有女性專用化妝室）預約 需預約
季節 全年 開始時間 6:00~16:00每隔1小時出發（有時期性變動）
集合地點 マリンサポートタイド殘波
MAP 附錄②9A-1

行程流程

① 店家集合、換裝

② 學習道具的使用方式

③ 港口搭乘專用船隻移動

④ 青之洞窟體驗潛水

⑤ 移動至洞窟外
體驗熱帶魚餵食

抵達青之洞窟前先享受一趟小渡輪之旅

在店家集合令人安心，
且設備充實頗具魅力

若有擔心的地方，可以直接詢問女性服務人員唷

預約看這裡

マリンサポートタイド殘波
マリンサポートタイドざんば Mapple Code 4701-2938
☎ 098-958-2646
受理8:00~22:00 休 無休
読谷村瀬名波950

女性專用的
設備完善化妝室

櫃台服務人員
田谷知惠菜小姐

2歲以上即可參加
兒童浮潛

備有許多讓小孩子也能安心遊玩的專業器材，只要滿2歲以上即可參加。若是風浪不大，甚至還能去青之洞窟探險。提供免費租借水中攝影的服務也很貼心。

適合這樣的人！
● 希望讓小朋友安全遊玩
帶著小朋友的全家福

體驗DATA 所需時間 約2小時｜集合地點 當地集合
親鬆自然浮潛
費用　│　預約　│　季節 全年
開始時間
集合地點
MAP 附錄②11A-4

預約看這裡
Sea Free シーフリー
Mapple Code 4701-3083
☎080-8396-0392
🕐受理8:00～18:00　休無休　址うるま市石川東山1-16-7

大海的景色令小朋友也興奮到極點

全家人一起在此留下回憶

青之洞窟 體驗潛水

每組參加的遊客都有一位專任教練跟隨

從海底欣賞青之洞窟的景觀

搭乘船隻前往青之洞窟進行潛水。從器材的使用方式到在水中的移動，都會由團體專屬的教練帶領學習。

適合這樣的人！
● 希望和親朋好友一起同樂的朋友團體

由於是少人數制的行程，即使是第一次參加也可放心

體驗DATA 所需時間 約3小時｜集合地點 當地集合
青之洞窟體驗潛水
費用
預約　│　季節 全年
開始時間
集合地點
MAP 附錄②11A-4

預約看這裡
ダイビングと宿の店 Sea Mole
ダイビングとやどのみせシーモール
Mapple Code 4701-2940
☎098-921-9555
🕐受理11:00～20:00　休無休
址読谷村楚辺1181

什麼都想玩的最佳行程
登陸無人海灘 體驗泛舟＆浮潛

享受完海上泛舟後，還可以到青之洞窟附近體驗浮潛的豐富行程。讓旅客可以一次享受到巨岩遍佈而粗曠的真榮田岬景觀以及神秘的海中世界。

適合這樣的人！
● 希望一次體驗各種玩樂的短期遊客
● 希望大家一起享受冒險氣氛的全家福

體驗DATA 所需時間 約4小時｜集合地點 店家集合
登陸無人海灘＋
青之洞窟體驗浮潛＋
與熱帶魚同遊美麗海浮潛
費用
預約　│　季節 全年
開始時間
集合地點
MAP 附錄③98-1

預約看這裡
マリンクラブナギ Mapple Code 4701-2883
☎098-963-0038
🕐受理8:00～22:00　休無休　址恩納村山田501-3

行程流程
1 店家集合、換裝
2 講解行程相關要點
3 泛舟登陸無人海灘
4 回到店家後再度出發
5 在青之洞窟體驗浮潛
6 與熱帶魚一同浮潛

體驗浮潛 在青之洞窟

船槳的使用方式只要聽過講解後馬上就能學會

從青之洞窟到無人島都能玩到只要參加一次行程就能大大滿足

囊括海面＆海中的最讚玩樂！一起出發前往真榮田岬冒險

在透明度極高的海面上前進

青之洞窟
體驗浮潛

前往人氣景點 與魚兒玩耍

五彩繽紛的 珊瑚海令人感動

以青之洞窟聞名的真榮田岬，還散布著許多可以體驗浮潛或潛水的地點。一起出發參加可以欣賞祕密美景和鮮艷珊瑚礁的行程吧。

適合這樣的人！
● 希望更了解青之洞窟地區的
回頭客

在教練的帶領下前往人少的地點

包下專屬導遊 在水中超過60分鐘的 長時間行程

專屬導遊會一手包辦浮潛教學以及青之洞窟之旅的奢侈行程。在水中的拍攝可以請導遊幫忙，自己只要盡情玩樂即可。

早上出發的行程 來更加清爽

前來迎接的黃色巴士

適合這樣的人！
● 希望和熱帶魚玩耍並拍下許多照片的水中活動新手

體驗DATA 所需時間 約**2**小時 集合地點 當地集合

珊瑚海浮潛
費用 3000日圓（包含器材免費租借、保險費、導入費等所有費用）
預約 需預約 季節 全年
開始時間 7:00～17:00（2小時間隔開始／10～4月為9:00～15:00／2小時出發）
集合地點 真榮田岬附近集合

MAP 附錄③11A-4

預約看這裡
青の洞窟屋
あおのどうくつや
Mapple Code 4701-3154
☎ 098-956-4515
⏱ 受理8:00～20:00
休 無休 地 北谷町宮城2-198

體驗DATA 所需時間 約**2**小時半 集合地點 當地集合

青之洞窟浮潛
費用 3800日圓（包含器材、志工、水中攝影相片等費用租借、保險等）
預約 需預約 季節 全年
開始時間 7:00～16:00（多人數時間隔開始／有季節性變動）
集合地點 真榮田岬附近集合

MAP 附錄③11A-4

預約看這裡
Marine club moana
マリンクラブモアナ
Mapple Code 4701-2939
☎ 098-958-5448
⏱ 受理8:00～22:00
休 不定休 地 読谷村瀬名波950

立式單槳衝浪

不可思議的漂浮感令人上癮

可以悠閒自在地 在海面上漂流

起源於夏威夷，站在衝浪板上使用船槳在海面划行前進的水上運動。由於使用的是專用大型衝浪板，即使是新手也能輕鬆站在上面。

日落時分的氣氛絕佳

適合這樣的人！
● 希望享受包場氣氛的
少人數團體＆情侶

體驗DATA 所需時間 約**2**小時 集合地點 視海上情況變更

標準立式單槳衝浪
費用 7000日圓～ 預約 需預約
季節 全年 開始時間 11～12點可能有變更
集合地點 視海上情況變更

預約看這裡
happy stand up
ハッピースタンドアップ
Mapple Code 4701-2270
☎ 098-989-0430
⏱ 受理8:00～20:00 休 無休
地 読谷村長浜789

潛水 摩托車

2人一起輕鬆 體驗海中兜風

由於臉不會弄濕，所以4～80歲左右的人都可輕鬆體驗的新型水中娛樂活動。可以餵食游到臉前的熱帶魚，潛水導遊也會幫忙拍攝水中照片。

親子一起開心地體驗餵食

鏡也可體驗 不卸妝不摘眼

適合這樣的人！
● 想盡情體驗海中樂趣卻不擅游泳的人

體驗DATA 所需時間 約**1**小時 集合地點 店家集合

潛水摩托車
費用 9000日圓 預約 需預約
季節 全年 開始時間 需洽詢
集合地點 本部港完井出發

MAP 附錄②2E2

預約看這裡
思い出販売所 美ら海
おもいではんばいしょちゅらうみ
Mapple Code 4701-3062
☎ 0980-52-8855
⏱ 受理9:00～21:00 休 無休
地 名護市済井出223

可以和家人、朋友、情侶 一起創造回憶

憧憬不已的飯店大集合！

度假飯店
精選指南

**分區介紹
簡單易瞭**

為了好好享受沖繩之旅，挑選飯店也是重要的一環。
不過，根據想看、想去的景點不同，住宿的地區也會隨之改變。
在此依照區域分類，一舉介紹推薦的飯店。

爐的蛋料理一同呈現
豐富的每日菜單和剛出

**Verdemar的歐式吃到
飽相當受歡迎**

全日本人氣首屈一指的餐廳「Verdemar」的早餐。除了用上許多沖繩食材的多種洋食之外，主廚製作的果醬和奶油也頗受好評。

**也嚐嚐能品味
沖繩風味的限量定食**

一天限量四十份的ぬちぐすい定食以沖繩菜為主，營造出淡雅的風味。在細細品嘗當季食材的同時，也別忘了欣賞為餐食增色的陶器和琉球漆器。

➡使用大量的沖繩食材

⬅從招牌菜色到每日菜單的種類都相當豐富

**不只是早餐好吃！
飲茶午餐也廣受好評**

中式餐廳「金紗沙」的午餐飲茶吃到飽的評價相當高。可以品嘗由專門製作點心的師傅（點心師）所製作的飲茶點心和十二種中式茶。

⬆前菜、炒與炸的菜色和甜點兼具

※住宿費為2人入住1房的價格。「1泊附早餐」、「只住1泊」所標示的為1人份的價格。「1泊客房價」所標示的則是2人份的價格。
※住宿費會因房型和時期不同而有所變動，還請事先確認。

沖繩的絕美景色盡在此地

西海岸度假地區

若在這裡住宿

★ 國道58號沿途可見沖繩的湛藍海洋，也有許多觀景處
★ 由於大型飯店的遊客多是攜家帶眷，較不適合想靜靜住宿的旅客

這一點也很迷人

在綠意盎然的中庭散步，享受特別的時間

鋪設了兩座步道的中庭和游泳池畔，種植約800種的亞熱帶植物，此外也設置了噴水池和藝術品等，是一處讓人放鬆的空間。

↑躺在吊床上好好放鬆一番

←拱門形的走廊十分時尚

↑萬紫千紅的南國鮮花迎接賓客

有著眾多景點的藝術風格度假村

沖繩Alivila日航渡假飯店

●ホテル日航アリビラ

     Wi-Fi

距機場
34km

那霸
機場

面向Nirai Beach的飯店大樓，設計採用了西班牙殖民風格，讓人聯想到南歐一帶的度假村。洋溢異國風情的館內，有繪畫、裝置藝術等多采多姿的藝術品裝飾。可以一手拿著飯店自製的植物地圖漫步中庭，也可以躺在吊床上好好放鬆，體驗度假村特有的悠閒氛圍。

☎ 098-982-9111

Mapple Code 4700-1081　MAP 附錄② 9A-1

1泊附早餐	23760日圓～
IN/OUT	14:00　11:00
地址	読谷村儀間600
交通	距石川IC 13km
客房數	396房
停車場	免費

主要設施
餐廳、酒吧共7間／商店3間／室內泳池／露天泳池／護膚沙龍／洗衣間等

Room 房間

尊貴雙床房／43㎡／1泊附早餐 28080日圓～
以沖繩太陽和熱情西班牙為主題的明亮配色。窗邊設有矮床或是長沙發，適合躺著眺望窗外景致。

Lobby 大廳

大廳的氛圍也像是外國度假村一般。以衛星漫遊宇宙為設計主題的鐵製吊燈，也是其中一項藝術品。

←海龜圖案的原創T恤，價格為2380日圓～

↑配合旅行需求推出穿搭服飾的商店「Alivio」

Beach 海灘

飯店前的Nirai Beach，其清澈度在沖繩縣內名列前茅。除了可以享受海水浴和水上活動外，退潮時也能觀察海中生物。

Marine 水上活動

獨木舟（兩人乘坐，30分）
一艘1540日圓

帆船賞日落（3～11月，2人～，附1份飲料，1小時）1人2570日圓～

能體驗南國度假風情的水上活動，包括了即使是初學者也能輕鬆挑戰的獨木舟、浮潛行程和帆船賞日落等等，相當多樣。若要參加活動，請前往マリンハウス申請。

無邊無際的讀谷大海與天空
眼前所見盡是一望無際的美景

Best Point

食物的美味度是全日本首屈一指！
若對吃較為講究的話就來這裡吧

沖繩Alivila日航渡假飯店的美食在日本國內相當知名。若喜歡吃西或早餐，可前往「Verdemar」，若喜歡吃日式早餐，就前往「佐和」吧。

我會為各位詳細介紹讀谷的觀光景點

←飯店櫃檯人員比嘉沙也香小姐

 步行3分之內可抵達海灘　 超過半數房間可以看到海景　 有露天泳池　 有溫泉或是大浴池　 可以體驗、預約水上活動　 客房內有Wi-Fi

從露台往外看去
就是美麗的自然風光
The Busena Terrace
●ザ・ブセナテラス

部瀨名岬的自然風貌
就是渾然天成的度假勝地

這間建於部瀨名岬的飯店，由本館和別館的俱樂部小屋所構成。小屋共有18間，其中也有附設私人泳池的房型。有全天無休的管家服務和接送服務等等，周到的服務讓人開心。

☎0980-51-1333
豪華自然園景
1泊附早餐
20520日圓～
IN/OUT 14:00／11:00
地 址 名護市喜瀨1808
交 通 距許田IC 4km
客房數 410房
停車場 免費

Mapple Code
MAP 附錄② 10D-2

主要設施
餐廳・酒吧共9間／商店7間／室內泳池／露天泳池／美膚沙龍／圖書室等

這一點也
在老酒酒吧享受
成熟的時間

Best Point
重視隱私的話
推薦選擇
俱樂部小屋

圓～，木杯裝為2916日圓

泡盛酒玻璃杯裝為918日圓～

Room 房間

俱樂部樓層 豪華優雅房
43㎡／1泊附早餐33480日圓～
可以使用專屬接待室的海景客房。為了讓從室內看出去的自然景色更顯壯闊優美，室內的裝潢刻意用得較為樸素。

Breakfast 早餐

在露天咖啡廳「La Tida」的洋食自助吧補充一天的活力。此外，也能選擇和食餐廳「真南風」的和式定食。

⬆設於庭院的私人泳池
自由自在游泳好幸福
俱樂部小屋的高級套房、尊貴套房、總統套房皆附設私人泳池。

能好好享受優雅假期的
豪華度假村
沖繩島麗思卡爾頓
酒店
●ザ・リッツ・カールトン沖繩

能將名護灣和本部半島盡收眼底，以首里城的赤瓦與白色城牆為設計概念的飯店。包含考慮到回流性的大廳樓層，飯店大樓共有七層。客房設有景觀浴室，寬敞的露台也相當有魅力。

☎0980-43-5555
豪華雙床房
1泊費用
42768日圓～
IN/OUT 15:00／12:00
地 址 名護市喜瀨1343-1
交 通 距許田IC 5km
客房數 97房
停車場 免費

Mapple Code 4701-1589
MAP 附錄② 10D-2

主要設施
餐廳・酒吧共5間／商店1間／室內泳池／露天泳池／美膚沙龍／美甲沙龍／圖書室等

Best Point
館內擁有許多
環境優雅
免費使用的設施

像是將大廳團團包圍的廣大蓄水中庭

這一點也
手拿飲料過
優雅的閱讀時光

⬆圖書室的開放時間為10時至19時

⬆按摩浴池的開放時間為9時至21時
名流般的心情享受SPA美容
館內設有美膚沙龍，採預約制，開放給房客使用。各種美容療程需自費。

Room 房間

高級豪華客房／58㎡
1泊費用66528日圓～
備有睡起來十分舒適的席伊麗床鋪。可以從海景浴室和寬闊的陽台欣賞美麗的自然景觀。

Breakfast 早餐

早餐可在飯店棟3樓大廳樓層的「Dining Gusuku」享用。這裡為供應和食、洋食和沖繩料理的自助吧，也有班尼迪克蛋等美食。

中庭泳池的開放時間為4月至10月

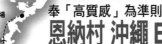

奉「高質感」為準則

恩納村 沖繩 EXES SPA渡假中心

●Okinawa Spa Resort EXES

包含高級樓層在內的所有客房都有59㎡以上的廣大空間。每間客房都設有步入式衣帽間，在留宿之際也能將行李妥善收好。亦能體驗水上活動。

Mapple Code 4701-1732　MAP 附錄② 10D-2

Room 房間

高樓層精緻雙床房／59㎡／1泊附早餐28100日圓～
6樓和7樓的海景房。洗臉台旁設有淋浴設備，浴室和廁所為分離設計。

  Wi-Fi

☎098-967-7500
精緻雙床房1泊附早餐
26000日圓
IN/OUT **14:00／11:00**
地址　恩納村名嘉真ヤーシ原2592-40
交通　距許田IC 5km
客房數　90房
停車場　免費

主要設施
餐廳1間／商店2間／室內泳池／露天泳池／Spa／美膚沙龍／洗衣間等

亞熱帶森林的後方便是一片海景

附泳池的豪華客房

所有房型皆設有泳池的豪華風格

沖繩東方山丘酒店

●オリエンタルヒルズ沖繩

建於能俯瞰東海的丘陵之上。客房為小屋型的大套房，分為70㎡的兩人房和100㎡的四人房兩種。每間客房都設有私人泳池，相當豪華。

Mapple Code 4701-1350　MAP 附錄② 11C-3

Room 房間

東方套房／100㎡
1泊附早餐97200日圓～
設有獨立客廳和臥室，最多可讓四人入住。臥室的地面較高，便於住宿客躺臥著便能欣賞海景。

☎0120-162-078
1泊附早餐 **64800日圓～**
IN/OUT **14:00／11:00**
地址　恩納村瀨良垣79-1
交通　距喜嘉IC 9km
客房數　14房
停車場　免費

主要設施
餐廳、酒吧共2間／商店1間／露天泳池／美膚沙龍等等

可從游泳池畔的涼亭看到海洋

全長170公尺的中庭泳池為沖繩縣內的頭等規模

沖繩萬豪度假酒店

●オキナワマリオットリゾート&スパ

有超過44㎡空間的寬敞客房，全都能看到海景。若想體驗更上一級的住宿時光，就選擇擁有專屬服務的商務樓層吧。飯店備有能前往鄰近沙灘的免費接駁巴士（僅限夏季）。

Mapple Code 4701-1152　MAP 附錄② 10D-2

Wi-Fi

☎0980-51-1000
高級雙床房1泊費用
40000日圓～
IN/OUT **14:00／11:00**
地址　名護市喜瀨1490-1
交通　距許田IC 6km
客房數　361房
停車場　1次500日圓

主要設施
餐廳、酒吧共6間／商店3間／室內泳池／露天泳池／美膚沙龍／美甲沙龍／洗衣間等等

設有5種類浴池的Spa好好放鬆

商務樓層的奢華雙人房品味優雅不凡

Room 房間

☝Spa的受理至22時

還有露天泳池和健身設施
商務房型和套房房客能免費使用Spa設施，而一般樓層的房客則是要支付1000日圓的使用費。此外，也能使用中庭泳池和健身設施。

Lobby 大廳

可在迎賓廳享用輕食、甜點或是下午茶等。

Breakfast 早餐

大廳層的餐廳「All Star Buffet」。採自助吧形式，提供使用了沖繩食材、總數超過五十種的和食、洋食和中國菜。

 步行3分之內可抵達海灘　 超過半數房間可以看到海景　 有露天泳池　 有溫泉或是大浴池　 可以體驗、預約水上活動　 客房內有Wi-Fi

 ※住宿費以2人入住1房的價格。「1泊附早餐」、「1泊純住宿」所標示的為1人份的價格。「1泊費用」所標示的則是2人份的價格。
※住宿費用會因房型和時期不同而有所變動，還請事先確認。

Best Point

飯店前就有
一天然海灘

當要英美面的老虎海灘
不僅可享受海上活動
也能享受
海洋活動

○水上活動櫃檯辦理

○若要報名水上活動，請到

Room 房間

標準雙床房／36㎡
席夢思的床墊搭上藍白色被單，給人清爽的印象。附有陽台。

每一間客房都有海景

沖繩蒙特利水療度假酒店

●ホテルモントレ沖繩スパ&リゾート

距機場 53km
那霸機場

在西海岸，這是少數面對天然的老虎海灘而建的飯店。飯店腹地約有一萬坪，建有英式殖民風格的飯店大樓，並備有餐廳、四座泳池以及溫泉等設施。

Mapple Code 4701-2412　MAP 附錄② 11A-1

☏098-993-7111

標準雙床房1泊附早餐
16000日圓～

IN/OUT	14:00／11:00
地址	恩納村富着1550-1
交通	距石川IC 5km
客房數	339房
停車場	1泊500日圓

主要設施
餐廳、酒吧共7間／商店3間／室內泳池／露天泳池／美膚沙龍／美甲沙龍／洗衣間等

Pool

泳池共有四座，包含了無邊際泳池、人造浪泳池和附有圓頂形划水道的泳池等。開放時間為9時至18時。

Best Point

能住Kariyusi海灘
客房豐富的設施搭

○出租器具也相當完備

○夏季時，中庭游泳池會開放到晚上

豐富的水上活動帶來無窮樂趣

沖繩Kariyusi海灘渡假海洋SPA

●沖繩かりゆしビーチリゾート・オーシャンスパ

距機場 73km
那霸機場

在約8萬坪的腹地上建設的大型度假村。飯店大樓由能眺望東海的海洋塔，以及備有寬敞客房的廂房塔所構成。也有Spa、網球場和大浴池等設施。

Mapple Code 4700-0878　MAP 附錄② 10D-2

☏098-967-8731

海洋塔雙床房1泊附早餐
9000日圓～

IN/OUT	14:00／11:00
地址	恩納村名嘉真ヤーシ原2591-1
交通	距許田IC 5km
客房數	516房
停車場	1泊500日圓～

主要設施
餐廳、酒吧共4間／商店4間／室內泳池／露天泳池／Spa／美膚沙龍／洗衣間等

Room 房間

高樓層海洋塔雙床房／30㎡
1泊附早餐11000日圓～
位於海洋塔的5樓至7樓。可從露台遠望美麗海洋。

從高樓層海景房看出去的景色

距機場 57km
那霸機場

眼前就是萬座毛
沖繩本島屈指可數的絕景度假村

洲際酒店萬座海濱度假村

●ANAインターコンチネンタル万座ビーチリゾート

面對代表沖繩的觀光勝地——萬座毛而建的飯店。在以白色貝殼為設計意象的飯店大樓裡面，具備了設有海洋療法沙龍和海洋深層水的大浴池。從沖繩48座釀酒廠精選200種泡盛酒的商店，也相當受到好評。

Mapple Code 4700-0695　MAP 附錄② 11B-2

☏098-966-1211

經典雙床房1泊附早餐
15000日圓～

IN/OUT	14:00／11:00
地址	恩納村瀬良垣2260
交通	距屋嘉IC 6km
客房數	397房
停車場	1泊500日圓

主要設施
餐廳、酒吧共6間／商店3間／露天泳池／美膚沙龍／美甲沙龍／洗衣間等

這點也很迷人

Best Point

水上活動的種類絕對豐富

設有適合親子玩樂的溫泉游泳水、以高潔海水浴場以有各式各樣的水上活動，可供您玩樂

白沙與藍色陽傘互相輝映的萬座海灘

○開放游泳池的期間為

4月至12月

○海灘浮潛

BIG潛水包相當方便
海灘浮潛等人氣活動可以連同訂房搭配套裝行程體驗，相當推薦。4200日圓～

Room 房間

行政樓層雙床房／32㎡
1泊附早餐20000日圓～
設於最高樓層的9樓，共有39間房。不僅房內有海景，連浴室亦能觀海。也提供專用迎賓室的服務。

Breakfast 早餐

1樓餐廳「AQUA BELLE」的早餐。主廚會在客人面前親手製作西式蛋捲。每天都會更換出爐麵包的種類。

附有按摩池的游泳池
只有房客能夠使用

Point
以獨立的空間
締造出舒適的
客房氛圍
臥室、客廳、泡澡和衣帽間
都屬獨立的空間，
無人�在裡面
一個好放鬆。

Room
房間
↑有著寬敞的露台
套房／62～73㎡
1泊費用40000日圓～
除了在臥室設有兩張床之外，客廳
也有兩張床。套房設有廚房，適合
團體房客。

Spa
美膚沙龍「The Green SPA」會針對
身體的狀況施以不同的精油保養身
體。油壓按摩（1小時）12960日
圓～。

Breakfast
早餐
早餐可至二樓的「Deli」或是「The
Orange」享用。「Deli」的餐點可以
外帶到喜歡的地方用餐。

距機場
54km

享受有著萬全租借服務的
住宿時光

富著卡福度假公寓·酒店
●カフーリゾート フチャク
コンド・ホテル

提供酒店才有的高檔服務與適
度私人空間的風格。能夠放眼
眺望大海的海景客房之中，也
有附設廚房的房型。健美器材
和廚具等可租借的項目超過兩
百種。

Mapple Code 4701-1858　MAP 附錄② 11B-1

主要設施
餐廳、酒吧共4間／商店2間／
露天泳池／美膚沙龍／洗衣間等

☎098-964-7000

飯店大樓
高級房型1泊費用
26000日圓～

IN/OUT	14:00／11:00
地址	恩納村富著志利福原246-1
交通	距石川IC 6km
客房數	249房
停車場	免費

若要享受晚餐時光，
就趁著日落時分
前往「Orange」
若想要享用晚餐的話，
建議前往有一樣的「The
Orange」。到了傍晚，就
可以望著美麗的日落。

↑露天座只在
夏季開放

距機場
50km

能俯瞰祖母綠海洋的
景觀飯店

Renaissance Okinawa Resort
●ルネッサンス リゾート オキナワ

能將時時刻刻變幻不同風貌的
Renaissance Beach盡收眼底
的所在。客房全採海景設計，皆
附有能眺望海洋的露台。有超
過四十種的水上活動，包括和海
豚近距離接觸的行程等。

Mapple Code 4700-0691　MAP 附錄② 11A-2

☎098-965-0707

豪華雙床房1泊附早餐
16000日圓～

IN/OUT	14:00／11:00
地址	恩納村山田3425-2
交通	距石川IC 5km
客房數	377房
停車場	免費

主要設施
餐廳、酒吧共10間／商店
5間／室內泳池／露天泳池
／美膚沙龍／洗衣間等

閃耀著祖母綠光芒的
Renaissance Beach

Point
只有通過
才有和海豚
近距離接觸的行程
絕對海豚近距離接觸的各種行程
只有透過預約，在眾多
水上活動之中
也頗為受歡迎。

↑與海豚相見歡（50
分）7560日圓
眼睛圓滾滾的海豚出來相迎
可以不下水與海豚接觸，也能
和海豚共游蔚藍海洋。若要報
名的話，請在入住後前往海豚
潟湖櫃檯。

↓潛水體驗（1
小時30分）
10800日圓

也具備許多適合
初學者的水上活動
眾多能夠體驗的各種活
動，皆有熟知海域的專業
教練一起。即使是沒有經
驗的人也能充分享受水上
活動！沒有經驗也不用擔心
可以放心享樂。

Room
房間
Renaissance雙床房／36㎡
1泊附早餐23500日圓～
位於頂樓11樓，床墊是舒適度
一流的席伊麗公司產品。附有
茶飲以及可使用館內山田溫泉
的優惠。

Breakfast
早餐
館內二樓「FOUR SEASONS」的早
餐。可享用以鐵板現煎的蓬鬆美式鬆
餅和班尼迪克蛋等美食。

 步行3分之內
可抵達海灘

 超過半數房間
可以看到海景

 有露天泳池

 有溫泉或是
大浴池

 可以體驗、預約
水上活動

 客房內
有Wi-Fi

※住宿費為2人入住1房的價格。「1泊附早餐」、「1泊純住宿」所標示的為1人
的價格。「1泊費用」所標示的則是2人份的價格。
※住宿費用會因房型和時期不同而有所變動，還請事先確認。

在飯店前綿延約1km長的奧間海灘

被森林與海洋包圍的遼闊自然度假村

沖繩Okuma日航渡假飯店

距機場 107km
那霸機場

山原 ●JALプレイベートリゾートオクマ

Mapple Code 4700-0693　MAP 附錄② 2

📞0980-41-2222
Palm Cottage
1泊附早餐
18000日圓～

IN/OUT	14:00／11:00
地址	国頭村奥間913
交通	距許田IC 39km
客房數	184房
停車場	1次500日圓

主要設施
餐廳、酒吧共6間／商店2間／露天泳池／美膚沙龍／洗衣間等

在約10萬㎡的廣大腹地上，建有讓人聯想到外國度假村的4種小木屋。除了有能在用餐時欣賞山原美景的餐廳之外，也有觀景浴場和泳池等設施，相當齊全。也有舉辦以山原為探索主題的環保生態行程。

看這裡也
能接觸山原自然風光的環保生態體驗
以山原為核心保育的自然生態觀察行程，還能欣賞稀有的動植物、生態觀察景點。詳情請至OKUMA ECO MUSEUM諮詢。

➡搭乘橡皮艇在紅樹林探險的行程（3小時）7500日圓

早餐 Breakfast

住宿的庭園別墅
➡最適合全家福

Room 房間

Best Point
讓人聯想到外國的度假村的東方原特別墅
獨棟型的別墅能以雅致設計打造出閑適的氛圍，還附有Lanai「陽台」，視野絕佳。

Grand Cottage／48㎡
1泊附早餐29000日圓～
客房的室內設計採亞洲風，最多可以4人入住。還設有能眺望美麗園景的寬敞陽台

重視私人空間的設計讓人開心
不僅是獨棟設計的別墅，散建在腹地各處的小木屋設計也以個人隱私為優先。希望房客能沉浸在悠然的小島時光。

Grand Cottage住宿客專用的「潮風のラウンジ」。早餐可以從美式鬆餅、沙拉等3種菜色中選擇一個做為主食，免費享用。

↓露天泳池為房客專用，開放時間為4月至10月

Best Point
從腹地出入口前往翡翠海灘只需步行3分
前往沖繩美麗海水族館也只需步行5分鐘，前往代表沖繩的人氣景點都在步行範圍內，可以不必擔心移動路程，盡情暢玩。

↑海洋博公園・翡翠海灘

靠近沖繩美麗海水族館的絕佳位置

世紀飯店沖繩美麗海

距機場 101km
那霸機場

沖繩美麗海水族館周邊 ●センチュリオンホテル沖縄美ら海

僅提供雙床型的客房有4種房型，可選擇眺望東海的海景客房，或是園景客房。可從一樓的餐廳看到隔著東海的伊江島。

Mapple Code 4700-1079　MAP 附錄② 13A-3

Room 房間

高級海景雙床房／28㎡
位於二樓大廳層樓上的客房。可從窗邊遠眺東海。

📞0980-48-3631
雙床房1泊純住宿 **4800日圓～**

IN/OUT	14:00／11:00
地址	本部町石川938
交通	距許田IC 29km
客房數	94房
停車場	免費

※原名為ロワジールホテル沖縄美ら海，自2015年12月22日起改名

主要設施
餐廳1間／露天泳池／洗衣間等

↑住宿區分作飯店區和小木屋區等，房型繁多

Best Point
有許多能貼近海洋世界的水上活動
專為海天水上摩托車，讓初學者也能輕鬆上手。其他也有許多各式各樣的活動可以體驗。

（水上鋼鐵人）（20分・首次）7560日圓

環視太平洋的壯麗美景

卡努佳度假村

距機場 92km

山原 ●カヌチャベイホテル＆ヴィラズ

以約80萬坪的巨大腹地為傲的這座飯店，有著8棟住宿大樓。客房分為19種，包含了適合兩人入住的房型和可攜入寵物的房型等等。也有許多設施，能好好享受休閒時光。

Mapple Code 4700-0694　MAP 附錄② 3

Room 房間

杜鵑套房／52.74㎡
1泊附早餐32076日圓～
有附蓬頂的床鋪，也有海景浴室。最多可4人入住，離海灘和泳池也很近

📞0980-55-8880
標準雙床房
1泊附早餐 **23976日圓～**

IN/OUT	14:00／11:00
地址	名護市安部156-2
交通	距宜野座IC 20km
客房數	304房
停車場	免費

主要設施
餐廳、酒吧共7間／商店6間／室內泳池／露天泳池／美膚沙龍／洗衣間等

Best Point

不管在館內何處，都能遠眺到伊江島和美麗海洋的絕美景致
被暱稱為2ンチュー的城山是伊江島的象徵，清爽的碧藍海景和遠方的山景相映，絕佳景點。

從正門入口看去的景象，遙望伊江島的美麗景致讓人印象深刻

與沖繩美麗海水族館相鄰的Spa度假村

Orion本部渡假SPA飯店

●ホテル オリオン モトブ リゾート＆スパ

沖繩美麗海水族館周邊

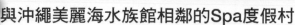

①也能在露天泳池遙望伊江島

不管是在正門入口還是泳池都能將美麗景色收於眼底

在視野遼闊的正門入口和泳池，都能從正面遠眺伊江島。眼前美景宛如一幅風景畫。

②以沖繩常見的福木做為飯店商標

希望各位能留下許多美好的回憶

③櫃檯人員久保田愛理小姐

10月。
附有按摩池的露天泳池
開放時間為4月～

飯店大樓的設計以大型遊輪為意象，分為有12層樓高的海洋廂房，和開放給16歲以上房客使用的俱樂部廂房。客房針對伊江島的美景下了一番功夫，全部都是設有陽台的海景套房。此外，也有自1500公尺深的地底湧出的溫泉和海洋療法SPA、游泳池等設施，相當充實。

Mapple Code 4701-2801　MAP 附錄② 13A-3

☎0980-51-7300

1泊附早餐 **25920**日圓～

IN/OUT	14:00／11:00
地址	本部町備瀨148-1
交通	距許田IC 28km
客房數	238房
停車場	1泊500日圓

主要設施
餐廳、酒吧共6間／商店1間／室內泳池／露天泳池／海洋療法沙龍／洗衣間等

Room 房間

海景好萊塢雙床房
50㎡／1泊附早餐25920日圓～
位於4樓到11樓，共設有19間的海景房。由於兩張床是併在一起的，便於帶小孩的家庭一起睡覺。

Breakfast 早餐

一樓的「ALL DAY DINING SIRIUS」的早餐。採取自助吧形式，可以選用五花八門、每日更換菜色的和食、洋食和中國菜。

Spa

俱樂部廂房一樓的海洋療法SPA「Bellemer」，設有活用上古海水的游泳池和蒸氣室，能好好放鬆身心。年滿16歲方可使用。

能讓度假氣氛更上一層樓的俱樂部廂房

這一點也很讚

俱樂部廂房 小型套房／
66㎡／1泊附早餐43200日圓～
俱樂部廂房設有18間房，也有配送早餐的客房服務（需預約）。

②充滿開放感的俱樂部廂房迎賓廳

步行3分之內可抵達海灘　　超過半數房間可以看到海景　　有露天泳池　　有溫泉或是大浴池　　可以體驗、預約水上活動　　Wi-Fi 客房內有Wi-Fi

※住宿費為2人入住1房的價格。「1泊附早餐」、「1泊純住宿」所標示的為1人份的價格。「1泊費用」所標示的則是2人份的價格。
※住宿費用會因房型和時期不同而有所變動，還請事先確認。

交通方便，便利性超群

那霸地區
若在這裡住宿
☆只需搭乘單軌電車，不需要租車
☆多為精簡的都會型飯店，較無度假感

那霸機場

2015年7月，引頸期盼的新開幕

世界知名品牌──凱悅終於登陸

Best Point
讓人能感受到琉球文化的時尚室內裝潢激發旅遊興致

客房分為標準和豪華等四個分類，一共8種房型。每一間房配置了以珊瑚為設計意象的藝術品，也有咖啡機等設備，相當充實。

豪華雙床房／32㎡
1泊附早餐24000日圓～

Room
房間

也請留意房間的備品
在標準房型和豪華房型裡，備有美國的有機護膚品牌「Pharmacopia」。

大套房／56㎡
1泊附早餐58000日圓～

高6.5m，有開闊感的挑高大廳

➡以珊瑚為設計意象的藝術品

➡宣傳人員江山美聖小姐

祝您過得愉快

將琉球文化和高貴飯店融為一體
沖繩那霸凱悅酒店
●ハイアットリージェンシー那霸 沖縄

➡位置方便，且能貼近在地沖繩文化

誕生於國際通和壺屋陶器街所形成的櫻坂地區，是有18層樓的都會度假村。客房採雙床形式，飾有以珊瑚為設計意象的藝術品。館內布置了約300個沖繩工藝品，也備有商店、餐廳和健身房等等。

Mapple Code 4701-3106
MAP 附錄① 27D-4

主要設施
餐廳、酒吧共4間／商店1間／露天泳池等等

Wi-Fi

1泊附早餐 **11000日圓～**

IN/OUT	15:00／11:00
地址	那霸市牧志3-6-20
交通	單軌電車牧志站步行10分
客房數	294房
停車場	1泊1500日圓

Gym
健身房

備有最新設備，可以一邊上網一邊健身。房客可以免費使用。

Breakfast
早餐

二樓餐廳「Sakurazaka」的早餐以每日替換的形式，輪流提供格子鬆餅、法式土司和美式鬆餅。也請嘗嘗發源自洛杉磯的奶油洋芋半熟蛋。

➡推薦能看到赤瓦屋頂街景的露台坐席

在只限夏天開放的露天泳池裡享受都會中的度假氣氛

在飯店的三樓備有僅有房客能使用的15m×7m的露天泳池。不僅能游泳池和兒童池，也有躺椅等設備。

這點也

➡游泳池的開放時間為5月至10月

96

在以上古海水作為源泉的溫泉中放鬆
LOISIR SPA TOWER NAHA
♨ Wi-Fi

●ロワジール スパタワー 那霸

所有房型都是附陽台的雙床房。可以從窗戶欣賞灣景或是街景。設有以800萬年前上古海水作為源泉的溫泉，也有齊全的Spa護膚療程。

Mapple Code 4701-2082　MAP 附錄① 30A-4

高級街景雙床房 1泊附早餐 9700日圓～	
IN/OUT	14:00／11:00
地 址	那霸市西3-2-1
交 通	單軌電車旭橋站步行15分
客房數	89房
停車場	1泊1300日圓

主要設施
美膚沙龍／洗衣間

浸泡在露天浴池之中放鬆全身
除了室內浴場之外，還有寬敞的露天浴池和蒸氣室。為流動式天然湧泉，種類則是氯化鈉泉。

附有遮檔強烈日照遮陽篷的露天浴池

Best Point
住宿房客能免費使用的大浴池
二樓的「三重城溫泉 海人之湯」是從地下800公尺處抽出約800萬年前的化石海水，經由地熱加熱後湧出的溫泉，這種溫泉富有鹽分，據稱保溫的效果。

Spa灣景豪華雙床房 40.7㎡／1泊附早餐15700日圓～

明亮的用色讓人感受到沖繩太陽與海的氣息。晚上可以欣賞那霸市區的夜景。

↑面那霸港而建的都會度假村。所有房間都附設陽台

這一點也
治癒您旅途疲憊的「CHURASPA」護膚
包含阿羅咪啦在內，使用了許多以沖繩當地素材的全程手療護膚，讓您享受一段幸福的時光。

↻美膚沙龍皆採預約制

面港的客房附有陽台

適合家庭入住的都會度假村
LOISIR HOTEL NAHA
♒ ♨ Wi-Fi

●ロワジール ホテル 那霸

客房採用了讓人聯想到海、水、花、風的清爽色調。備有使用化石海水作為源泉的「三重城溫泉 島人之湯」，以及在夏季開放的露天泳池等等，可以享受度假的氣氛。

Mapple Code 4700-0724　MAP 附錄① 30A-4

高級雙床房1泊附早餐 6550日圓～	
IN/OUT	14:00／11:00
地 址	那霸市西3-2-1
交 通	單軌電車旭橋站步行15分
客房數	513房
停車場	1泊1300日圓

主要設施
餐廳、酒吧共4間／商店1間／室內泳池／露天泳池／洗衣間等

這一點也
以化石海水做為源泉的溫泉掃去疲憊
館內二樓的「三重城溫泉 島人之湯」有露天浴池和瀑布池等設施。住客需額外負擔費用1500日圓。

Best Point
點燈後帶有魔幻風采的露天泳池
有豪華特造型的露天泳池，開放期間為3月下旬至10月底。夜晚點燈時格外美麗。

↻住宿房客可以免費使用露天泳池

Room 房間

豪華雙床房／34㎡
1泊附早餐8050日圓～
最多可讓4人入住的客房。即使佈置為4人房依舊寬敞。

↻也能同時使用室內泳池

有免費租借的浴巾

☁ 有露天泳池　♨ 有溫泉或是大浴池　Wi-Fi 客房內有Wi-Fi

※住宿費為2人入住1房的價格。「1泊附早餐」、「1泊純住宿」所標示的為1人份的價格。「1泊費用」所標示的則是2人份的價格。
※住宿費用會因房型和時期不同而有所變動，還請事先確認。

→以深褐色為基調的迎賓大廳

豪華雙床房／26㎡

洋溢著熱忱的待客服務
那霸希爾頓逸林飯店
🚈 近車站　📶 Wi-Fi

●ダブルツリー byヒルトン那霸

在全球六大洲設點逾四百家的希爾頓連鎖飯店。最高的11、12樓貴賓樓層，備有鋪設羽毛床墊的床鋪。入住時會免費贈送巧克力餅乾。

Mapple Code 4701-1750　MAP 附錄① 30B-4

098-962-0123

豪華雙床房1泊房價
（附早餐）
26000日圓～

IN/OUT	15:00／11:00
地址	那霸市東町3-15
交通	單軌電車旭橋站即到
客房數	225房
停車場	1泊1000日圓

主要設施
餐廳1間／美膚沙龍／洗衣間等

Breakfast 早餐

可以選擇和食或是洋食的早餐採取自助吧形式。

6、7樓的客房採用讓人聯想到沖繩海洋的深藍色調，讓人印象深刻

↑沖繩縣內唯一將大廳設於頂樓的飯店

灣景（有景觀浴室）
35㎡／1泊附早餐26610日圓～

以藝術妝點的奢華飯店
麗嘉皇家酒店GRAN沖繩
🚈 近車站　📶 Wi-Fi

●リーガロイヤルグラン沖繩

與單軌電車旭橋站相連的飯店。客房的設計讓人聯想到沖繩的海洋及森林，每層樓設計皆不同。櫃檯和大廳位於頂樓14樓，隨處可見當地創作者的藝術品作為裝飾。

Mapple Code 4701-2302　MAP 附錄① 30B-4

098-941-1111

大雙床房1泊附早餐
26610日圓～

IN/OUT	14:00／11:00
地址	那霸市旭町1-9
交通	單軌電車旭橋站即到
客房數	157房
停車場	免費

主要設施
餐廳1間等

Breakfast 早餐

早餐為和洋式的自助餐。每日菜色不同，也會有鬆餅。

設於12、13樓的12處房間有著現代感的家具，美輪美奐

↑有許多洋食、和食、沖繩料理等

豪華樓層 標準雙床房
23㎡／1泊附早餐20000日圓～

位於國際通正中央的高質感飯店
那霸日航都市飯店
📶 Wi-Fi

●ホテルJALシティ那霸

位於國際通的正中央處，在市內觀光時有極佳的便利性。客房備有席夢思公司的彈簧床。使用沖繩縣內食材的餐廳早餐廣受好評。

Mapple Code 4701-1311　MAP 附錄① 27C-2

098-866-2580

標準雙床房
1泊附早餐 **18000日圓～**

IN/OUT	14:00／11:00
地址	那霸市牧志1-3-70
交通	單軌電車牧志站步行10分
客房數	304房
停車場	1泊1500日圓

主要設施
餐廳1間等等

Lobby 大廳

有著洗鍊氛圍的大廳。外頭設有水庭。

↑大廳的天花板做了挑高，給人開闊的感覺

↑自助午餐的示範例

法式×和式的融合風格
沖繩那霸美居酒店
🚈 近車站　📶 Wi-Fi

●メルキュールホテル沖繩那霸

建於單軌電車壺川站的正對面，由法裔女性設計師所設計，將和式元素若無其事地融於洋式設計之中。設有使用沖繩食材的法式休閒餐廳。

Mapple Code 4701-2398　MAP 附錄② 15C-3

098-855-7111

好萊塢雙床房1泊費用
（附早餐）
14500日圓～

IN/OUT	14:00／11:00
地址	那霸市壺川3-3-19
交通	單軌電車壺川站即到
客房數	260房
停車場	1次1000日圓

主要設施
餐廳1間

Room 房間

高級雙床房／21～28㎡
1泊房價（附早餐）16500日圓～
牆壁的花紋和床單用色讓人感受到和風之美。

沖縄第一ホテル（Best Point）

以沖繩蔬菜為色的健康早餐
在以沖繩蔬菜為主的早餐中，使用了黃金苦瓜、雪恩和紅蘿蔔等各式各樣蔬菜做成，清淡美味叫人一吃難忘。

←早餐為3240日圓，非房客亦能用餐

↑客房大樓彷彿圍繞小小的中庭而建

以使用島蔬菜的早餐聞名的精緻飯店
沖縄第一ホテル

●おきなわだいいちホテル

Mapple(Code) 4700-0743　MAP 附錄① 27C-2

自從在那霸市安里創業開始，這間飯店就受到許多藝文人士喜愛。至今仍有許多回流客駐足於此。雖然是間僅有五間客房的小型飯店，但有50道菜、585kcal的豐盛早餐（需預約）相當出名。

	6480日圓～
IN/OUT	15:00／10:30
地址	那霸市牧志1-1-12
交通	單軌電車牧志站徒步行10分
客房數	5房
停車場	免費

Room 房間

特別房
1泊房價19440日圓

兩間雙床房的其中一間為特別房，附有戶外浴室。

主要設施
迎賓室

Hotel Hokke Club Naha-Shintoshin（Best Point）

在房客專用的大浴池放鬆身體
較於博愛的大浴池有寬大的窗戶，享受放鬆的氣氛。開放時間為6時至10時，以及16時至翌日1時。

↑能待到深夜讓人開心

↑便於在那霸觀光的地點

近車站　♨　Wi-Fi

以寬敞的頂樓大浴池為傲
Hotel Hokke Club Naha-Shintoshin

●ホテル法華クラブ那霸 新都

Mapple(Code) 4701-1310　MAP 附錄① 29D-1

位置良好，從T Galleria沖繩 by DFS步行四分即可到達，周遭有不少大型超市和餐飲店。客房從標準單人房到豪華大床尺寸的雙床房都有，選擇多元。大浴池從早至晚皆可利用。

Room 房間

標準雙床房1泊（附早餐）	18360日圓～
IN/OUT	14:00／11:00
地址	那霸市おもろまち4-3-8
交通	單軌電車歌町站步行5分
客房數	210房
停車場	1泊1080日圓

豪華雙床房
25㎡
1泊費用(附早餐)
20520日圓～

床鋪使用了羽毛被，相當舒適。

主要設施
餐廳1間／洗衣間等

OKINAWA NaHaNa HOTEL & SPA

建於單軌電車旭橋站附近

（Best Point）

營業到深夜的Spa讓人開心
地下一樓的「コトラン・スパ」為營業到深夜，有種可坐住進東港美好時光、設施完備、非常便利。

↑入場費為2500日圓，附飲料

用Spa洗去旅途的疲勞
OKINAWA NaHaNa HOTEL & SPA

●沖縄ナハナ・ホテル&スパ

近車站

Mapple(Code) 4701-1570　MAP 附錄① 30B-3

位於方便前往鬧區的位置上。客房除了有單人、雙人和各式各樣的雙床房外，還有使用了琉球榻榻米的和室等，共有九種房型。也備有餐廳、酒吧和Spa等設施。

Room 房間

	6030日圓～
IN/OUT	14:00／11:00
地址	那霸市久米2-1-5
交通	單軌電車旭橋站徒步5分
客房數	200房
停車場	1泊1000日圓

NaHaNa
高級雙床房
22.5～25.7㎡
1泊附早餐
7890日圓～

位於頂樓，共9間房。能眺望那霸街景。每間房都有網路連線設備。

主要設施
餐廳1間／商店1間／Spa／美膚沙龍／洗衣間等

那霸格蘭城堡日航飯店

（Best Point）

能夠在放鬆的同時飽覽那霸市街夜景之中
居高臨下能欣賞到那霸市街的絕佳位置。帶在20樓的住宿客房看到的景觀更讓人陶醉。

豪華房／30㎡
1泊18000日圓～

帶有暖意的用色，締造出放鬆心情的空間

↑從20樓日落迎賓廳看去的光景

🌊　Wi-Fi

便於前往首里城散步的立地
那霸格蘭城堡日航飯店

●ホテル日航那霸グランドキャッスル

Mapple(Code) 4700-0738　MAP 附錄② 16B-2

建在首里城附近的飯店。客房從商務型到度假型都有，能因應各種需求。設有夏季開放的泳池，以及開到國際通的接駁車（需付費）等。可度過一段休閒的度假時光。

Breakfast 早餐

標準雙床房1泊費用	13000日圓～
IN/OUT	14:00／11:00
地址	那霸市首里山川町1-132-1
交通	單軌電車儀保站徒步車程車站
客房數	333房
停車場	1泊1000日圓

4樓「serena」的早餐。以沖繩益菌蛋製作的西式蛋捲等每日菜單為主。

主要設施
餐廳、酒吧共5間／商店5間／露天泳池／洗衣間等

 步行5分內可抵達車站　 有露天泳池　♨ 有溫泉或是大浴池　 客房內有Wi-Fi

※住宿費為2人入住1房的價格。「1泊附早餐」、「1泊純住宿」所標示的為1人份的價格。「1泊費用」所標示的則是2人份的價格。
※住宿費用會因房型和時期不同而有所變動，還請事先確認。

南國樹木圍繞的造景泳池

盡享世界級品牌的水準
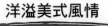
沖繩北谷希爾頓度假酒店
距機場 21km
那霸機場
●ヒルトン沖縄北谷リゾート
Mapple Code 4701-2800　MAP 附錄② 8D-1

希爾頓集團在沖繩所開的第二間飯店。客房有著一塵不染的清潔感，廁所和浴室皆是獨立分開的。備有設置了滑水道的露天泳池、餐廳、Spa等設施，也能體驗水上活動。

☎098-901-1111

1泊費用(附早餐)	25644日圓~
IN/OUT	14:00／11:00
地址	北谷町美浜40-1
交通	距沖繩南IC 6km
客房數	346房
停車場	免費

主要設施
餐廳、酒吧共3間／商店1間／室內泳池／露天泳池／美膚沙龍／洗衣間等

這點也
使用沖繩材料的美膚療程廣受好評
在館內一樓的「AMAMI SPA」，可做全身的精油療程，亦能做特定部位的美膚療程（需預約）。

↑Spa用品使用了英國的Elemis品牌

Room 房間
行政海景房／37㎡
1泊費用(附早餐) 41126日圓~
附有能眺望大海與天空的露台，最多可容納4人住宿，也能使用專用迎賓室。

推薦3樓餐廳的窗外景致
在三樓的餐廳「SURIYUN」，白天時可以看到藍色天空和清爽的海景，黃昏時刻則能眺望美麗日落。

Best Point
晚餐往賞廳搭配夜景享受美食
飯店的餐廳不只能用來用餐商巴，統一適的優質美麗美道一邊度過做晚餐時光也是如分之真，厚景氣氛也堪上一樓味。

Breakfast 早餐
早餐也在「SURIYUN」用餐。有超過60種菜色，包含沖繩料理和各國料理。

←「SURIYUN」的露台席

距機場 32km
那霸機場

↑放眼望去盡是一望無際的風景

活用益生菌技術讓住宿更舒適
COSTA VISTA OKINAWA HOTEL & SPA
●コスタビスタ沖縄 ホテル&スパ

將能激發人體原有恢復力的益生菌群（EM）技術活用在館內各處的飯店。包括客房的床單和料理的食材都加入了益生菌，讓客能度過乾淨又舒適的時光。

Mapple Code 4701-1352　MAP 附錄② 9B-4

Room 房間
標準雙床房
31~33㎡
1泊費用40000日圓~
簡單的裝潢相當俐落。

↑標準雙床房1泊附早餐

Best Point
加入益生菌的早餐自助吧
地下1樓的餐廳「CASA VERDE」，早餐為添加了益生菌的自助吧。

☎098-935-1500

早餐菜色一例	12600日圓~
IN/OUT	15:00／11:00
地址	北中城村喜舍場1478
交通	距北中城IC 5km
客房數	214房
停車場	免費

主要設施
餐廳、酒吧共4間／商店2間／Spa／美膚沙龍／洗衣間等

Best Point
餐廳的早餐為免費招待
住宿房客能在餐廳「Mokon Mokon」享用免費早餐。可以在這裡品嘗現榨果汁、中式粥或是法式土司等料理。

始營業
↑採自助吧，從7點開

↓在水中播放音樂的中庭泳池

距機場 46km
那霸機場

建於高地上的度假別墅
CoCo Garden Resort Okinawa
●ココ ガーデンリゾート オキナワ

在約7000坪的腹地上，建有風格各異的別墅和小木屋。不僅早餐和下午茶為免費供應，也在客房提供免費精油，博得了「CoCo式款待」的好名聲。

Mapple Code 4700-0720　MAP 附錄② 9C-1

Room 房間
庭園豪華雙人房／41㎡
1泊附早餐19000日圓~
198×180cm的寬敞大床附有優雅的蓬頂。從露台往外看去，就能望見一片翠綠美景。

☎098-965-1000

庭園雙床房1泊附早餐	12500日圓~
IN/OUT	14:00／11:00
地址	うるま市石川伊波501
交通	距石川IC 2km
客房數	96房
停車場	免費

主要設施
餐廳、酒吧共2間／商店1間／露天泳池／美膚沙龍／圖書室／洗衣間等

Best Point

可以在拼設的「琉球溫泉龍神之湯」體驗各種風格的泡湯

院方以每分鐘500公升的驚人溫泉量自豪，種類包括了站立式的露天溫泉、岩石浴池和壺湯等等，可以盡情享受。→P.80

←可以眺望慶良間諸島的海景

↑房客專用的無邊際泳池

靛藍色的太平洋無垠無涯，適合來一趟海景兜風
較難一日往返沖繩美麗海水族館和山原地區

↑有瀑布池、藥浴池和蒸氣室等設施

視野良好的溫泉露天浴池廣獲好評

琉球溫泉瀨長島賓館
●琉球溫泉‧瀨長島ホテル

距機場5km　那霸機場

位於那霸機場南側，建於瀨長島的Spa度假村。展望露天浴池所用的溫泉是從地下1000公尺抽取的鹽泉，含礦量高，此外也有蒸氣室等設施。標準房型可以看到飛機的起降。

Mapple Code 4701-2452　MAP 附錄② 5A-1

📞098-851-7077

標準雙床房1泊附早餐
11600日圓～

IN/OUT	15:00／11:00
地　址	豐見城市瀨長174-5
交　通	距那霸機場5km
客房數	104房
停車場	免費

主要設施
餐廳1間／商店1間／露天泳池／美膚沙龍等等

Room 房間

按司 豪華雙床房／35㎡
1泊附早餐25000日圓～
附有壺湯溫泉，可以欣賞窗外的機場風光。

↓全長70m的中庭泳池

Best Point

能遙望太平洋的展望浴池

浸泡在錯開投份的溫泉之中，想必能帶來真好的放鬆效果，房客可以免費使用。

以健康和療癒為主題的溫泉飯店

距機場20km　那霸機場

YUINCHI南城飯店
●ユインチホテル 南城

在可以盡情欣賞太平洋的展望浴池之中，能夠直接享受從地下2119公尺湧出的流動式天然溫泉。客房分為和室、洋室以及附溫泉的和室等等。也有餐廳和運動設施。

Mapple Code 4701-1845　MAP 附錄② 4E-1

1泊附2餐 **9342日圓～**

IN/OUT	15:00／11:00
地　址	南城市佐敷新里1688
交　通	距南風原北IC 7km
客房數	53房
停車場	免費

主要設施
餐廳2間／室內泳池／露天泳池／洗衣間等

→交通方便，適合在南部觀光

南部數一數二的大型度假村

距機場10km　那霸機場

Southern Beach Hotel Resort Okinawa
●サザンビーチホテルリゾート沖繩

Mapple Code 4701-1823　MAP 附錄② 5A-2

從那霸機場乘車約20分，糸滿美美海灘就在眼前。有餐廳、泳池、美膚沙龍和兒童室等設施，相當充實。若選在尊貴俱樂部樓層住宿，便能享受到升等的服務品質。

📞098-992-7500

高級灣景雙床房1泊附早餐
11000日圓～（不含稅）

IN/OUT	14:00／11:00
地　址	糸滿市西崎町1-6-1
交　通	距那霸機場10km
客房數	448房
停車場	免費

主要設施
餐廳、酒吧共3間／商店2間／室內泳池／露天泳池／美膚沙龍／洗衣間等

Room 房間

Breakfast 早餐

2樓的海景餐廳「REIR」的早餐是自助吧。廚師將在您面前製作西式蛋捲。

高級海洋雙床房
30㎡／1泊附早餐13000日圓～
從3樓到5樓都是標準客房，明亮的色彩為其特徵。

各種在海邊遊玩的方法
可以參加水上活動，也能在沙灘撿拾貝殼。日落景致也不容錯過。

Best Point

眼前遍布白沙的糸滿美美海灘

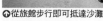

↑從旅館步行即可抵達沙灘

水上活動的選擇相當豐富

↑海底漫遊（1小時）8100日圓

步行3分之內可抵達海灘　超過半數房間可以看到海景　有露天泳池　有溫泉或是大浴池　可以體驗、預約水上活動　客房內有Wi-Fi

初次前往沖繩的好夥伴
實用資訊一網打盡

沖繩 交通方式 NAVI

簡單♪
愜意♪

沖繩最主要的空路門戶為那霸機場，目前從台灣1天約有8～9班機直飛沖繩。以下整理出台灣直飛日本各地的航班狀況，以及機場往返沖繩各地的資訊。

CAL=中華航空 ✆02-412-9000
EVA=長榮航空 ✆02-2501-1999
TNA=復興航空 ✆02-4498-123
TTW=台灣虎航 ✆02-5599-2555
VAX=威航 ✆02-449-8677
JAL=日本航空 ✆0801-81-2727
ANA=全日空 ✆02-2521-1989
CPA=國泰航空 ✆02-2715-2333
VNL=香草航空 ✆070-1010-3858
JST=捷星航空 ✆0801-852-015
KLM=荷蘭皇家航空 ✆02-7707-4701
DAL=達美航空 ✆0080-665-1982
SCO=酷航 ✆09-7348-2980
APJ=樂桃航空 ✆02-8793-3209
UAL=聯合航空 ✆02-2325-8868

北海道
● 桃園國際機場→新千歲機場
CAL EVA TNA ANA
🕐 3小時35分～4小時
✈ 6班／天

● 高雄國際航空站→新千歲機場
CAL
🕐 約4小時
✈ 5班／週

北海道地區
旭川
小樽
新千歲機場（札幌）
函館
青森
東北地區
中部地區
山形機場 仙台機場
金澤
中國地區
關東地區
東京
羽田機場 成田機場

大阪
● 桃園國際機場→關西國際機場
CAL EVA TNA TTW VAX JAL ANA CPA JST APJ
🕐 2小時25分～2小時40分
✈ 20～23班／天

● 高雄國際航空站→關西國際機場
CAL EVA TTW ANA SCO APJ
🕐 2小時40分～3小時
✈ 6～7班／天

福岡
● 桃園國際機場→福岡機場
CAL EVA ANA CPA KLM
🕐 2小時05分～2小時20分
✈ 6班／天

● 高雄國際航空站→福岡機場
CAL EVA ANA
🕐 約2小時40分
✈ 1～2班／天

九州地區
福岡機場
廣島
京都
神戶
關西國際機場
大阪
熊本機場
中部國際機場（名古屋）
近畿地區
鹿兒島機場
四國地區
那霸機場
沖繩

東京
● 松山機場→羽田機場
CAL EVA JAL ANA
🕐 2小時40分～2小時55分
✈ 8班／天

● 桃園國際機場→羽田機場
TTW APJ
🕐 約3小時
✈ 1～2班／天

● 桃園國際機場→成田機場
CAL EVA TNA TTW JAL ANA CPA VNL JST DAL SCO UAL
🕐 2小時55分～3小時10分
✈ 25～26班／天

● 高雄國際航空站→成田機場
CAL EVA JAL ANA TTW VNL
🕐 3小時15分～3小時25分
✈ 5班／天

名古屋
● 桃園國際機場→中部國際機場
CAL VAX JAL ANA CPA JST
🕐 2小時35分～3小時
✈ 4～6班／天

沖繩
● 桃園國際機場→那霸機場
CAL EVA TNA TTW ANA KLM DAL APJ
🕐 1小時15分～1小時35分
✈ 8～9班／天

● 高雄國際航空站→那霸機場
CAL
🕐 1小時45分
✈ 2班／週

102

尋找適合自己的計畫吧

旅行從立定計畫開始。若不知該如何規劃，則建議向旅行社商量。
若是回流客或是有明確目標的話，自行訂定計畫也相當有趣。

交付辦理 輕鬆規劃　套裝行程

大致上分作兩種，一是從出國交通方式、住宿規劃和觀光行程都完全交由對方辦理的跟團型，以及只販售來回機票和住宿處的機加酒自由行。旅行社的沖繩行程常會包含租車。絕大多數的套裝行程最晚都要在10天前（少數行程是前1天）預約，因此適合事已經規劃好日程的人。

這點不錯！
- 不需自行去辦理購買機票和訂住宿處的手續
- 比起自行辦理，價格肯定優惠許多
- 跟團行程會有領隊陪同，因此初次參加也可以放心
- 自由行則和個人旅行一樣，可由自己訂定計畫
- 在當地發生意外，也能和旅行社商量解決方法，令人放心
- 新年假期、黃金週或是暑假等提早預約便能確保房位
- 行程優惠非常多，如提前預約還有機會獲得客房升等

這點要忍耐！
- 跟團行程若預約的出發參加團員太少，可能會取消行程
- 飛機和住宿會有些許限制
- 出發後就無法變更計畫
- 若是用網路預約，由於預約後就必須付款，因此也會發生「明明是很久以後才會出發，但現在就要繳交全額」的狀況。向旅行社報名的話則需繳交訂金

選擇旅行社

利用網路尋找當地旅行社。各式各樣的旅行社會列出他們的旅遊提案，其中也有搭乘廉航的低價行程。如果想輕鬆旅行，就尋求旅行社協助吧。若有中意的行程，可以向工作人員尋求意見。

推薦這樣的行程

★ 日航ダイナミックツアー
　將來回機票＋飯店一同販售。最晚可在出發前一天（自費行程為七天前）預約

★ 全日空ダイナミックパッケージ『旅作』
　來回機票＋飯店一同販售，若早於出發前七天預約即可享有優惠，最晚可以在出發前一天的16時59分預約

★ 全日空スカイホリデー
　利用全日空的國內線前往，備有豐富的沖繩旅行計畫

若是套裝行程，有時遇也能以實惠的價格入住豪華房型

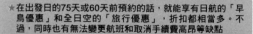
在沖繩旅行租車在所難免，若是套裝行程，則可連帶預約申請

建議選擇附早餐的住宿處。在當地自行解決的話所費不貲

潛水和浮潛等活動往往需要事先預約。若時值旅遊旺季，還請在出發之前做好預約

享受自己的專屬旅程　自助旅行

自行規劃交通方式、住宿處和想看的景點，可以享受自己的私房行程。由於也可以一邊旅行一邊規劃，適合突然空出假期的人。

這點不錯！
- 從飛機到飯店都可以依照自己的喜好決定
- 旅行團行程不會刊載的住宿處，如民宿、歐風民宿、青年旅舍等等都能納入選擇
- 可以隨意變更計畫

這點要忍耐！
- 由於全部都要自行計畫，因此會花上許多功夫
- 在遇上颱風等意外狀況時，更改搭乘的飛機和向住宿處提出延後入住的要求等皆得自行處理

✳ 利用大型航空公司的早鳥預約優惠和廉航 ✳

★ 在出發日的75天或60天前預約的話，就能享有日航的「早鳥優惠」和全日空的「旅行優惠」，折扣都相當多。不過，同時也有無法變更航班和取消手續費高昂等缺點

★ 若想節省旅費，就只能利用廉航了。雖然只能在大都市出發，但若搭配樂桃、香草和捷星的活動折扣，就能將票價壓到最低。不過，也要先做好功課，理解廉價航空的缺點

★ 注意起降點多，取消不需手續費，也有浮動票價的天馬航空。一般票價也比大型航空公司便宜，更會根據機位剩餘多寡變更票價

✳ 預約住宿處＆租車＆水上活動 ✳

有些住宿處和租車公司也會有早鳥預約優惠。若時值旅遊旺季又未事先預約，在當地就可能會落入兩頭空的窘境。提早預約也能同時壓低機票、住宿處和租車的價格。

若不知道交通方式就糟糕了

廉價航空公司樂桃和香草航空是在廉航航廈起降的

廉航航廈和那霸機場國際線航廈的位置不同。
請事先確認交通方式。
此外，虎航雖同是廉航，但是從國際線航廈起降的。

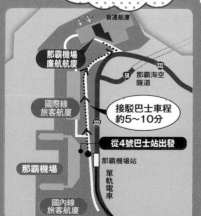
貨運航廈
那霸機場廉航航廈
那霸海空隧道
58
332
國際線旅客航廈
332
接駁巴士車程約5～10分
從4號巴士站出發
那霸機場
那霸機場站
單軌電車
國內線旅客航廈

注意這點 1
要從國內線航廈搭接駁巴士移動
可以從國內線航廈1樓「4號巴士乘車處」搭乘免費的專用接駁巴士。約10分鐘1班。車程約5至10分鐘。有可能遇上乘客太多，必須等下一班的狀況，務必注意需預留足夠時間。

注意這點 2
嚴守報到的時間
登機手續需以自動Check in機辦理，時間為出發時間的1小時30分至30分前。只要超過1分鐘，就會無法登機。由於機場工作人員不多，也可能因為排隊而花上出乎意料的時間。

注意這點 3
只有特定租車業者能將車子開入腹地
唯有日本租車、TOYOTA汽車租賃、OTS租車和歐力士租車的特定營業處才能進行機場接送。不管是個人車輛、計程車或是臨停接送都不得進入。

注意這點 4　廉航航廈的商店和服務
有伴手禮店、餐飲店等5間店鋪。此外也有能提領在T Galleria 沖繩 by DFS購買免稅商品的櫃臺。
候機室提供能用智慧型手機或平板觀看電影或電視節目的「high!」。

要如何從機場抵達目的地？

若要搭乘單軌電車，就從機場1樓的入境大廳前往2樓。若要搭乘機場利木津巴士、計程車或路線巴士，那就直接走出機場前往乘車處吧。

那霸機場

Mapple Code 4701-2945
MAP 附錄② 15A-4
☎098-840-1179（綜合服務櫃檯）
址 那霸市鏡水150　P1246輛（立體停車場）1小時350日圓～

若搭乘樂桃和香草航空，則在廉航航廈 →P.103

1樓入境大廳的概況！

- 設有窗口和ATM，店內ATM為7:00～22:00（週六、週日和假日為9:00～20:00）
- 在這裡購買機場利木津巴士的車票
- 販售那霸市內一日券（660日圓）和提供定期觀光、路線巴士的導覽服務
- 若尚未預約租車，請在此處洽詢吧。可以為您調查能在今日預約的租車公司

- 可以輕鬆用餐的機場食堂（P.109）
- 近畿日本旅行社
- 機場食堂
- 琉球銀行
- 機場利木津巴士櫃檯
- 觀光服務處
- 綜合服務櫃檯
- 租車服務處

JAL/JTA/RAC SKY/JJP 到達處A
提領行李處
ANA/SNA/SKY 到達處B
那霸巴士
往二樓
？
投幣式電腦

通往2樓單軌電車連通道
約40公尺的電動步道，連結單軌電車那霸機場站。

通往2樓單軌電車連通道
身障者專用斜坡
4號出口
往二樓

8 長程計程車　7 短程計程車　6 大型計程車　身障者專用斜坡　4 3 2 1 身障者專用卡努佳班車

步道 / 步道 / 路線巴士 / 步道

預約計程車　12 機場利木津巴士　11 租車公司接送車輛　10 預約計程車　9 一般車輛停靠處

在此可以獲得住宿、觀光資訊、交通、活動等情報，也有各式各樣的觀光手冊

12 機場利木津巴士

在一樓入境大廳中央附近的機場利木津櫃檯購買車票後，前往乘車處。

1 2 3 4 路線巴士

那霸市內巴士的車資一律是230日圓。乘車時領取車券，下車時付錢。1 是卡努佳班車，而 4 以後則是往來廉航航廈的免費接駁巴士。從 2 出發的山原急行巴士為1天8班，前往本部町一帶。到沖繩美麗海水族館的車程為2小時15分，到今歸仁城跡則是2小時30分，相當方便。

11 租車

前往租車公司接送處，尋找所預約的租車公司的牌子吧。在搭乘免費接送巴士前往營業處後，就可以辦理租車手續。到機場最近的租車公司營業處，約要10～15分鐘左右的車程。→P.106

7 8 計程車

⑦ TAXI 中小型班車

短程和遠程的乘車處不同。起跳價為小型計程車500日圓

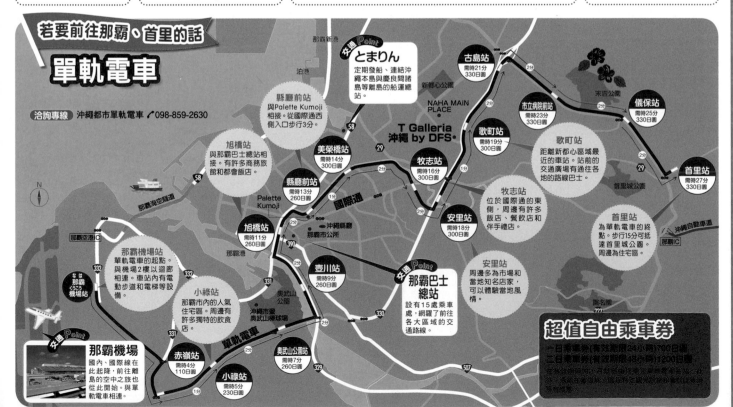

若要前往那霸、首里的話
單軌電車

洽詢專線 沖繩都市單軌電車 ☎098-859-2630

交通Point とまりん
定期發船、連結沖繩本島與慶良間諸島等離島的船運總站。

縣廳前站
與Palette Kumoji相接。從國際通西側入口步行3分。

旭橋站
與那霸巴士總站相接。有許多商務旅館和都會飯店。

美榮橋站 需時14分 300日圓
縣廳前站 需時13分 260日圓
旭橋站 需時11分 260日圓
牧志站 需時16分 300日圓
安里站 需時18分 300日圓
歌町站 需時19分 300日圓
市立病院前站 需時23分 330日圓
儀保站 需時25分 330日圓
古島站 需時21分 330日圓
首里站 需時27分 330日圓

歌町站 距離新都心區域最近的車站。站前的交通廣場有通往各地的路線巴士。

牧志站 位於國際通的東側。周邊有許多飯店、餐飲店和伴手禮店。

安里站 周邊多為市場和當地知名店家，可以體驗當地風情。

首里站 為單軌電車的終點。步行15分可抵達首里城公園。周邊為住宅區。

T Galleria 沖繩 by DFS
NAHA MAIN PLACE

那霸機場
國內、國際線在此起降，前往離島的空中之旅也從此開始。與單軌電車相連。

那霸機場站 單軌電車的起點。與機場2樓以迴廊相連。車站內有電動步道和電梯等設備。

小祿站 那霸市內的人氣住宅區。周邊有許多獨特的飲食店。

那霸機場 需時4分 110日圓
赤嶺站 需時5分 230日圓
小祿站 需時7分 260日圓
奧武山公園站 需時9分 260日圓
壺川站

那霸巴士總站 設有15處乘車處，網羅了前往各大區域的交通路線。

超值自由乘車券
一日乘車券（有效期限24小時）700日圓
二日乘車券（有效期限48小時）1200日圓

※表記為那霸機場出發所需的時間和車資。

104

機場利木津巴士

洽詢專線
機場利木津巴士客服中心 ☎098-869-3301

路線＼停靠站							
A區 11:35/13:10/16:00/17:30發車	月亮海灣宜野灣飯店	拉古納花園飯店	沖繩海濱Tower飯店	沖繩坎帕納船舶飯店	沖繩北谷希爾頓假酒店	COSTA VISTA OKINAWA HOTEL & SPA	
	需時32分 車資600日圓	需時39分 車資600日圓	需時58分 車資800日圓	需時1小時1分 車資800日圓	需時1小時8分 車資800日圓	需時1小時26分 車資1000日圓	
B區 11:20/13:20/16:10/18:10發車	那霸巴士總站	Renaissance Okinawa Resort	沖繩殘波岬皇家度假大飯店	沖繩Alivila日航渡假飯店			
	需時10分 車資230日圓	需時1小時13分 車資1500日圓	需時1小時33分 車資1500日圓	需時1小時38分 車資1500日圓			
C區 11:40/12:40/13:40/15:40/16:40/17:40發車	那霸巴士總站	Hotel Moon Beach	沖繩蒙特利水族度假酒店	SUN MARINA HOTEL	麗山海景皇宮渡假酒店谷茶灣	洲際酒店 萬座海濱度假村	
	需時10分 車資230日圓	需時1小時5分 車資1500日圓	需時1小時9分 車資1500日圓	需時1小時13分 車資1600日圓	需時1小時16分 車資1600日圓	需時1小時38分 車資1700日圓	
D區 11:00/12:30/14:10/15:45/17:15發車	那霸巴士總站	沖繩Kariyusi海灘渡假海洋SPA	The Busena Terrace	沖繩萬豪度假酒店	沖繩島麗思卡爾頓酒店	沖繩喜瀨海濱度假酒店	
	需時10分 車資230日圓	需時1小時15分 車資2000日圓	需時1小時21分 車資2000日圓	需時1小時26分 車資2100日圓	需時1小時29分 車資2100日圓	需時1小時35分 車資2200日圓	
E區 11:30/17:40發車	那霸巴士總站	名護巴士總站	Hotel Resonex 名護	本部港	沖繩MAHAINA健康渡假飯店	記念公園前	LOISIR HOTEL 沖繩美麗海 / Orion本部渡假SPA飯店
	需時10分 車資230日圓	需時1小時30分 車資2200日圓	需時1小時39分 車資2400日圓	需時1小時53分 車資2400日圓	需時2小時4分 車資2500日圓	需時2小時7分 車資2500日圓	需時2小時10分 車資2500日圓 / 需時2小時15分 車資2500日圓

機場利木津巴士並不是預約制，因此一旦客滿，就得搭下一班車。由於每條路線的班次都不多，建議多抓一些時間先去買車票。
※停靠站只標示了部分地點
※此為到2016年3月的資訊

接駁計程車

洽詢專線
沖繩縣個人タクシー事業協同組合 ☎098-850-5151

從機場直達飯店的預約制計程車。小型車為四人座，中型車為五人座。

目的地	所需時間	小型車	中型車
沖繩海濱Tower飯店	約50分	4000日圓	5000日圓
沖繩Allvila日航渡假飯店	約1小時10分	5800日圓	8000日圓
沖繩殘波岬皇家度假大飯店	約1小時10分	5800日圓	8000日圓
Renaissance Okinawa Resort	約55分	5800日圓	8000日圓
洲際酒店 萬座海濱度假村	約1小時	7000日圓	9500日圓
沖繩Okuma日航渡假飯店	約1小時50分	13500日圓	18000日圓

※22時後加收深夜車資。費用為預估值。

近距離移動時，計程車相當方便

和日本本州相比，沖繩島的計程車資便宜許多。從那霸機場直接前往那霸市區也相當適合。
- ●起跳價（小型）‥‥‥‥‥‥‥‥‥‥ 500日圓
- ●那霸機場～國際通‥‥‥‥ 約15分／約1040日圓
- ●那霸機場～首里城公園‥‥‥ 約30分／約2000日圓
- ●那霸機場～和平祈念公園‥‥‥ 40分／約3200日圓
- ●那霸機場～美濱美國村‥‥‥ 約45分／約3560日圓

如何從那霸機場移動？
那霸機場有兩處計程車乘車處。若要前往那霸市或是宜野灣市，就前往短、中程的乘車處。若要前往北谷町和恩納村，則前往遠程乘車處。

若沒有駕駛租車的信心，那就可以考慮搭乘能有效率遊覽主要觀光景點的定期觀光巴士和觀光計程車。前往搭機時，建議多抓一點時間吧。

定期觀光巴士

有那霸巴士和沖繩巴士。能巡迴各個重要觀光景點，定期觀光巴士還分成4小時到9小時45分等各種路線，也有隨季節發起的當地招募行程。

美麗海水族館和今歸仁城跡
- **景點** 萬座毛、LOISIR HOTEL 沖繩美麗海（午餐吃到飽）、海洋博公園、沖繩美麗海水族館、今歸仁城跡、名護鳳梨公園
- **出發** 8:45出發　**車資** 5500日圓（含午餐）　**時間** 9小時30分
- **集合地點** 沖繩巴士定期觀光巴士乘車處　**洽詢專線** 沖繩巴士 ☎098-861-0083

首里城、戰爭遺址 沖繩世界文化王國
- **景點** 首里城、舊海軍司令部戰壕、姬百合塔、和平祈念公園、沖繩世界文化王國
- **出發** 9:30出發　**車資** 4900日圓（含午餐）　**時間** 7小時30分
- **集合地點** 那霸巴士總站 定期觀光巴士乘車處（暫定事務所）
- **洽詢專線** 那霸巴士定期觀光事務所 ☎098-868-3750

絕景 古宇利島、今歸仁、美麗島路線
- **景點** 海洋博公園、沖繩美麗海水族館、今歸仁城跡、WARUMI大橋（從車窗觀覽）、古宇利海洋塔
- **出發** 8:30出發　**車資** 5800日圓　**時間** 9小時45分
- **集合地點** 那霸巴士總站 定期觀光巴士乘車處（暫定事務所）
- **洽詢專線** 那霸巴士定期觀光事務所 ☎098-868-3750

※那霸巴士總站施工資訊
單軌電車旭橋站周邊地區都更期間2015年4月6日～2018年3月31日，那霸巴士總站周邊的巴士站都會有所調整。關於巴士站等相關資訊，請向各巴士公司詢問。

觀光計程車

沖繩本島的計程車比日本本州便宜許多。可在資深司機的駕駛下隨心所欲地安排觀光、體驗、購物和品嘗美食。

6小時 標準行程
至指定地點迎接 ▶ 姬百合塔 ▶ 沖繩世界文化王國 ▶ 首里城 ▶ 送至指定地點

車資 小型20600日圓／中型24000日圓／大型28200日圓／特大計程車30200日圓

3小時	小型（四名乘客）10300日圓／中型（四～五名乘客）12000日圓／大型（九名乘客）15100日圓
5小時	小型（四名乘客）17200日圓／中型（四～五名乘客）20000日圓／大型（九名乘客）25200日圓
8小時	小型（四名乘客）27500日圓／中型（四～五名乘客）32000日圓／大型（九名乘客）40300日圓

※在那霸市內起訖的車資

洽詢專線
沖繩縣個人タクシー事業協同組合 ☎098-850-5151
沖繩縣ハイヤー・タクシー協會 ☎098-831-9007
（沖繩縣タクシー協會觀光タクシー客服中心）

上述的車資為沖繩縣個人タクシー事業協同組合的資料。
也有上述之外的其他計費方式。

若想自由觀光的話　租車

1 抵達機場了！首先
前往**租車公司接送車乘車處** P.104 ⑪

從入境大廳走出機場後，沿著道路前進，前往步道中央附近的租車公司接送車乘車處

若是預約在T Galleria沖繩by DFS取車的人，則是搭乘單軌電車前往歌町站

2 和租車公司的工作人員會合
搭乘**接送車前往營業處**

各租車公司的工作人員會在接送車乘車處待命。向預約好的租車公司工作人員報上預約者的名字後，就能搭上專車接送。

搭上接送車後，需要十至二十分才能抵達距離最近的營業處。不能在機場內交車。

3 抵達營業處後就前往櫃檯
辦理借車手續
出示護照、駕照、駕照的日文譯本，在文件上填寫必要事項。確認還車時間和地點後付款。

旅遊旺季時會採用號叫制，有可能會在辦理手續上花上不少時間。租車第一天的計畫最好多留點空檔

4 結束手續後與車相見
確認有無損傷
& 學習機器
的操作方式
和工作人員一起繞著車子檢查一圈，確認車身是否有損傷後，在確認的文件上簽名，記得詢問導航和ETC的使用方式。

先在導航系統上把營業處設為目的地，並確認最近的加油站位置，可以讓還車的過程順利許多。

5 終於可以
開車兜風去！

安全地上路開車

上路囉

---

1 還車之前
先把油加滿
在還車時，一般都會規定必須把油加滿。先查好離還車營業處最近的加油站在何處吧。

2 有沒有留下新的傷痕
接受檢驗
和工作人員一同確認車子有沒有在這次的租賃中受損。若有額外費用或延遲還車手續費的話就一一支付，完成還車。

3 在還完車之後
搭接送車前往機場
還完租車後，公司便會以接送車將您送往機場。為了趕上登機時間，請提醒自己盡早還車。

可以在這邊租車
　機=有機場接送　　T=在T Galleria 沖繩 by DFS設有營業處　　L=廉航指定的租車公司

●OTS租車 機 T L
☎098-856-8877(臨空豐崎營業處)
¥1000cc24小時6480日圓
(之後每24小時5400日圓)

●歐力士租車 機 T L
☎098-851-0543(那霸機場店)
¥1300cc24小時8100日圓
(之後每24小時6480日圓)

●日本租車 機 T L
☎098-859-0919
(那霸機場營業處)
¥1300cc24小時8100日圓～

●TOYOTA汽車租賃 機 T L
☎098-857-0100
(那霸機場店)
¥1000cc24小時8100日圓～

●日產汽車租賃 機 T
☎098-858-2523(那霸機場第一店)
¥1200cc24小時7289日圓
(之後每24小時6156日圓)

●沖繩ABC租車公司 機
☎098-859-5555
¥1000cc當日3240日圓～
(之後每24小時3240日圓～)

●南十字星レンタカー沖繩 機
☎098-858-8234(那霸機場店)
¥1000cc24小時5200日圓

●OKINAWA RENTACAR 機
☎0120-71-2015
¥Vitz·March等級　24小時3576日圓，
到48小時為7152日圓(之後每24小時3576日圓)

●PACIFIC RENTACAR 機
☎0120-42-7577
¥Vitz·March等級　24小時3576日圓，
到48小時為7152日圓(之後每24小時3576日圓)

●Times租車 機
☎098-858-1536(那霸機場店)
¥1300cc24小時6804日圓
(之後每24小時5832日圓)

※若沒有記載的話，表示不包含免責賠償金
※刊載的是平時的費用。旺季使用網路折價券或是活動折價券的價格，請在預約時確認。
刊載的是有接送到那霸機場的營業處。

建議事先瞭解的付費系統

基本費用
依據時間、天數和車種決定的費用。

營業損失賠償
若因事故導致車輛需要維修時，會將修理時間列入營業賠償所需支付的金額。若車子還能開動的話大約2萬日圓，若已無法開動的話則為5萬日圓。

免責補償費
萬一發生事故時，可減輕使用者的賠償金額。一天大約1500日圓。

甲租乙還服務費
若借車處和還車處不同的話，有時會需要支付服務費。

額外費用
若要租借兒童座椅等額外需求時就需支付。

不會塞車的T Galleria 沖繩 by DFS內營業處
從機場搭單軌電車19分，與歌町站相連的T Galleria 沖繩 by DFS。若是利用這裡的租車營業處的話，不管是去程還是回程都不會塞車。在觀光旺季時，可能會在配車上多花些時間，但在這裡可以邊購物邊等待。

佔地廣闊的租車站
從那霸機場搭乘免費接送車約15分後，會抵達位於豐崎地區、佔地約兩萬坪的租車站。這裡由OTS租車和歐力士租車所構成，可以同時出100輛車。站內也有加油站，並提供接送至那霸機場的服務。

只有指定的租車公司能駛入廉航航廈
只有日本租車、TOYOTA汽車租賃、OTS租車和歐力士租車的特定營業處才能在這裡進行接送服務。若是和其他公司租車的話，就得先搭接駁巴士前往國內線航廈，並再搭租車公司的巴士前往營業處。

古宇利大橋

邊戶岬
距機場136km/約3小時30分
距許田IC 59km/約2小時

今歸仁城跡
距機場104km/約1小時30分
距許田IC 26km/約55分

古宇利大橋
距機場97km/約1小時25分
距許田IC 22km/約50分

美濱美國村

沖繩美麗海水族館
距機場101km/約2小時30分
距許田IC 27km/約1小時

萬座毛
距機場56km/約1小時15分
距屋嘉IC 6km/約15分

殘波岬

慶佐次灣的紅樹林
距機場107km/約1小時40分
距許田IC 33km/約1小時10分

殘波岬
距機場62km/約1小時10分
距石川IC 14km/約20分

海中道路（海中道路西口）
距機場49km/約1小時
距沖繩北IC 10km/約20分

美濱美國村
距機場21km/約45分
距沖繩南IC 6km/約10分

首里城公園
距機場10km/約30分

國際通
距機場5km/約15分

那霸機場

中城城跡
距機場21km/約25分
距北中城IC 4km/10分

齋場御嶽
距機場27km/約40分
距南風原北IC 16km/35分

和平祈念公園
距機場17km/約35分
距南風原南IC 12km/約25分

海中道路

● 景點
● 海灘

	那霸機場	國際通	首里城公園	和平祈念公園	美濱美國村	萬座毛	沖繩美麗海水族館
邊戶岬	約3小時30分 130km	約2小時15分	約2小時10分	約2小時30分 123km	約2小時 102km	約1小時50分 72km	約1小時40分 65km
沖繩美麗海水族館	約2小時30分	約1小時30分	約1小時25分	約1小時45分		約1小時5分 43km	
萬座毛	約1小時15分 50km	約45分	約40分 42km	約1小時	約45分 28km		
美濱美國村	約45分 21km	約35分 16km	約35分 16km	約1小時5分 31km			
和平祈念公園	約35分 17km	約35分 17km	約40分 19km				
首里城公園	約30分 10km	約15分 5km					
國際通	約15分 5km						

實際駕駛時間依路況不同而異。

▨ 經由高速公路的區間

沖繩行車資訊

若要在沖繩安全地享受兜風樂趣，就先知曉沖繩的交通要項吧。

禁止租車進入！
巴士專用線道和巴士專用道

在國道58號和國際通等交通流量大的地區，會在特定時間實施管制，讓巴士和計程車優先行駛。在管制時，包含租車在內的一般自小客車是不得行駛的。

巴士專用線道，圖中代表在上午7時30分～9時之間，一般車輛不得通行

中央線移動了？
中央線的位置會隨時段變更

那霸市內的國道330號等車線較少、容易塞車的道路，會在特定時間變更中央線的位置。由於設有專用的號誌與標誌，還請留心千萬別漏看了。

有這個標誌的道路代表的是巴士專用道。一邊留心標誌一邊駕駛吧。

開始下雨時要注意
沖繩的道路很容易打滑

由於沖繩的道路含有石灰岩，一旦經下雨等因素打濕路面，就會變得容易打滑。在剛開始下雨的時候尤其危險！

小心使用行車導航
沖繩容易迷路!?

沖繩的行車導航容易在目的地周遭失靈，加上路標更新慢，狹小的巷弄也多，因此，若是要前往容易迷路的地方，事前準備好詳細的地圖會比較方便。

容易塞車讓人頭痛
那霸市內總是車水馬龍

由於沖繩多以車代步，主要道路都會出現塞車的狀況。特別是國道58號往那霸的路段總是大塞車。盡量避開上下班的尖峰時段，在安排行程上多預留時間吧。

車牌上的Y是？
Y字代表美軍的相關車輛

要是和美軍基地的車輛發生事故，處理起來會比一般狀況複雜許多，要小心。

在那霸機場玩到最後一刻吧
伴手禮 & 美食 大蒐羅

若要買冷凍點心或是生鮮食品,最好是在搭回程飛機前在機場購買。不妨多看看機場限定商品。人氣商品經常會在黃昏時刻銷售一空,要注意!

那霸機場國內線航廈樓層MAP

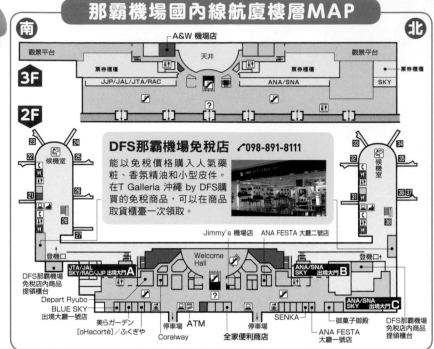

DFS那霸機場免稅店 ☎098-891-8111

能以免稅價格購入人氣藥粧、香氛精油和小型皮件。在T Galleria 沖繩 by DFS購買的免稅商品,可以在商品取貨櫃臺一次領取。

紅芋塔 沖繩光輝
一盒6入 1029日圓

酥脆的塔皮裡包入了卡士達醬和紅芋奶油餡的西式點心

在這裡購買 御菓子御殿 ☎098-859-7234

旅行夾心塔
4入 864日圓

以塔皮製作,夾滿入口即化的奶油和水果乾。有芒果等四種口味

在這裡購買 〔oHacorté〕那霸機場店 ☎098-840-1276

雙層起司蛋糕
綜合口味合計10入 1620日圓

以上等奶油起司製作的起司蛋糕。分為原味、香檬和芒果三種口味

在這裡購買 ANA FESTA 大廳一號店 ☎098-857-6870

冷凍&冷藏甜點 推薦在機場購買!

Anly's Chura Wich
各5入 648日圓

分為鳳梨&香蕉、黑糖&葡萄乾2種口味。以沖繩風味的奶油製作的餅乾夾心

在這裡購買 SENKA ☎098-858-4076

紅芋&香檬 巧克力
10入 1080日圓

用上了濃醇紅芋和清爽香檬味等沖繩縣食材製作的巧克力

在這裡購買 Jimmy's 機場店 ☎098-858-2420

奶油年輪蛋糕
各648日圓

在年輪蛋糕裡注入了滿滿的鮮奶油,分為蜂蜜口味、黑糖口味和紅芋口味

在這裡購買 ふくぎや那霸機場店 ☎098-840-1823

紅芋生蛋糕 Shuri
5入 907日圓 10入 1814日圓

以Festivalo Lovely產品為基底,加上厚厚一層紅芋,帶來甜蜜滋味和滑順口感

在這裡購買 BLUE SKY 出境大廳一號店 ☎098-857-6872

orange pack
8入 1620日圓

源於美國,於沖繩發揚的冰淇淋。將8種風味收為一套

在這裡購買 ANA FESTA 大廳一號店 ☎098-857-6870

※除了標記「在這裡購買」的商品以外,有些在機場內的其他商店也可能買得到。
※刊載商品為2015年10月時的資訊,有停賣、內容變更的可能。

沖繩阿古豬豚骨拉麵
5入 648日圓

用了沖繩北谷鹽和阿古豬肉粉，是一款味道濃郁又辛辣的豚骨拉麵。包裝袋上的阿古豬相當逗趣

在這裡購買 Coralway ☎098-858-6095

CHURA爆米花
一組3個 1080日圓

分為百香果椰子、香檬薑和黑糖花生三種風味

在這裡購買 美らガーデン ☎098-840-1198

南國水果

有鳳梨、芒果、島香蕉和楊桃等各式各樣的當令沖繩水果。（水果不可帶回國內）

容易碰傷的生鮮食品和水果在機場購買

※在美らガーデン購買 ☎098-840-1198

醃海蘊

以高品質聞名的伊是名島海蘊。纖細柔嫩的口感相當不錯

島蕗蕎

鹽漬島蕗蕎最適合作為下酒菜。富有嚼勁的口感或許會越吃越上癮

島豆腐

用心做好處理的真空包裝島豆腐，也適合用來做沖繩炒什錦

也別忘了 購買自用或 追加的伴手禮!!

沖繩魚肉香腸
1080日圓

包裝和內容物的設計都很有沖繩風格。是相當有嚼勁的香腸，島辣椒的辣勁十分驚人

在這裡購買 Depart Ryobo（近日航）☎098-857-6875

琉球豆屋
各 376日圓

最適合當作啤酒或日本酒的下酒菜！採取盒裝販售，有3種口味，分別是溫和口感的鹽味、加了辛香料的島胡椒味和粗脆黑糖味

在這裡購買 SENKA ☎098-858-4076

機場內令人感興趣的商店
CLOSE UP!!

介紹出境大廳的熱鬧超商和能在短時間內解決的平民美食

2F ### 全家便利商店 那霸機場旗艦店
●ファミリーマート 那霸空港ターミナル店
位於出境大廳中央的這座超商，販售著五花八門的便當、飯糰和點心，也不容錯過沖繩限定商品。
※飛機便當只有那霸機場店和來客夢沖繩店有販售。

沖繩御膳
980日圓

能一次品嘗塔可飯、沖繩雜炊、什錦炒苦瓜等沖繩道地口味，相當奢侈的享受

香檬梅酒
300ml 276日圓

將泡盛原酒加入日本產南高梅經過熟成，並加入大宜味村產的香檬汁所調製的利口酒。酒精濃度為10度

附公仔的OKICA 花笠真南風
2000日圓

將IC卡嵌在沖繩觀光大使「花笠真南風」的公仔裡面，可以用在單軌電車和沖繩本島路線巴士上。附有500日圓儲值金。
※數量有限

BLACK 泡盛酒咖啡
300ml 258日圓

將泡盛酒加入冰滴咖啡，曼特寧的香氣和清爽口感是其特徵。酒精度數為12度

1F ### 機場食堂
●空港食堂
這是為機場工作人員開設的餐廳，不過一般旅客也能用餐。菜色相當豐富。採取購買餐券的半自助形式，也可以外帶
☎098-840-1140 ⏰9:00～20:00 休無休

排骨麵 650日圓
在售票機買好餐券後再找位子

菊之露30度
300ml 450日圓

使用了富含鈣質和礦物質的宮古島硬水。特色在於柔順的口感

殘波20度
300ml 446日圓

將和酒廠一同開發的瘦長瓶身作為專用酒瓶的泡盛酒。清爽而帶有微辣口感以及果香，是這款酒的特徵

沖繩豬肉蛋壽司組
480日圓

壽司飯分為鮪魚美乃滋、油味噌和芥菜三種口味，加上豬肉蛋後以海苔條包起，做成握壽司風格

紅豬炸豬排三明治
698日圓

柔軟的豬排以混入芝麻粉的甜辣醬調味，頗具份量的三明治

莫札瑞拉起司堡套餐990日圓

起席可降幕以見從飛窗機邊的客

3F ### A&W 機場店
●A&W 空港店
這間源於美國、在沖繩發展的速食店也有在機場設店。除了漢堡之外，其他餐點的種類也相當豐富。一大早就開始營業。
☎098-857-1691 ⏰6:30～20:00 休無休

【 MM 哈日情報誌系列 2 】

沖繩

まっぷる 哈日情報誌

作者／MAPPLE昭文社編輯部
翻譯／許懷文、江思翰、廖晟翔
校對／王凱洵、汪欣慈
編輯／廉凱評、潘涵語
發行人／周元白
出版者／人人出版股份有限公司
地址／23145 新北市新店區寶橋路235巷6弄6號7樓
電話／（02）2918-3366（代表號）
傳真／（02）2914-0000
網址／www.jjp.com.tw
郵政劃撥帳號／16402311 人人出版股份有限公司
製版印刷／長城製版印刷股份有限公司
電話／（02）2918-3366（代表號）
經銷商／聯合發行股份有限公司
電話／（02）2917-8022
第一版第一刷／2016年5月
第一版第三刷／2018年1月
定價／新台幣350元

國家圖書館出版品預行編目資料

沖繩 / MAPPLE昭文社編輯部作 ；
許懷文, 江思翰, 廖晟翔翻譯. ── 第一版.
── 新北市：
人人, 2016.05
面； 公分. ──（MM哈日情報誌系列 ； 2）
ISBN 978-986-461-051-8（平裝）
1.旅遊 2.日本沖繩縣

731.7889   105004614

Mapple magazine Okinawa
Copyright© Shobunsha Publications, Inc. 2016
All rights reserved.
First original Japanese edition published by
Shobunsha Publications, Inc. Japan
Chinese (in traditional characters only)
translation rights arranged with Jen Jen
Publishing Co., Ltd.
through CREEK & RIVER Co., Ltd.